折射集
prisma

照亮存在之遮蔽

Werner Bonefeld

Critical Theory and the Critique of Political Economy:
On Subversion and Negative Reason

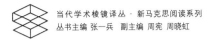

当代学术棱镜译丛 · 新马克思阅读系列

丛书主编 张一兵 副主编 周宪 周晓虹

批判理论与政治经济学批判：
颠倒与否定理性

［英］ 维尔纳·博内菲尔德 著 孔智键 苏振源 马灿林 译

南京大学出版社

Critical Theory and the Critique of Political Economy: On Subversion and Negative Reason
© Werner Bonefeld, 2014
This translation is published by arrangement with Bloomsbury Publishing Inc.
Simplified Chinese edition Copyright © 2025 by NANJING UNIVERSITY PRESS
All rights reserved.
江苏省版权局著作权合同登记　图字：10-2016-303 号

图书在版编目(CIP)数据

批判理论与政治经济学批判：颠倒与否定理性 /
(英)维尔纳·博内菲尔德著；孔智键，苏振源，马灿林
译.—南京：南京大学出版社，2025.1.—(当代学
术棱镜译丛 / 张一兵主编). — ISBN 978-7-305-28473-
1

Ⅰ. F0-0

中国国家版本馆 CIP 数据核字第 2024LG8650 号

出版发行　南京大学出版社
社　　址　南京市汉口路 22 号　　　　邮　编　210093
丛 书 名　当代学术棱镜译丛
书　　名　批判理论与政治经济学批判：颠倒与否定理性
　　　　　PIPAN LILUN YU ZHENGZHI JINGJIXUE PIPAN: DIANDAO YU FOUDING LIXING
著　　者　[英]维尔纳·博内菲尔德
译　　者　孔智键　苏振源　马灿林
责任编辑　张　静
照　　排　南京南琳图文制作有限公司
印　　刷　盐城市华光印刷厂
开　　本　787 mm×1092 mm　1/16 开　印张 19　字数 337 千
版　　次　2025 年 1 月第 1 版　　印　次　2025 年 1 月第 1 次印刷
ISBN 978-7-305-28473-1
定　　价　85.00 元

网　　址　http://njupco.com
官方微博　http://weibo.com/njupco
官方微信　njupress
销售热线　025-83594756

《当代学术棱镜译丛》总序

　　自晚清曾文正创制造局，开译介西学著作风气以来，西学翻译蔚为大观。百多年前，梁启超奋力呼吁："国家欲自强，以多译西书为本；学子欲自立，以多读西书为功。"时至今日，此种激进吁求已不再迫切，但他所言西学著述"今之所译，直九牛之一毛耳"，却仍是事实。世纪之交，面对现代化的宏业，有选择地译介国外学术著作，更是学界和出版界不可推诿的任务。基于这一认识，我们隆重推出《当代学术棱镜译丛》，在林林总总的国外学术书中遴选有价值篇什翻译出版。

　　王国维直言："中西二学，盛则俱盛，衰则俱衰，风气既开，互相推助。"所言极是！今日之中国已迥异于一个世纪以前，文化间交往日趋频繁，"风气既开"毋须赘言，中外学术"互相推助"更是不争的事实。当今世界，知识更新愈加迅猛，文化交往愈加深广。全球化和本土化两极互动，构成了这个时代的文化动脉。一方面，经济的全球化加速了文化上的交往互动；另一方面，文化的民族自觉日益高涨。于是，学术的本土化迫在眉睫。虽说"学问之事，本无中西"（王国维语），但"我们"与"他者"的身份及其知识政治却不容回避。但学术的本土化绝非闭关自守，不但知己，亦要知彼。这套丛书的立意正在这里。

　　"棱镜"本是物理学上的术语，意指复合光透过"棱镜"便分解成光谱。丛书所以取名《当代学术棱镜译丛》，意在透过所选篇什，折射出国外知识界的历史面貌和当代进展，并反映出选编者的理解和匠心，进而实现"他山之石，可以攻玉"的目标。

　　本丛书所选书目大抵有两个中心：其一，选目集中在国外学术界新近的发展，尽力揭橥域外学术20世纪90年代以来的最新趋向和热点问题；其二，不忘拾遗补阙，将一些重要的尚未译成中文的国外学术著述囊括其内。

　　众人拾柴火焰高。译介学术是一项崇高而又艰苦的事业，我们真诚地希望更多有识之士参与这项事业，使之为中国的现代化和学术本土化做出贡献。

丛书编委会

2000 年秋于南京大学

致我的儿子德克兰。他简直是最棒的。

目　　录

致　　谢

　　我有幸在几次会议上展示过本书部分章节的草稿,包括 2013 年 5 月在卢布尔雅那举行的五一节会议,2013 年 7 月在约克大学举行的有关新自由主义的国际会议,2013 年 6 月在剑桥举行的批判理论与反犹主义研讨会,以及 2013 年 1 月在格拉斯哥大学社会运动中心举办的研究工作坊。我感谢所有与会者提出的富有洞见的评论、讨论和有益的批评。特别要感谢罗伯特·法因(Robert Fine)、拉斯·费舍尔(Lars Fischer)、尼克·盖恩(Nick Gane)、杰伊·盖勒(Jay Geller)、瓦西利基·科洛科特罗尼(Vassiliki Kolocotroni)、阿内伊·科西卡(Anej Korsika)、迈克尔·莱博维茨(Michael Lebowitz)、布伦丹·麦吉弗(Brendan McGeever)、大卫·麦克纳利(David McNally)、斯蒂芬·夏皮罗(Stephen Shapiro)、宋海勇(Hae-Young Song)、安妮特·斯佩勒伯格(Annette Spellerberg)、马塞尔·斯托茨勒(Marcel Stoetzler)、安娜·斯特罗马耶尔(Ana Štromajer)、埃里克·斯温格杜(Erik Swyngedouw)、大卫·西摩尔(David Seymour)和克莱尔·韦斯托(Claire Westall)。我非常感激安娜·迪内斯坦(Ana Dinerstein)、约翰·霍洛威(John Holloway)、彼得·胡迪斯(Peter Hudis)、米哈埃拉·米海(Michaela Mihai)和克里斯·罗杰斯(Chris Rogers),他们对草稿提出了非常有益的评论和深刻的见解。我还要感谢格雷格·查诺克(Greig Charnock)、瓦西利斯·格洛里奥斯(Vasilis Grollios)、理查德·古恩(Richard Gunn)和克里斯·奥凯恩(Chris O'Kane),他们阅读了所有手稿,并发现了我没看到的问题。非常感谢他们的慷慨、洞见、意见、帮助和鼓励。当然,有关这部作品的责任完全由我个人承担。

第一章　导论：批判理论与政治经济学批判

理性，任由它独自发挥作用，就会创造怪物；而想象力，如果脱离理性的力量，则会导致徒劳的想法。

阿多诺、霍克海默，《启蒙辩证法》

颠倒与政治经济学批判

颠倒思维无外乎是我们遭遇如下社会现实时的一种理性狡计，即在社会中贫苦大众被要求补贴金融系统以维持抽象财富的幻象。为了保护社会财富和防止社会内爆，这种补贴在现存社会当中是必要的。按照资本主义方式组织起来的这种社会再生产模式，它的合理的非理性是政治经济学批判所研究的核心问题。政治经济学批判要问的是，人类社会的再生产为什么会采用一种非理性形式的经济逻辑：它在行动主体中彰显自身，就好像是一种自然力量。政治经济学批判是对现有世界模式的不妥协。它要求"必须推翻那些使人成为被侮辱、被奴役、被遗弃和被蔑视的东西的一切关系"。① 只要社会没有意识到自身中人类感性实践的存在，这种侮辱就会一直保留，例如，在人类感性实践的货币运动形式中，货币通过行动主体并将自己客观地作用于行动主体，就好像货币规律是一个在社会主体之外的世界，这些主体构成社会却又为货币所支配。

对作为社会批判理论的政治经济学批判而言，商品拜物教包含着抽象经济力量的运动，这些力量以毁灭的代价作用于社会。无论本质多么客观，经济的本质在总体上看是由社会构成的本质。所以，货币运动的社会本质也是按照资本主义方式建构的社会关系的具体特征之一，以看似人类无法控制的经济力量的形式表现出来。作为社会关系的货币形式消失了，取而代之的是一种抽象的经济逻辑。我认为正是这个抽象的经济逻辑，证明了消失的社会主体是以经济范畴的人格化存在于它自身的社会世界当中。资本主义的社会主体是货币化的主体。

阿多诺说我们需要"对抗野蛮的实践"，然而他也看到这种实践并不会存在。② 野蛮不会以直接的方式被立刻打倒——对于一个社会财富积累靠剥夺劳动的社会再生产模式，与货币、金钱运动斗争，和利率运动、价格运动相抗衡以及消除贫困究竟意味着什么？"对抗野蛮的实践"关涉到在物化经济形式的逻辑中表现出的社会前提。根据政治经济学批判理论，需要解释的不是像现金和硬币、价值和货币那样的孤立的经济范畴，或者是上述那些存在于社会个人之中或他们之间的经济力量，而是生产的社会关系。社会关系作为物化的经济事物间的关系表现出来，而这些物化的经济事物又是在组成和维持社会运行的个人

---

① 参见《马克思恩格斯全集》第 3 卷，人民出版社，1998 年，第 207—208 页。在《黑格尔法哲学批判》当中，大写的人（Man）都是在人（Mensch）的意义上使用的。在德语里，Mensch 的阳性是 Der Mensch，阴性是 Die Menschheit，中性则是 Das Menschlein。Menschlichkeit 都是阴性的，就和理性（reason）、劳动（labour）和革命（revolution）等词一样。

② Theodor Adorno, *Einleitung zur Musiksoziologie* (Frankfurt 1962), p. 30.

背后发生作用的。所以,物化实际上是"一种附带现象"①。批判地讲,物化理论并不是用上帝的宗教观念代替世俗事物的逻辑。物化要么是一个询问物化关系的社会构成的批判性概念,要么反过来,成为一个理解社会的肯定性概念。过度关注被剥夺者在以独立劳动关系为基础的财富体系中的遭遇,"对物化不休止的控诉"实际上是假设了物化本质上必须有物化的东西为前提。② 于是在这种情况下,"对物化的抗议成为物化的、剥离了思维的和不合理的"③。物化批判解决的是何物被物化,以及物化的表现是什么等问题。物化所表现出来的是,以一种貌似自我运动的经济事物形式呈现的社会生产关系。不管它表现的物化程度如何,经济世界现在和将来都是一定的社会关系的世界。

所以,商品拜物教并非像莫伊舍·普殊同(Moishe Postone)在其社会统治的批判理论中所认为的那样,仅仅包含交换价值和使用价值间的对立,在这种对立中,投入使用的不同的东西被等同地当作价值抽象。④ 交换过程中的幻象,就像莱希尔特所讲的客观幻象,也不会仅仅存在于现实经济抽象的有社会依据的客观性中。⑤ 用货币交换更多货币的等价交换($M\cdots\cdots M'$;或者,£100=£120)的神秘特征,必然是与劳动力商品转变为生产剩余价值的劳动息息相关($M\cdots\cdots P\cdots\cdots M'$)。要理解不相等的价值之间发生等价交换的神秘特征,就像莱希尔特认为的那样,不能仅仅停留在等价交换关系自身的客观性特征上,而是要

3

---

① Theodor Adorno, *Negative Dialectics* (London 1990), p. 190.

② Adorno, *Negative Dialectics*, p. 191. 阿多诺的观点与卢卡奇的物化理论完全对立。参见第三章。

③ Adorno, *Negative Dialectics*, p. 110.

④ Moishe Postone, *Time, Labor, and Social Domination. A Reinterpretation of Marx's Critical Theory* (Cambridge 1996), pp. 362 - 3.

⑤ Helmut Reichelt, 'Social Reality as Appearance: Some Notes on Marx's Concept of Reality', in ed. Werner Bonefeld and Kosmas Psychopedis, *Human Dignity: Social Autonomy and the Critique of Capitalism* (Aldershot 2005).

从"剩余价值的概念"中发现它。[1] 阿多诺认为，等价交换关系建立在生产资料所有者和劳动力出卖者之间的"阶级关系上"，而在用一定数量的货币与他者相交换的社会外观中，这种关系消失了。[2]

阿多诺的观点，不仅聚焦于将政治经济学批判理解为一种对财富及其资本主义形式的批判，而且也否认一种既定的观点，即认为政治经济学批判是基于劳动立场出发的一种批判。[3] 从劳动出发的观点没有揭示自己本体论上特殊的地位。而且，劳动的出发点在任何方面都与资本主义经济中的劳动相关联。[4] 的确，资本家和工人都是"经济范畴的人格化"[5]。就是说，"社会尽管有对抗，但并非通过对抗而获得生命"。[6] 与经典的马克思主义传统相反，我认为政治经济学批判就是对经济范畴的本体论概念的批判，包括了被设想为超历史的活动、从社会抽象上界定了人与自然新陈代谢活动的劳动范畴。这一批判起源于早期法兰克福学派对正统马克思主义的挑战，在 1968 年学生运动之后，则由兴起于德国的新马克思阅读继承了这一传统。[7]

---

[1]　Theodor Adorno, 'Seminar Mitschrift of 1962', Appendix to Hans Georg Backhaus, *Dialektik der Wertform* (Freiburg 1997), p. 508.

[2]　Adorno, 'Seminar Mitschrift of 1962', p. 506.

[3]　例如，参见格奥尔格·卢卡奇《历史与阶级意识》以及欧内斯特·曼德尔《卡尔·马克思经济思想的形成》。

[4]　马克思在《哥达纲领批判》中有力地阐述了这一观点。

[5]　参见《马克思恩格斯全集》第 44 卷，人民出版社，2001 年，第 10 页。

[6]　Adorno, *Negative Dialectics*, p. 320. 同时也参见 Johannes Agnoli, 'Destruction as the Determination of the Scholar in Miserable Times', in ed. Werner Bonefeld, *Revolutionary Writing* (New York 2003)。

[7]　新马克思阅读体现的是 20 世纪 60 年代晚期以来兴起的更为普遍趋势中的德国道路的特征，这一时期，苏联马克思主义对马克思主义的解释和分析被打破了，从意大利自治主义到英国社会主义经济学家大会，以及法国的阿尔都塞马克思主义，它们实际上都是将苏联马克思主义西方化的尝试。关于这种尝试，参见佩里·安德森《西方马克思主义探讨》。关于德国争论影响的当代评论，参见理查德·贝洛菲尔和罗伯特·芬奇编的《重读马克思》、克里斯多夫·约翰·亚瑟《新辩证法与马克思的〈资本论〉》以及米夏埃尔·海因里希《卡尔·马克思〈资本论〉三卷导读》。

作为社会批判理论的政治经济学批判

本书的内容主要是"新马克思阅读",它主要是由汉斯-格奥尔格·巴克豪斯(Hans-Georg Backhaus)、海尔穆特·莱希尔特(Helmut Reichelt)以及莫伊舍·普殊同发展起来的。特别是莱希尔特和巴克豪斯发展了早期法兰克福学派的批判理论,即阿多诺所说的不同于发端于第二国际和第三国际并作为社会民主主义和列宁主义理论表达的马克思主义的另一路径。[①] 它反对将马克思主义经济学当作李嘉图政治经济学激进化的结果。就如马克思认为的那样,李嘉图的政治经济学是基于无差别的劳动概念发展起来的劳动价值理论,这种劳动概念以一种永恒的条件为前提,即"一种有目的导向的、中介着人与自然的社会活动,创造特定的产品来满足既定的人类需求"[②]。马克思说,李嘉图"把劳动的资产阶级形式看成是社会劳动的永恒的自然形式"。[③] 对于新马克思阅读而言,对古典政治经济学的这一批判至关重要。不同于传统马克思主义那种介于超历史的生产力与一定时期具体的生产关系之间的辩证法,它将马克思的工作发展为对"理解为一种具有历史特殊性的社会联系形式,它具有一种非个人的并似乎是客观的性质"[④]的资本主义的批判。因此"新马克思阅读"放弃了关于超历史的经济发展规律的传统主张,取而代之的是将社会的经济表现概念化为一定社会

4

---

① 关于这一点,参见 Hans-Jürgen Krahl, *Konstitution und Klassenkampf* (Frankfurt 1971)。

② Postone, *Time, Labor, and Social Domination*, pp. 4 - 5. 巴克豪斯基于三个原因放弃了传统的马克思主义来源于李嘉图主义的看法。这种看法将劳动理解为一种无差别的概念,赞同经济范畴表达的是一种自然衍生的物质的看法,等于使自己汇入了古典政治经济学的传统,后者将历史理解为一个基于劳动分工的发展而客观展开的过程。

③ 参见《马克思恩格斯全集》第31卷,人民出版社,1998年,第454页。

④ Postone, *Time, Labor, and Social Domination*, p. 3.

关系的必要表现。它的这种立场也更加反对将经济发展看成为获得阶级霸权而进行的斗争的观点。新马克思阅读认为，资本主义的经济范畴从属于它所生发的社会。在一个宣称自己处于行为主体背后的社会中，个人实际上是受经济抽象支配，认为社会终究只是不同阶级力量之间平衡表现的观点，在看待"社会力量"时完全是工具性的看法。

阿多诺的否定辩证法为新马克思阅读提供的不只是理论上的催化剂，它更是为作为一种社会批判理论的政治经济学批判的发展，提供了动力和批判的洞见。① 巧合的是，阿多诺，以及霍克海默和马尔库塞，都没有发表过有关马克思政治经济学批判的著作，这已经被认定为他们既不关心政治经济学，也不关心经济学——不论是资产阶级经济学还是马克思的经济学。② 如德克·布劳恩斯坦（Dirk Braunstein）无情地指出的那样，并不存在名为阿多诺或霍克海默的经济学家或政治经济学家。③ 早期法兰克福学派发展出了一种明显是异端的政治经济学批判。它的批判意图可以参照马克思《资本论》的副标题，即"政治经济学批判"来进行总结，就如阿尔弗雷德·施密特简要指出的那样，它相当于资本主义社会关系的概念性实践（begriffene Praxis）。④ 在这个语境下，阿多诺的代表作《否定的辩证法》的标题是具有象征意义的，它既不是结构的或主体的辩证法，也不是作为经济问题存在或形成的自我运动本体的历史辩证法；它也不是体现在资本主义社会关系解剖学中

5

---

① 关于这点，参见 Dirk Braunstein, *Adornos Kritik der politischen Ökonomie* (Bielefeld 2011)。布劳恩斯坦的书探讨了阿多诺对马克思的解读，认为存在一种"政治经济学批判的真正的阿多诺版本"。他的看法基于阿多诺未发表的研讨会记录和死后出版的材料。这本书有丰富的细节和文献证据。

② 参见 Jürgen Habermas, *Philosophisch-politische Profile* (Frankfurt 1987) and Martin Jay, *The Dialectical Imagination*, *A History of the Frankfurt School and the Institute of Social Research*, *1923–1950* (London 1973)。

③ Braunstein, *Adornos Kritik*.

④ Alfred Schmidt, 'Praxis', in ed. Hans-Georg Backhaus, *Gesellschaft: Beiträge zur Marxschen Theorie 2* (Frankfurt 1974)。与之不同，吉莲·罗斯将实践理解为"对象的力量"。她没有探究这种力量的起源，参见 Gillian Rose, *The Melancholy Science: An Introduction to the Thought of Theodor W. Adorno* (New York 1979), p. 147。

的超历史的生产力的辩证法。① 否定的辩证法是关于经济对象形式中的社会世界的辩证法,这个世界由经济数量的运动所支配。经济世界包括"正在行动"(doing)个人——作为社会总体的"特征面具"或"人格化"——的感性世界,尽管行为主体创造或再生产了社会总体,但后者却是在他们身后表明自己的存在。②

批判理论将社会理解为一种"本身内含对抗性"的存在着的内在性。③ 这里只有一个现实,那就是现有的社会关系的现实。社会个人自己生产自己的现实,也正是他们自己创造的现实,像霍克海默说的那样,"奴役着他们"。④ 社会个人"受他自己双手的产物的支配",他们自己的社会产品"以天然的自然过程的威力"发挥作用。⑤ 在社会个人背后表现出来的是"他们自己的工作"。⑥《否定的辩证法》是关于这种方式的辩证法,即一定的社会关系在其自身社会世界中消失,只以价格竞争关系重新出现。在毁灭的痛苦中,他们自己的社会世界就像通过"关心乞丐像关心国王一样"的"看不见的手"那样支配着他们。⑦

---

① G. A. 柯亨《卡尔·马克思的历史理论:一种辩护》提供了将历史描述为人类进程客观展开力量的最优美的文字。传统马克思主义以极大的热情阐述这种观点,例如参见特里·伊格尔顿《马克思为什么是对的》。虽然伊格尔顿对柯亨观点持批判态度,但依旧忠于这种看法,他将历史阐释为(克服)经济稀缺性的历史。瓦尔特·本雅明在《历史哲学论纲》中提供了有力的批评,也可以参见 Richard Gunn, 'Against Historical Materialism', in ed. Werner Bonefeld, Richard Gunn and Kosmas Psychopedis, *Open Marxism*, vol. II (London 1992); Alfred Schmidt, *History and Structure* (Cambridge, MA 1983); Maximiliano Tomba, 'Historical Temporalities of Capital: An Anti-Historicist Perspective', *Historical Materialism*, vol. 17, no. 4 (2009), and Krahl, *Konstitution und Klassenkampf*。

② 我在这里使用"正在行动"这个词,主要是参考了霍洛威的工作。John Holloway, *Change the World without Taking Power* (London 2002) and *Crack Capitalism* (London 2010).

③ Adorno, *Negative Dialectics*, p. 317.

④ Max Horkheimer, *Kritische und Traditionelle Theorie* (Frankfurt 1992), p. 229.

⑤《马克思恩格斯全集》第 44 卷,人民出版社,2001 年,第 717 页;《马克思恩格斯全集》第 45 卷,人民出版社,2003 年,第 122 页。

⑥ Herbert Marcuse, *Negations* (London 1988), p. 151.

⑦ Adorno, *Negative Dialectics*, p. 251.

作为社会批判理论，政治经济学批判蔑视传统。作为普遍规律的科学，辩证法是着了魔的世界的方法；它把社会规律转变为自然规律，把社会当成存在和形成中的经济自然力量的显现。

恩格斯对作为自然普遍规律的辩证法的理解，是海因里希所描述的"世界观马克思主义"的基础。[1] 世界观马克思主义压制了经济客观存在关系是社会整体构成的这一观点，它把社会的经济结构看作超历史的生产活力的表达，后者体现在一定社会关系中生产的兴衰之中。批判地看，资本主义社会的本质特征"既是现实，同时也必然是幻觉。这种幻觉表明，在这个社会中，规律只能作为人们头脑中的自然过程来实现，而它的有效性源自生产过程中生产的关系形式"。[2] 与经典的历史辩证法和自然辩证法观点不同，对于批判理论传统而言，辩证法是一种方法，这一方法表达或形成关于一定的、有限的社会形式的范畴，揭示出整个经济抽象体系的社会起源。[3]

批判地讲，《资本论》并非一个经济学"作品"[4]。经济学是颠倒的世界的准则。[5] 这一说法需要解释政治经济学批判所说的批判。什么是批判？根据马克思的看法，他对政治经济学的批判就是"对经济学范畴的批判"，他认为经济学家们处理的是未加反思的假设。[6] 也就是

---

①　Heinrich, *An Introduction*, p. 24.

②　Theodor Adorno, *Lectures on History and Freedom* (Cambridge 2008a), p. 118.

③　Hans-Georg Backhaus, *Dialektik der Wertform* (Freiburg 1997), p. 440. 把辩证法作为叙述方法，参见 Helmut Reichelt, 'Why Did Marx Conceal His Dialectical Method?' in ed. Werner Bonefeld, Richard Gunn, John Holloway and Kosmas Psychopedis, *Open Marxism*, *Emancipating Marx* (London 1995) and Helmut Reichelt, *Zur logischen Struktur des Kapitalbegriffs bei Marx* (Freiburg 2001).

④　弗雷德里克·詹姆逊在《重读〈资本论〉》中将《资本论》看成纯粹的经济学著作，如果真是如此的话，那对马克思而言是糟糕的。

⑤　关于这一点，参见 Theodor Adorno, 'Soziologie und empirische Forschung', in ed. Theodor Adorno, Hans Albert, Ralf Darendorf, Jürgen Habermas, Harald Pilot and Karl Popper, *Der Positivismusstreit in der deutschen Soziologie* (München 1993), p. 94。

⑥　参见《马克思恩格斯全集》第一版第 29 卷，人民出版社，1972 年，第 531 页。关于经济学家们对假设前提不加反思的论述，参见马克思 1858 年 4 月 2 日给恩格斯的信。

说，在经济学家那里，"资本主义积累规律正在变质……成为一个虚假的自然法则"。[1] 因此，政治经济学批判重视研究颠倒的经济体系以及这个体系中的金钱、价格和利润等范畴，并据此发现消失于"一定的阶级关系和利益"的人格化外观中的社会关系。[2] 每个人在经济力量的"驱使"下做出反应，这一情形引出了社会经济本质的起源问题，以及它以何种方式使得"在假定独立的经济领域中，个体仅仅是纯粹的特征面具、交换的代理人"。[3] 于是，"资本"问题成为有关人们之间社会关系的问题，他们的社会关系表现为经济事物，也就是现实的经济抽象之间的关系。正如宗教批判不是在上帝的基础上批判上帝，政治经济学批判也不是在现实经济抽象基础上批判现实经济抽象。更确切地说，宗教批判破解了社会关系对上帝形式的假定，解释了社会关系如何在上帝观念中消失，并再次以上帝信徒的方式、仅仅作为神的统治的人类衍生品而重新出现的过程。同样地，对资本的批判不是从经济本质的角度进行，与宗教批判类似，它也解释了以神秘的、似乎超越了社会的经济形式和力量表现出来的一定社会关系，这些形式和力量作为经济力量的人格化，内在于社会个人并通过社会个人发挥作用。

新马克思阅读与经济形式批判

新马克思阅读是在不断尝试重建作为社会批判理论的政治经济学批判的过程中发展起来的。它将马克思从教条当中解放出来，打开了广阔的批判视角，并且我认为它还未完全揭示它所解放的内容。它特别地与资本主义社会的政治形式，即国家、阶级对抗和阶级斗争——它们正是否定世界（negative world）的动力——保持了一定距离。的确，

7

---

①　Adorno, *History*, p. 118.

②　参见《马克思恩格斯全集》第 44 卷，人民出版社，2001 年，第 10 页。

③　Adorno, *Negative Dialectics*, p. 311.

"对抗性社会的本质，并不在于它是一个有或者没有矛盾的社会，而在于它自己是借助矛盾组成的"。① 新马克思阅读反对将社会理解为一定历史时期中某种普遍历史规律的多元决定的结构，继而走出了一条不同于包括阿尔都塞结构主义马克思主义在内的经典马克思主义的道路。相反，它是从社会自身内容内部发展出政治经济学的范畴。不同于传统的看法，它将政治经济学范畴理解为既有的资本主义社会关系总体的产物，这一社会关系现实本身是有限和暂时的，作为其产物的范畴也是有限和暂时的。不过，通过和阶级对抗保持着一定距离，新马克思阅读把社会视为一个矛盾的但在概念上具有逻辑性的颠倒的经济体系。结果，它对政治经济学的政治形式——国家——没有什么好说的。通过将政治经济学视为一种"巨大的颠倒"的独立经济秩序，它在概念上将资本主义社会理解为一个否定的总体，这依旧只是个假设。②

新马克思阅读看到了马克思作品中的矛盾和不一致之处，因此认为他的政治经济学批判还未完全完成，马克思实际上隐藏了表现一定社会关系"颠倒形式"的经济范畴的"辩证方法"，特别是在尝试普及化他的作品的过程中。③ 在巴克豪斯和莱希尔特那里，批判性重建需要

①　Theodor Adorno, *Lectures on Negative Dialectics* (Cambridge 2008b), pp. 8‑9.

②　亚瑟很好地把握了新马克思阅读的束缚性特征。他将这种新阅读理解为一种"体系辩证法"，在这种辩证法中，就"对价值形式客观不合理性的体系性解构"而言，人在他的社会关系中表现为一种非必要的干扰。参见 Arthur, *The New Dialectic*, p. 12。

③　参见 Reichelt, 'Why Did Marx Conceal His Dialectical Method?'，我是带着批判的意图使用"颠倒形式"（perverted form）这个术语的。在《资本论》德文版中，马克思使用了 *verrückte* Form 这一短语，参见 Karl Marx, *Das Kapital*, MEW 23 (Berlin 1979), p. 90。在英文版中，它被翻译为"荒谬形式"（absurd form）。在德语里，"verrückt"有两个含义："疯狂的"和"错位的"。因此，"颠倒形式"这一概念，意味着它们既是疯狂的又是错位的。换句话说，它们是人类社会实践中的颠倒形式，在这种形式中，"主体和客体不是静态对立的，而是处于一种持续的过程中，主体性转化为客体性，反之亦然"。Hans‑Georg Backhaus, 'Between Philosophy and Science: Marxian Social Economy as Critical Theory', in ed. Werner Bonefeld, Richard Gunn and Kosmas Psychopedis, *Open Marxism*, vol. I (London 1992), p. 60. 我将"*verrückte* Form"翻译为"颠倒形式"，用以把握这种令人疯狂的倒置的过程。

的首先就是进行文本的考古分析和对《资本论》各个版本以及各个手稿进行比较研究,查明范畴意义的细微差别和变化。这一重建的尝试就像莱希尔特后来指出的那样,假定了马克思的作品中包含了一个隐藏着的真实的东西,而在完成重建和组合之后我们则会看到马克思原本想要讲述的连贯的、完整的内容。[①] 这种建构本真的马克思的尝试,最终放大了它原本要克服的矛盾和不一致。新马克思阅读揭示了马克思作品中未完成和模棱两可的特征,它在马克思作品中到处想要寻找到连贯一致的论述,但一无所获。这导致了一个循环论述,即一方面,它拒斥对抽象劳动的自然主义解释,另一方面,它又将马克思对抽象劳动的自然主义定义作为证据,证明了批判性重建工作的不完整的特征。

巴克豪斯发展了马克思的价值形式分析,把它看作对经济范畴最有力和最富有洞见的批评。[②] 对他而言,经济学是关于庞大的经济形式的学科。经济理论显示了对经济抽象的范畴无意识,所以他将经济学描述为一个没有主体的学科。这带来了有关经济形式基础的问题。根据巴克豪斯的说法,拜物教批判在人的基础上揭开了经济范畴的神秘面纱,它从看似超脱现实的经济事物中揭示出了人的内容。[③] 这个观点,无论它批判的内涵多么发人深省,都是有代价的。人类学的立场不是批判的立场。"一般的人"(Man in general)不做任何事情。他不工作,不吃饭,不以物易物,也没有自然倾向、需要、意识,等等。一般的人也不会在价值形式中与自己发生异化。不同于巴克豪斯的理解,人只有作为具体的人才会有需要,所以"出发点是,应该具有社会人的一

8

---

① Helmut Reichelt, *Neue Marx-Lektüre. Zur Kritik sozialwisschenschaftlicher Logik* (Hamburg 2008).

② Backhaus, 'Between Philosophy and Science', and Hans-Georg Backhaus, 'Über den Doppelsinn der Begriffe "politische Ökonomie" und "Kritik" bei Marx und in der Frankfurter Schule', in ed. Stefan Dornuf and Reinhard Pitsch, *Wolfgang Harich zum Gedächtnis*, vol. II (München 2000).

③ Hans-Georg Backhaus, 'Some Aspects of Marx's Concept of Critique in the Context of His Economic-Philosophical Theory', in ed. Werner Bonefeld and Kosmas Psychopedis, *Human Dignity* (Aldershot 2005).

定性质，即他所生活的那个社会的一定性质"。① 既不是他们的经济本质，也不是人类学，而是他们自身隐藏在经济神秘形式中的"一定的社会关系"，才应当是"出发点"。② 也就是说，经济必然性的物化世界一开始就是实践的——在它们颠倒的经济形式中包含着真实生活关系。

莱希尔特提出了作为现有社会关系内在批判的经济学批判。③ 对于这一批判，辩证的叙述方法是根本性的——它揭示了作为社会神秘性现实抽象的经济形式。因而，政治经济学批判的目标就不再仅仅是"对经济学体系的批判"，从根本上说，它是"对上述体系的叙述和在叙述过程中对它进行的批判"。④ 尽管价值形式表达了资本主义的抽象本质——价值在不断流变的形式中消失，在这种流变过程中，经济数量将自己树立为一股独立的、看似不可抗拒的力量——但它和宗教世界中的上帝一样令人费解。所以价值形式分析，相当于对社会"自主"过程的价值规律的阐述，而经济学是通过价格运动、股票市场运转和其他诸如此类的宏观经济分析，来解释这些难以理解的经济量。对经济体系进行辩证叙述的目的，就是将，比方说，人们对"下金蛋"的货币的需要，确立为价值规律的"客观必然性"，而不是某个银行家的决定或意愿这样的偶然性。

当阿多诺指出"社会的客观理性，即交换，使自身脱离了理性的逻

---

① 参见《马克思恩格斯全集》第一版第 19 卷，人民出版社，1963 年，第 404 页。

② 参见《马克思恩格斯全集》第 31 卷，人民出版社，1998 年，第 245 页。

③ Reichelt, *Neue Marx-Lektüre*, and Helmut Reichelt, 'Die Marxsche Kritik ökonomischer Kategorien. Überlegungen zum Problem der Geltung in der dialektischen Darstellungsmethode im *Kapital*', in ed. Iring Fetscher and Alfred Schmidt, *Emanzipation und Versöhnung. Zu Adornos Kritik der 'Warentausch'-Gesellschaft und Perpektiven der Transformation* (Frankfurt 2002).

④ 参见《马克思恩格斯全集》第一版第 29 卷，人民出版社，1972 年，第 531 页。对于新马克思阅读，这一阐述是作为社会批判理论的政治经济学批判的基本特征。参见 Reichelt, *Zur logischen Struktur*。也参见 Kosmas Psychopedis, 'Dialectical Theory', in ed. Werner Bonefeld, Richard Gunn and Kosmas Psychopedis, *Open Marxism*, vol. Ⅰ (London 1992)。

辑"时,他很好地理解了社会的"客观必然性"。当社会作为一股自主的力量时,它不再为人所理解。唯一能够理解的只有它的自主规律。[①]但问题是,什么是自主的? 在作为现实经济抽象运动的社会外观(比如价格和利润)中出现的又是什么?"新马克思阅读"将这种自主规律理解为价值规律的表现,价值是资本主义财富自我运动的本质。与这种将价值概念理解为社会本质的观念不同,我认为在根本意义上讲,社会就是处于社会关系中的大写的人(Man)。所以,自主的不是作为"资本主义体系本体论基础"的某种抽象的价值本质,在这个资本主义体系中,商品"仅仅例证其作为价值抽象本质的'颠倒现实'"。[②] 相反,正是经济事物神秘形式中的特定社会生产关系,似乎拥有能将自身"例证"的神秘特征。理论上的神秘性在理解人类社会实践的历史特殊性时,发现了它们的合理解释,不论这种实践与经济事物之间的关系在形式上有多么扭曲。这就是说,"人们自己的一定的社会关系……在人们面前采取了物与物的关系的虚幻形式",这些物表现为现实经济抽象,而社会个人的整体生活都依赖着它们的运动,虽然这些物起源于"生产商品的劳动所特有的社会性质"的基础之上。[③]"新马克思阅读"关注的是价值交换的有效性,对劳动的特定社会特征未做过多考察,这导致了将价值形式理解为财富自我运动的一个抽象依据,一个以自身扩张为前提的"普遍存在"。[④] 如果叙述资本主义范畴仅仅是依靠经济形式的逻辑演绎来推进的话,那它并不充分。这些形式是一定的社会关系的形式,它们一开始就带有历史的烙印和对抗性。与新马克思阅读的理解不同,社会对抗并不衍生于经济范畴,也不是这些范畴竞争运动的真实表现。相反,如我要说的那样,阶级对抗是经济范畴的构成性

---

① Theodor Adorno, 'Einleitung', in ed. Theodor Adorno, Hans Albert, Ralf Darendorf, Jürgen Habermas, Harald Pilot and Karl Popper, *Der Positivismusstreit in der deutschen Soziologie* (München 1993), p. 23.

② Arthur, *The New Dialectic*, p. 80.

③ 参见《马克思恩格斯全集》第 44 卷,人民出版社,2001 年,第 90 页。

④ Reichelt, 'Die Marxsche Kritik ökonomischer Kategorien'.

前提。

　　莫伊舍・普殊同将政治经济学批判发展为关于财富形式和财富生产的批判理论。他认为经济体系的根源是劳动的商品形式，并将这一观点发展为对经典马克思主义强有力的批评，后者将劳动视为一种超历史的、有目的的人类生产活动。根据传统的分析，资本主义经济是一个非理性和剥削的劳动体系，它必将被社会主义转变为服务于工人福利的理性计划经济。[①] 与这种观点不同，普殊同认为"劳动是资本主义社会批判的对象"。[②] 不过，他将劳动理解为特定的资本主义形式的劳动依旧有问题：他没有告诉我们劳动的这种特殊历史形式是如何被打上烙印的，并且这个烙印如何在资本主义财富及其生产概念中发挥支配作用。与包括普殊同在内的新马克思阅读不同，我认为，导致资本主义形式劳动产生的条件——大多数人口与生活资料相分离——已经成为"资本存在的结果"。[③] 在普殊同看来，资本主义社会表现为一个僵化的劳动商品体系。他赋予这种劳动以系统的特性，将劳动经济作为一个客观的行动框架，在具体社会环境中形成了社会冲突和阶级斗争。[④] 他对"阶级"的理解是传统的——社会个人的生活世界由他们的市场状况决定，市场状况则在与阶级有关的或其他形式的冲突的多样性中表现出来。与此不同，我坚持认为阶级不是一个以收入为基础的范畴。相反，它是批判资本主义财富的范畴。批判理论中的阶级不是

10

---

　　① 对亚历克斯・卡利尼克斯而言，这个革命性观点是列宁在当代的发展。参见 Alex Callinicos, 'Is Leninism finished?' *Socialist Review* (January 2013)。

　　② Postone, *Time, Labor, and Social Domination*, p. 6.

　　③ 《马克思恩格斯全集》第 30 卷，人民出版社，1995 年，第 452 页。具有洞见性的评述参见 Silvia Federici, *Caliban and the Witch* (New York 2004) and Mariarosa Dalla Costa, 'Development and Reproduction', in ed. Werner Bonefeld, *Revolutionary Writing* (New York 2003)。

　　④ 参见 Postone, *Time, Labor, and Social Domination*, p. 319。其他人对普殊同观点的评述参见 Werner Bonefeld, 'On Postone's Courageous but Unsuccessful Attempt to Banish to Class Antagonism from the Critique of Political Economy'; Chris Arthur, 'Subject and Counter-Subject'; Marcel Stoetzler, 'Postone's Marx', all published in *Historical Materialism*, vol. 12, no. 3 (2004)。

对人进行阶级划分;它在社会中,并通过社会进行思考,从而理解自身存在的不真实。

范围和结构

海尔穆特·莱希尔特正确地看到,是时候再次思考重建的目标了,即从以往试图发现本真的马克思,转向进一步发展新马克思阅读所提出的主题和洞见,这些主题和洞见对经济事物的“巨大的对象化的权力”的批判具有根本性的作用。① 和新马克思阅读不同,对批判主题和洞见的进一步发展以接受如下看法为基础,即马克思的论述在根本上是模棱两可的,这超越了重建。米夏埃尔·海因里希最强烈地提出了这一观点。② 他认为,马克思与古典政治经济学之间的革命性决裂带有明显的过渡性质的阵痛,留下了可作多种解释的观点,以抽象劳动概念为例,它被马克思视为生产价值的劳动,这与衍生自古典政治经济学传统的自然主义定义是重叠的。

本书将政治经济学批判发展为有关经济客观性的社会批判理论,而不只是批判性地重建。政治经济学批判,在它最佳的情况下是对炫目的经济形式的反驳。它力图揭示我们世界背后的秘密,祛魅经济的本质力量的宿命外观。批判理论不思考(物化的)东西。相反,它考虑的是“在事物之外进行思考”③。对于这个任务,新马克思阅读的洞见

---

① 参见《马克思恩格斯全集》第 31 卷,人民出版社,1998 年,第 244 页。Reichelt, *Neue Marx-Lektüre*.

② Michael Heinrich, ‘Reconstruction or Deconstruction’, in ed. Riccardo Bellofiore and Roberto Fineschi, *Re-reading Marx. New Perspectives after the Critical Edition* (London 2009); ‘ Enstehungs-und Auflösungsgeschichte des Marxschen ‘Kapital’ ’, in ed. Werner Bonefeld and Michael Heinrich, *Kapital & Kritik* (Hamburg 2011).

③ Adorno, *Negative Dialectics*, p. 33.

非常重要，特别是指出了资本主义社会关系以客观事物的颠倒形
式——看似自然的经济抽象形式——显示自己。然而，就其自身而言，
这个观点并没有解释经济客观性的社会特征。是什么被对象化了？不
同于新马克思阅读，我同意阿多诺所说的"社会运动从一开始就是对抗
的"的观点。[1] 进一步讲，我认为，政治经济学批判不仅仅是对社会经
济形式的批判，也是对社会政治形式的批判。我起初是通过论述世界
市场与民族国家的关系形成了这一观点，后来通过将国家描述为资本
主义社会关系的政治形式做出进一步发展。

　　这本书分为四个部分。第一部分对政治经济学批判的特征进行相
关论述。它包括一章（第二章）对政治经济学批判意义的讨论，我将通
过援引新马克思阅读展开。这一章会探索决定经济主体的难题，阐释
经典马克思主义对经济规律的表述，以及将马克思对其作品的描述发
展为对经济范畴的批判、对社会构成的理论批判。在第三章中，我将借
助阿多诺的否定的辩证法，对这些特征的内涵作进一步论述，完成对社
会实践的资本主义形式的讨论。

　　第二部分会用三章的篇幅讨论价值规律的阶级特征。在这部分中
我将指出，区别于新马克思阅读的观点，社会对抗是价值规律的逻辑和
历史的前提。第四章讨论的是，价值规律的隐藏秘密是对劳动者生活
资料的剥夺。在这一语境下，我认为新马克思阅读试图用逻辑叙述形
成经济范畴的做法，是将阶级关系从政治经济学批判当中剔除出去了。
本章认为，存在着没有独立生活资料的劳动者，是资本主义社会关系的
根本前提。第五章进一步将这个观点发展为阶级批判理论，把阶级看
作资本主义财富形式和整个社会再生产体系的客观范畴。价值规律以
制定规则的暴力为前提，这种暴力制造了作为剩余价值生产者的阶级，
这个阶级只能依靠出卖自身劳动力来维持他们的生活。第六章从讨论
被剥夺剩余价值的生产者这一阶级的创造和再生产，扩展到对抽象劳

---

　　[1]　Adorno, *Negative Dialectics*, p. 304.

动的讨论,它是资本主义财富和价值的历史特定劳动。此章认为,生产价值的劳动在抽象时间规定的经济命令形式中显示了制定规则的暴力。而社会财富在交换中表现为"抽象的社会必要劳动时间"中的劳动。①

第三部分发展了作为国家形式批判的政治经济学批判。我认为价值规律没有独立的经济现实。它不支配任何事物,任何人,也不例证自己——它就是那样。价值关系是政治经济学的关系,而政治经济学以披着文明的外皮、实则制定规则的暴力为前提,这一文明的表象就是将劳动力买卖双方的关系,看作受规律支配的两个平等主体之间的一种交换关系。第七章确立了世界市场是资本主义财富形式的必要范畴。世界市场表现为生产中对劳动的强制性力量。但强制不是一个社会—经济范畴,它是一个政治范畴,描述了作为资产阶级社会政治形态的国家的特征。我认为,资本的世界市场社会在其概念中必然包含了(民族)国家。第八章关注的是作为资产阶级社会政治形式的国家。不同于认为国家衍生于经济的传统说法,我认为价值规律是以去政治的交换关系为前提,国家则是社会—经济去政治化的集中力量。马克思关于国家形式批判的承诺支离破碎,没有成为现实。本章参照了黑格尔的政治哲学和斯密的古典政治经济学及其在新自由主义思想中的进一步发展,来理解马克思为何将国家描述为资产阶级的执行委员会。结论再次回到了马克思,指出国家是资本主义社会的政治形式。

最后第四部分评价了作为社会批判理论的政治经济学批判具有的反资本主义内涵。第九章呈现了一些反对资本主义的形式,例如将资本主义批判人格化为对货币权力、帝国力量,或兼而有之的批判。在这里,认为社会个人是经济范畴人格化的批判性观点,复归于对仅代表特定人群利益的资本主义的谴责。对资本主义人格化的批判,从一开始

12

————————

① Adorno, 'Seminar Mitschrift of 1962', p. 507.

就包含了反犹主义的因素，第九章将它作为对资本主义病态的批判展开探索。第十章是最终章，它以阿多诺关于反对野蛮的实践的要求进行了总结。与关于批判理论的谬误言论相反，全盘否定批判现有条件，并不会导致实践的贫困。更进一步讲，它需要对实践提出如下疑问——在一个受到现实经济抽象支配的社会当中，说"不"究竟意味着什么？

第一部分

作为社会批判理论
的政治经济学批判

第二章　政治经济学与社会构成：批判的意义

导　言

　　马克思常常将经济范畴描述为"可感觉而又超感觉的物"、"古怪的东西"、"倒立的"、充满"形而上学的微妙和神学的怪诞"、"谜一般的"，等等。① 这些显然是"非经济的"提法，是将政治经济学批判指认为一种研究经济范畴的社会构成理论。政治经济学的传统观念——从古典

---

　　①　这些特征的描述可以在马克思商品拜物教批判的开头找到，见《马克思恩格斯全集》第 44 卷，人民出版社，2001 年，第 88—90 页。"可感觉而又超感觉的物"这个术语在英文版《资本论》中是找不到的，马克思在《资本论》第一卷德文第一版中使用了两次"可感觉而又超感觉"（sinnlich übersinnlich），在《政治经济学批判》中使用了一次。在《资本论》英文版中，该词首先被翻译为"超验的"（transcendent），接着被翻译为"可感觉，同时又是超感觉或社会的"（sensuous things, which are at the same time suprasensible or social），在《政治经济学批判》英文版中则是被翻译为了"抽象物"（an abstract thing）。参见 Karl Marx, *A Contribution to the Critique of Political Economy* (London 1971), p. 42。我将"sinnlich übersinnlich"翻译为"可感觉而又超感觉"，以符合黑格尔《精神现象学》英文版的用意，其中"übersinnlich"被翻译为"超感觉的"。关于这一点，参见 Helmut Reichelt, 'Social Reality as Appearance: Some Notes on Marx's Concept of Reality', in ed. Werner Bonefeld and Kosmas Psychopedis, *Human Dignity. Social Autonomy and the Critique of Capitalism* (Aldershot 2005)。

政治经济学到现代经济理论再到传统马克思主义——都受到社会构成这个幽灵的困扰。传统政治经济学观念的特点在于，它将人类社会现实的主体当作一种"形而上学的"干扰物，将其排除在经济分析之外。然而，如果政治经济学不是一种关于社会组织自身再生产方式的理论，那它是什么呢？经济理论处理的是经济数量和经济规律，用经济范畴进行表述，将劳动视为一般的经济需要，用宏观的经济角度分析经济关系，并认为经济理论是解决某些经济问题的真正科学。经济理论是一门社会理论，而它自己并未意识到这一点。

本章要讨论的是经济客观性批判的目的。经济问题应该如何被理解，它的批判又向我们揭示了什么？马克思的政治经济学批判要问的是，为什么人类社会的再生产要以藏在行动主体背后、看似自我运动的经济力量形式呈现出来，这种形式对人类的需要漠不关心，甚至是敌对的。本章包括三个部分以及一个结论。一开始我们将讨论经济理论中存在的从社会中规定其抽象主体的困难。接着引入一些传统马克思主义的观点，特别是阿尔都塞结构主义的观点，即认为资本主义经济范畴是一般历史规律的历史具体表现，它为社会关系的特定形式发展提供了客观框架。我认为结构主义的论述发展了古典政治经济学的许多洞见，并把它们呈现为马克思的政治经济学批判。① 第三部分将介绍作为经济范畴批判的政治经济学批判，而这一批判相当于一种社会批判理论。不同于从超历史的经济本质力量前提中引申出资本主义经济范畴，这里是基于社会来解释经济范畴，认为社会关系的特定形式是在经济的神秘形式中表现它们自身的。对于批判传统而言，对经济范畴的批判必然包含了经济形式的社会构成理论。而在剩下的部分中，除了总结本章观点，也将点出下一章的主题，即阶级对抗是资本主义社会中的一个关键概念。

————————

① 关于这些观点，可参见 Simon Clarke, 'Althusserian Marxism', in ed. Simon Clarke, Terry Lovell, Kevin McDonnell, Kevin Robins and Victor Seidler, *One Dimensional Marxism. Althusser and the Politics of Culture* (London 1980)。

经济本质和经济理论

经济理论认为其范畴包含了人类经济行为的某些先验本质。它把人(Man)当作经济人,并将人的经济观念"返回和回复到人"①。它认同古典政治经济学(特别是亚当·斯密和大卫·李嘉图)所认为的国民财富以劳动的生产力为基础的原则。劳动随着时代而进化,技术分工也越来越扩大,当中还伴随着"生存方式"的兴衰交替,从斯密所言的原始猎人与渔夫的财产关系,到畜牧业和农业的财产关系,再到斯密所说组成"商业社会"的三大阶级——依靠地租生存的地主、依靠利润生存的股票所有者和依靠工资生存的工人——的财产关系。根据亚当·斯密,生存方式包括了一定的财产关系、政府、社会制度和道德情操等形式。② 所以,经济学至多研究的是劳动技术分工的演变如何导致一定的社会形式产生这个问题。它认为劳动是与自然之间有目的指向的交换,并将人类这种与自然进行的必要的新陈代谢过程解释为历史的一般经济规律。在这个规律中,劳动技术分工的发展产生了特定历史形式的财产、分配关系、政府形式、社会制度和意识形态观念。

在最坏情况下,经济学则沦为了一种抽象形式的游戏,劳动作为人类再生产的社会实践,被用于使经济数量的运动合理化和可计算的数学方程式所取代。这种情况下,经济学转变为复杂的数学科学,分析现金、价格和货币价值的运动,"而不问自己它所计算和分析的对象可能是什么"③。经济学将自己的对象设定为存在着的经济数量,依照着某

23

---

① 马克思:《詹姆斯·穆勒〈政治经济学原理〉一书摘要》,载《1844 年经济学哲学手稿》,人民出版社,2000 年,第 169 页。

② 关于这一点,参见 Simon Clarke, *Marx Marginalism and Modern Sociology* (London 1991)。我将在本章稍后谈论结构主义马克思主义传统时回到斯密的历史概念。

③ Backhaus, *Die Dialektik der Wertform* (Freiburg 1997),p. 60.

种惯例进行分析,用普遍接受的量化标准去进行测量,用数学方法加以合理化,用概率论的方式去分析和预测它们的运动规律。①

所以,这就是经济学的悖论:马克思说,经济学"总是不自觉地在……矛盾中徘徊不已"。② 他们所描述的"刚想笨拙地断定是物的东西,突然表现为社会关系,他们刚刚确定为社会关系的东西,却又表现为物"③。作为一个关于经济问题的理论,经济学阐明了自身主题的神学怪癖。它假定了一个"外在于人"的经济客观性,分析经济人的价值偏好,将市场作为经济分配和个人决策的理性工具来研究。市场通过价格的自由运动机制,向消费者和生产者告知整个经济系统中的资源稀缺程度,进而借助经济主体使价值偏好得到调整。④ 因此,它将市场行为作为一个客观化在个体之中的力量进行分析,这种力量基于对巨大财富的允诺和违约、破产和失业带来的痛楚,规定着人的期望、组织着他们的行为,并以相关的市场条款强迫他们的行为。

经济分析的主题,就是马克思在《资本论》论述三位一体公式这章中提到的"资本先生和土地太太"的颠倒世界:它在扭曲的经济形式运动中表现出人类感性实践的特定形式,同时由于生产的社会关系是以客观化在人身上的物与物之间的关系形式为前提,所以这种现象也是

---

① 正如杰文斯所说,"我不是为数学家写作,也不是作为数学家写作,而是作为一名经济学家,希望说服其他经济学家他们的科学只能在明确的数学基础上才能收到别人满意的对待。"William Stanley Jevons, *The Theory of Political Economy* (London 1888), http://www. econlib. org/library/YPDBooks/Jevons/jvnPE. html (accessed 4 February 2013), p. 4.

② 参见《马克思恩格斯全集》第一版第 2 卷,人民出版社,1957 年,第 40 页。

③ 参见《马克思恩格斯全集》第 31 卷,人民出版社,1998 年,第 427 页。

④ 凯恩斯主义政治经济学认为,市场是一种制度,其中经济价值在不断流动,它也认识到这种流动的循环——买和卖的流动、将已赚得的利润变成投资手段——完全不能受到保证。因此,国家被要求作为公共权力机构去维持经济价值的循环流动,阻止经济进程中的漏损与中断。关于凯恩斯主义,参见 Simon Clarke, *Keynesianism, Monetarism and the Crisis of the State* (Cheltenham 1988); John Holloway, 'The Abyss Opens: The Rise and Fall of Keynesianism', in ed. Werner Bonefeld and John Holloway, *Global Capital, National State and the Politics of Money* (London 1995)。

现实的。① 经济客观性诉求一种作为"外在于人"的力量的经济规律，这种力量如阿多诺所说，"所有人的生命都依赖于这些生产过程，只有在所有人都死亡时，生产过程的首要性才有逃离点（vanishing point）"。② 没有人能否认，经济对个人而言表现出的是一种看似自然的、自我定位的和自我运动的超越人类控制的力量，经济宿命的神话取代了上帝之怒的神话。经济规律在维持着社会的运转的行动主体背后将自己强加在后者身上，社会则由经济现实抽象的运动所管控，这就像宿命的神话观念用毁灭性的力量——顷刻间就剥夺其生活资料——将自己强加在社会个人身上一样。问题不在于经济形式的非理性的合理性，而是它们的社会构成：为什么人类社会再生产的内容会采用这种宿命式的经济形式来表现呢？

根据马克斯·霍克海默的看法，经济理论将传统社会理论发展到了荒谬的地步。它以"数字符号"的形式去界定社会，这种形式用可量化的经济事物建立起来的关系将其外观合理化。③ 于是，社会"作为物"出现，而"经济学家"确信这个物的发展有其内在的经济决定规律，并且这个规律在任何时间和任何地点都有效，它们似乎真的体现了超历史、活动着的经济本质，这个经济本质在资本主义社会获得了它最发达的历史形式。马克思说，"经济学家"将经济范畴自然化了，它"被描写成局限在与历史无关的永恒自然规律之内的事情"。④ 经济学是社会中抽象经济问题的出发点，社会表现为经济的应用领域。它"从来没有提出过这样的问题：为什么这一内容采取这种形式呢？ 为什么劳动表现为价值，用劳动时间计算的劳动量表现为劳动产品的价值量

---

① 参见《马克思恩格斯全集》第 46 卷，人民出版社，2003 年，第 940 页。这里所讲的"颠倒"（perverted）的意思，参见本书第一章。

② Theodor Adorno，*Negative Dialectics*（London 1990），p. 320.

③ Max Horkheimer，*Kritische und Traditionelle Theorie*（Frankfurt 1992），p. 207.

④ 参见《马克思恩格斯全集》第 30 卷，人民出版社，1995 年，第 28 页。

呢?"①相反,它将资本主义的劳动过程理解为人类与自然之间新陈代谢的目标导向活动,用数字的精确性表示价格的运动和经济数量,分析经济事物的运动过程,在现有经济数据基础之上预测市场的下一个动作,描述人类主体如何为获得更高经济效率和效益而调整适应市场需求,探索国家作为公共权威管制经济的手段可能。它认为经济的东西既是一种可量化的物质,也是一种独立的经济理性力量,而为了经济进步,人类必须持续努力地进行经济调整;然而,它还是无法告诉我们经济数量究竟是什么。

思考过这些问题的经济理论家们都同意,要精确地把握经济学的主题是不可能的,甚至用于经济分析的基本范畴也不是十分清楚。就如琼·罗宾逊所说的,"当我们真的要确定其含义时",它们被"证明是一个不可捕捉的概念",经济理论"赋予'资本'量操作意义的问题也可以通过把它纳入代数而得到规避"。② 经济理论假设了一些可被破译的经济合理性——然而,这种合理性究竟是什么呢? 它是一种社会构成的理性吗? 社会个人创造出这种理性,但这个产物反过来,以经济现实抽象的方式反映和奴役着社会个人;或者说它是一种以超历史的经济本质为基础,以特定生存方式表现出来的经济理性? 一种观点认为,社会是受某种一般经济规律所支配的,这个观点遭遇了一个悖论:这些规律的有效性在根本上是社会的。有效性是一个社会的范畴。只有对于社会而言,某个事物才是有效的,或者是存在有效性。③ 所以,经济规律在它们自身中找不到有效性。它们不是"与历史无关的永恒自然规律"。④ 更确切地说,它们的有效性在根本上是社会的,它们只有在社会之中并通过社会才具有有效性,而社会总是具体的社会。也就是

① 参见《马克思恩格斯全集》第 44 卷,人民出版社,2001 年,第 98 页。

② Joan Robinson, *Economic Philosophy. An Essay on the Progress of Economic Thought* (New York 1962), pp. 68, 88.

③ 关于抽象经济规律有效性的这个观点来自莱希尔特,参见 Reichelt, 'Social Reality'.

④ 参见《马克思恩格斯全集》第 30 卷,人民出版社,1995 年,第 28 页。

说，经济规律只有在其所属的社会之中是有效的。然而，社会并不是经济理论关注的主题。对于经济思想而言，经济规律是一定社会关系的颠倒形式的说法堪称一个丑闻：它取消了经济学的经济主题。然而，如果经济学不考察其社会本质，如果它取消这个本质为的是建立一门关于抽象的经济数量和资本的量的科学的话，那么它必须承认，它研究的主题就是一个形而上学的经济存在。或者像琼·罗宾逊发现无法将经济学建成作为经济的科学而感到愤怒时所说的那样："K 代表资本，△K 代表投资。那么，K 是什么呢？为什么 K 就是资本呢？这一定还有其他含义，现在我们继续去往下分析，不要操心那些要我们回答其含义、矜矜以学者自诩的爱管闲事的人。"[①]

作为科学的经济学由于无法界定自己的主题而饱受困扰。尼古拉斯·卡尔多(Nicholas Kaldor)就表示，前者完全无法用令人信服的确定性规定自己的主题——它是一门社会科学、经济科学还是一门关于经济本质的科学？[②] 弗雷德里希·哈耶克(Friedrich Hayek)对其能够做出的预测性表示怀疑，而在山姆·布里坦(Sam Brittan)那里，他的经济学最终变成了道德哲学。[③] 丹尼尔·贝尔(Daniel Bell)指出："经济理论是一个便利的虚构，是一种'可能'，用以衡量个人、企业和政府的习以为常的、非理性的、有逻辑的、自私自利的、利己主义的、偏执的和利他的等行为——但它始终不是一种现实的模型。"[④]即使作为一种虚构的理想，它也带着固有的问题。

琼·罗宾逊提出了一个带来希望的观点：除掉迄今为止依旧作为

---

① Robinson, *Economic Philosophy*, p. 68.

② Nicholas Kaldor, 'The Relations of Economic Growth and Cyclical Fluctuations', *Economic Journal*, vol. 64, no. 253 (1954), pp. 53 – 71.

③ Samuel Brittan, 'Hayek, Friedrich August (1988 – 1992)', *Oxford Dictionary of National Biography* (Oxford 2004), http://www. oxforddnb. com/index/51/101051095/(accessed 28 April 2013).

④ Daniel Bell, *Sociological Journey: Essays 1960 – 1980* (London 1980), p. 70. 这部分的观点借鉴了巴克豪斯，参见 Backhaus, *Dialektik*。

经济学基础的那些形而上学概念，例如人性及其需要，将经济学建成为一门关于经济的科学或许是可行的。[1] 约瑟夫·熊彼特（Joseph Schumpeter）在他生涯早期认为，作为科学的经济学必须视自己的范畴为自然规律（Naturgesetze）的范畴，注意永远不要试图论证其社会前提。[2] 而在他生命后期，他似乎还是不能确定经济学是否能够被称为科学——这个问题依旧悬而未解。[3] 熊彼特提出了一个马克思政治经济学批判的核心问题，也是经济理论必须回答，且一直无法给出确定答案的一个问题。他问道：资本是"价值的储藏室吗？可以用货币表达，却不包含在货币之中，不涉及特定商品形式或其具体应用？……实际上，问题在于：所有商品的价值何以可能表现为独立事物（Selbständiges）？因为价值与价值的对象是分不开的。"[4]熊彼特很清楚，经济科学依赖对社会的理解，但这不仅与经济学格格不入，也否定了把自己塑造成为经济科学的努力。[5] 因此他认为，尝试将社会关系中的人作为形而上学包袱从经济学中排除出去的做法，是不可能完成的任务。罗宾逊也同意这个看法："像商品和购买力一样，当我们真的要确定其含义时，货币和利率本身被证明是一个不可捉摸的概念。"[6] 可见，他们都承认，经济学本身不可能独立地成为一门科学。概要地说，经济学范畴的形而上学包袱正是它的人类社会内容，虽然经济学以它为前提条件，但只有当质疑作为纯粹经济科学的经济学是否可能时，

---

[1] Robinson, *Economic Philosophy*. 也可参见 Reichelt, 'Why did Marx Conceal His Dialectical Method?' in ed. Werner Bonefeld, Richard Gunn, John Holloway and Kosmas Psychopedis, *Open Marxism: Emancipating Marx* (London 1995)。

[2] Joseph Schumpeter, *Das Wesen und der Hauptinhalt der theoretischen Nationalökonomie* (Leipzig 1908), p. 26.

[3] Joseph Schumpeter, *Geschichte der ökonomischen Analyse* (Göttingen 1965), pp. 35, 37.

[4] Joseph Schumpeter, *Theorie der wirtschaftlichen Entwicklung* (Berlin 1964), p. 189.

[5] Schumpeter, *Geschichte*.

[6] Robinson, *Economic Philosophy*, p. 88.

它才会接受这一点。

被认为是不包含人类社会"形而上学"的经济学，容易被定义为关于经济数字的科学，被用于分析成本和收益之间的关系，或者是像城岛国广（Kunihiro Jojima）认为的那样，被当作以"原子"和"分子"为研究对象的有关物理的数量的科学。[①] 在任何一种情况下——作为数字科学或原子的科学，或是用来分析成本与收益——经济学都被认为是"第二自然"：独立于人类社会关系，却构建了其代理人的行为，它通过人们相互斗争夺取系统内的战利品的行为表现自己，就像置身事外的自然一样。传统上，在萨伊著名的市场供需规律中，我们可以理解到第二自然确定性秩序中的第一自然的不确定性。在这里，社会力量被看作是在自发的秩序框架中运作的，在这个框架中，每一个社会范畴在其相对价值或经济位置方面都是不确定的，但每一个单独的社会范畴，在它们之间自发相互作用的普遍性中对全体负责。[②] 对经济科学而言，经济数量的运动表示的是价值偏好，它揭示了受价格运动支配的理性经济行为。[③] 将昨天的价格运动合理化，作为经济上多样性的价值偏好的显现，并根据这种直接的运算来预测明天经济数量的运动可能性。也就是说，它综合昨天的经济行为来测定今天的偏差，为的是胜利地预测

27

---

① Kunihiro Jojima, *Ökonomie und Physik* (Berlin 1985).

② Jean-Baptiste Say, *A Treaties on Political Economy* (New York 1971).

③ 杰文斯在《政治经济学理论》(*The Theory of Political Economy*)中用快乐和痛苦的关系来考量经济效益和经济成本的关系，这粗鲁地把花钱带来的痛苦与购买商品带来的快乐混在了一起。所以他是将价值主观地定义为效用：商品的效用是指它的价值表达快乐而非痛苦。成本效益分析是一般生活的经济描述，参见 Simon Bowmaker, *Economics Uncut. A Complete Guide to Life, Death, and Misadventure* (Aldershot 2005)。

明天的价格运动。它把"资本"的量，变成了代数运算。①

　　认为经济学是一门数字哲学，或物理学的一支，或是关于经济数量的供给关系的科学，这些观点都将它定义为一门没有主体的科学。用蒲鲁东曾经嘲讽的话来讲："经济学怎么会是一门科学呢？两个经济学家相互对视的时候难道不会笑出来吗？……经济学既没有原则，也缺乏基础……它什么也不清楚，什么也解释不了。"②马克思说，经济学家"提出的任何一个论点都不能不自相矛盾"③。经济学眼中的世界，是一个主体权力被化归为经济问题和无形原则的世界。也就是说，对经济思维而言，经济学的本质并不是社会。它无法告诉我们究竟什么是经济的本质。它通过哲学论证的方式，探寻经济人的特征。无论如何计算，所有事物都被归结为"物物交换的自然倾向"和"人类本质"，就像道德哲学的自然法则一样，经济学也有其"形而上学"基础。④

　　对于政治经济学批判而言，经济本质并非经济学的本质。经济学的本质是社会，社会是社会关系中的社会个人。如果认为人在他的社

---

　　① 2008 年之前，市场行为活跃，因为成功案例的数量似乎不言自明。1995 年获得诺贝尔经济学奖的卢卡斯在 2003 年宣称："抑郁症预防问题已经解决，出于各种实际目的，事实上已经解决了几十年。"Robert Lucas, 'Macroeconomic Priorities', *American Economic Review*, vol. 93, no. 1 (2003), p. 1. 他在 2007 年指出："如果说我们从过去 20 年中学到了什么，那就是实体经济的稳定性很强。"Robert Lucas, 'Mortgages and Monetary Policy', *The Wall Street Journal Online* (19 September 2007), p. 20. 大卫·哈维报道了，当 2008 年英国女王伊丽莎白二世向聚集在伦敦经济学院的经济学家询问他们为什么没有预见到经济危机时，在场没有人回应——数字一夜之间就变了，从繁荣变为了萧条。见 David Harvey, *The Enigma of Capital* (Oxford 2011)。

　　② Pierre Joseph Proudhon, *What is Property? An Inquiry into the Principle of Right and of Government* (Teddington 2008), pp. 105 – 6.

　　③ 参见《马克思恩格斯全集》第一版第 26 卷第三册，人民出版社，1974 年，第 356 页。

　　④ Adam Smith, *An Inquiry into the Nature and Causes of the Wealth of Nations* (Indianapolis 1981), p. 25. 也可参见 Israel Kirzner, 'Human Nature and the Character of Economic Science', *Harvard Review of Philosophy*, vol. Ⅷ (2000), pp. 14 – 23; Samuel Brittan, *Essays, Moral, Political and Economic* (Edinburgh 1998)。

会关系中表现为经济事物的人格化(经济规律的承担者),那政治经济学批判就是一种否定的社会理论。马克思认为,在资本主义当中,个人是由他们自己双手的产物所支配的,表现为经济本质的东西实际上是从属于一定社会关系的社会构成性质。社会现实因此看起来是一种"客观形式":社会个人在他自己的社会世界中消失了,他不得不带着支配着他的价格标签才得以再次出现。① 人正是在他自己的工作中,从社会主体颠倒为经济客体,而不是由某个抽象的经济物,凭借某种自然之力将自身客观化到行动的主体身上而形成。所以,对政治经济学批判来讲,关键问题不是去发现历史中的一般经济规律。相反,应当把现存社会作为自己的批判对象。这个社会由一定的社会关系以抽象的经济力量方式所维系,当中的事物由"起调节作用的自然规律"②的无形意志所控制。在下个部分,我们将探讨结构主义马克思主义传统。我认为他们在分析资本主义经济形式时,对社会的理解完全是一种传统的方式。它也反对将社会关系中的人当作关于经济力量科学的形而上学尾巴。

28

经济本质与资本主义解剖学

路易·阿尔都塞(Louis Althusser)提出了著名的观点:马克思的政治经济学批判是"理论上的反人本主义",并宣称要用政治实践的人道主义实现调整。③ 在法文版的《资本论》序言中,他基于反人本主义的立场,简明扼要地提出了两个观点。④ 第一,他认为马克思在 1844

---

① 参见《马克思恩格斯全集》第 44 卷,人民出版社,2001 年,第 93 页。

② 参见《马克思恩格斯全集》第 44 卷,人民出版社,2001 年,第 92 页。

③ Louis Althusser, *For Marx* (London 1996), chap. 7.

④ Louis Althusser, ' Preface to *Capital* Volume One ', in *Lenin and Philosophy* (New York 1971).

年《巴黎手稿》中的异化哲学观点，与作为科学社会主义创立者的"经济学的"马克思没有丝毫联系。所以他并不认为"物化理论"是马克思早期异化理论在"商品拜物教"分析中的投射，这将会牺牲马克思叙述的科学性。[1] 第二，他认为马克思在《资本论》中发展了科学主义马克思主义的概念体系，后者不是对作为既有现实的资本主义的批判，而是全面理解历史的一个手段。[2] 根据阿尔都塞的说法，马克思对资本主义的研究，促使他在资本主义经济关系的结构中发现了历史的一般规律。因而，马克思的《资本论》被看作以资本主义特定历史阶段的生产力，表现了生产力的一般经济规律。社会结构是由生产力决定的，生产力表现在历史上特定的社会生产关系中。资本主义社会关系被认为是在一般经济规律的客观框架中展开的。阿尔弗雷德·施密特（Alfred Schmidt）认为，阿尔都塞对马克思政治经济学批判的结构主义理解，"并未用结构主义语言解释熟悉的马克思主义思想……毋宁说，他直截了当地将各种结构主义的观点表述为马克思主义的观点"。[3] 然而，阿尔都塞关于《1844 年经济学哲学手稿》的立场是正当的。手稿中的人并不存在，人类学的出发点无疑是非批判的。[4]

----

① Althusser, *For Marx*, p. 230.

② 参见 Althusser, 'Preface', pp. 71 - 2。

③ Alfred Schmidt, *History and Structure* (Cambridge, MA 1983), p. 83.

④ 关于这一点，参见 Alfred Schmidt, 'Der strukturalistische Angriff auf die Geschichte', in ed. Alfred Schmidt, *Beiträge zur marxistischen Erkenntnistheorie* (Frankfurt 1969)。阿多诺同样反对用人类学的视角解读历史和经济学，反对抽象人本主义的海绵似的修辞。参见 Dirk Braunstein, *Adornos Kritik der politischen Ökonomie* (Bielefeld 2011), p. 29. 对于施密特而言，1844 年的马克思不能说明《资本论》中的马克思。然而，《资本论》中的马克思却可以说明 1844 年的马克思。阿尔都塞对早期马克思"抽象人本主义"的合理批判，并不意味政治经济学批判时期的马克思是反人本主义，相反，"经济学家"马克思也是人本主义的马克思，因为他对资本主义社会的批判，寻求的是在经济事物的颠倒形式中破译出人们真实的生活关系。政治经济学批判不是要揭示超历史的经济学规律，也不是要基于某种抽象的人类本质指出资本主义的异化存在形式。晚年马克思的人本主义就在于将资本主义理解为一种特定的社会关系形式。关于人自身在经济形式中的异化，参见贝特尔·奥尔曼（Bertell Ollman）《异化》（Cambridge 1977）。

阿尔都塞将晚期马克思看作科学的马克思，将科学定义为一个无主体的话语。① 所以他指出，只有在"人的哲学神话被打得粉碎"②的基础之上，才可以对人有真正的认识。而当普兰查斯将科学主义马克思主义理解为已经与"主体的历史问题式"彻底断裂时，这个观点进一步得到了加强。③ 他们认为，社会科学必须作为一门无主体的科学才能得到科学的理解，这一观点将社会理解为一般经济规律的历史特定结构。因此，科学就是对结构必要性中无法逃避的界限和趋势的"意识"。 29 它在剖析资本主义生产方式时区别出一般经济规律的结构存在，不受物化的沉思或人本主义模糊的"行动的"主体的干扰，不论这个主体是异化形式下的主体，还是反资本主义的主体。④ 正如前面讨论的那些经济学家一样，为了科学地洞察一般经济规律的资本主义解剖学，科学主义马克思主义认为，对经济问题的分析必须"摆脱神秘的形而上学思维"。⑤

结构主义传统认为，资本主义的经济范畴在由历史多元决定的社会形式中显示了一般经济规律。它不是将真实社会关系进行概念化，而是认为资本主义的发展发生在"一般规律的框架中"，正是在这个框架下，"资本主义发展……通过行动主体和阶级的行动决定……产生危

---

① Louis Althusser, *Lenin and Philosophy* (New York 1971), p. 160.

② Louis Althusser, *For Marx* (London 1996), p. 229.

③ Nicos Poulantzas, 'Theorie und Geschichte: Kurze Bemerkung über den Gegenstand des "Kapitals"', in ed. Walter Euchner and Alfred Schmdit, *Kritik der politischen Ökonomie*, *100 Jahre Kapital* (Frankfurt 1969), p. 65.

④ 关于异化主体，参见 Hans-Georg Backhaus, 'Between Philosophy and Science: Marxian Social Economy as Critical Theory', in ed. Werner Bonefeld, Richard Gunn and Kosmas Psychopedis, *Open Marxism*, vol. I, pp. 93 - 132 (London 1992), p. 81；关于"行动主体"(doing subject)，参见 John Holloway, *Crack Capitalism* (London 2010).

⑤ Wolfgang Fritz Haug, *Vorlesungen zur Einführung ins 'Kapital'* (Hamburg 2005), p. 11. 我对豪格所作贡献的评论参见 'Naturalisation versus Critique of Economic Categories', *Critique. Journal of Socialist Theory*, vol. 37, no. 2 (2009), pp. 279 - 92.

机的具体条件及其政治后果"。① 对"真实存在的"社会的分析因而依赖中间概念，后者分析一般经济规律在具体环境中的中介作用。② 然而，这个中介作用是难以获得的。"资本主义政治经济学的一般规律作为一种自然力量"导致了"自然与社会间清晰界限"的瓦解。③ 豪格列出了一种解决这一困难的简明科学方法。如他所认为的那样，所有经济范畴都能够追溯到某个自然基础，所以科学的方法就在于追溯社会现象的自然基础。④ 可是，自然并非抽象地存在。没有人在历史中找到自然规定的"纯粹表现"，因为它从不和它在具体社会中的现象直接统一。所以，"历史……是各种多元决定的领域"。⑤ 从这个观点出发，政治经济学批判揭示出了一般经济规律的资本主义的"功能模式"。在方法论上，结构主义对资本主义的分析采用了与生物学中显微镜相似的抽象方法。抽象是通过"微观"分析，在剖析资本主义社会关系的过程中，对一般经济规律进行剖析，最终确定支配社会的不可避免的经济规律。

对结构主义传统而言，最根本的经济规律包含了作为社会再生产的有目的的活动而必不可少的劳动。劳动表现出了超历史的物质性，这种物质性是由劳动与自然的新陈代谢所决定的。因此，资本主义被视为这种劳动必要性的特定的历史形式。正如普殊同简明扼要指出的那样，上述观点提供的是"生产理论"，而非"生产批判"，这个"生产理

30

---

① Joachim Hirsch, 'The State Apparatus and Social Reproduction: Elements of a Theory of the Bourgeois State', in ed. John Holloway and Sol Picciotto, *State and Capital* (London 1978), pp. 74 – 5.

② 例如，参见 Bob Jessop, 'Polar Bears and Class Struggle', in ed. Werner Bonefeld and John Holloway, *Post-Fordism and Social Form* (London 1991)。

③ 根据哈维的说法，"我们能做的无非就是自然所做的"。David Harvey, 'History versus Theory: A Commentary of Marx's Method in *Capital* ', *Historical Materialism*, vol. 20, no. 2 (2012), p. 13.

④ Wolfgang Fritz Haug, *Vorlesungen zur Einführung ins ' Kapital '* (Hamburg 2005), p. 108.

⑤ Haug, *Vorlesungen zur Einführung*, p. 96.

论"为物质生产当中要素间的技术关系所定义。[1] 也就是说,存在着一个持续的一般劳动规律,它在抽象的意义上是作为与自然有目的的交换活动,这个活动不受时间和空间的限制,并且这种交换也有其特定历史模式。这两种劳动形式被认为形成了物质和社会形式间的矛盾统一体——在传统的理解当中,这个统一体被看作超历史的生产力和历史特定生产关系之间的矛盾——正是作为超历史的生产力的劳动物质性与社会生产关系的特定历史形式的关系构成了资本主义基本矛盾。

在这种情况下,超历史的物质劳动的资本主义形式,就是私人阶级以合法形式占有生产要素。根据艾蒂安·巴里巴尔(Étienne Balibar)的论述,资本主义社会关系是超历史的生产力在历史上多元决定的表现,"生产的经济关系体现……地主阶级/生产资料所有者阶级/被剥削的生产阶级这三者之间的关系"。[2] 也就是说,生产力在历史特定的社会分配关系中表现出来,这种分配关系"通过生产资料所有权的法律联系投射到生产上"。[3] 作为一个政治经济学的观点,它基于不同生产要素的法定形式明确了社会的阶级特征,即根据收入来源区分阶级:地主收取地租,生产资料所有者收取利润,出卖劳动力者获得工资。资本主义在根本上被看作对劳动力的私人组织,因为它立足于生产资料所有者对生产性劳动的合法占有。同时,这种对劳动力进行组织的私有性特征,从根本上讲又是社会性的,因为每个人实际上都在为彼此工作。劳动组织的私人性和它的社会性特征之间的联系通过市场建立起来,市场使诸多私人劳动相互发生联系,形成买和卖的过程。私人劳动的社会特征由价值规律进行管理。在资本主义当中,价值规律被认为是

---

① Postone, *Time, Labour and Social Domination* (Cambridge 1996), p. 9. 也可参见 Simon Clarke, 'Althusserian Marxism', in ed. Simon Clarke, Terry Lovell, Kevin McDonnell, Kevin Robins and Victor Seidler, *One Dimensional Marxism. Althusser and the Politics of Culture* (London 1980)。

② Étienne Balibar, 'The Basic Concepts of Historical Materialism', in Louis Althusser and Étienne Balibar, *Reading Capital* (London 1970), p. 233.

③ Clarke, 'Althusserian Marxism', p. 60.

通过基于交换关系建立起来的市场手段和阶级斗争的手段调节着社会财富的分配。① 杰索普（Jessop）认为，资本主义交换关系涉及多个社会力量间的相互作用，这些社会力量反过来表现为多中心、多尺度、多重时间、多重形式和多重因果联系的过程，它们以错综复杂的方式同时存在、相互渗透，因而显得无政府主义、不受控制、毫无计划性和危机四伏。②

　　就如帕特里克·莫瑞（Patrick Murray）在别处简明指出的那样，结构主义对历史唯物主义的看法认为"'生产力'不是由社会形式决定的，相反，是由'生产关系'最终决定"③。它不是要消除事物的物化现象，而是将这些现象当作构建了真实生活关系的经济规律的体现。社会规律固然可以改变，但自然规律并不会。哈维认为"人类是自然的一部分，不是被动的行动者，更不是自然进化中的受害者"，人们因此可以改变这种方式，在这种方式中，不可避免的劳动法则在对历史上特定的社会关系的解剖中表现出来④。所以，社会主义的问题变成了劳动经济的合理化组织问题，即从资本主义"不受控制、毫无计划性和危机四伏的"市场关系的无政府状态，转向社会主义通过中央计划实现的劳动经济的合理化。⑤ 当被假定是自然状态时，劳动经济表现为本质的力量，现存的社会关系则作为本质的发展结果取得合法性，可能的未来也被描述为现存事物的理想结果。它们都依赖非常重要的观念——"自由

---

　　① 在这里，价值规律出现了两次，一次是作为本质上超历史的"价值的元形式"，它将价值作为抽象意义上财富归属和分配的长久机制。接着就是与阶级相关的、作为历史特定财富分配方式的资本主义形式。参见 Jessop, 'Polar Bears'；Haug, *Vorlesungen zur Einführung*。

　　② Bob Jessop, *State Power: A Strategic-Relational Approach* (Cambridge 2008), p. 178.

　　③ Patrick Murray, 'Marx's "Truly Social" Labour Theory of Value', *Historical Materialism*, vol. 6 (Summer 2000), p. 64, fn. 21.

　　④ Harvey, 'History versus Theory: A Commentary of Marx's Method in *Capital*', p. 13.

　　⑤ 普殊同在批判马克思主义经济学时最有力地发展了这一观点，参见 Postone, *Time, Labour and Social Domination*。

是对必然的认识"①。然而,这与自然无关。

认为社会最终是由历史上运动着的普遍经济规律所决定的观点,从总体上看是和现存条件相联系的。②被武断地当作某种一般经济规律的科学的历史唯物主义,以一种同一性的视角反映社会。例如,它认为资本主义社会关系体现了抽象市场结构的逻辑,这种抽象的市场结构的经验现实以阶级斗争为中介③。不同于认为"概念是现实的要素,而现实需要概念的形成"的批判性看法,这种观点认为概念是普遍适用的科学工具,概念能够在任何时候和任何地点用于剖析和分析所有社会,作为抽象经济规律的多元决定结果。这个观点表明了思维和现实的彻底分离。当豪格宣称理解了马克思所说的"发现思维独立于经验条件"时,他最清楚地阐明了这一点。④ 亚历克斯·卡利尼克斯也持类似观点。他主张马克思主义的分析方法相当于一种复杂版本的知识科学,它假设社会是理论上建构的一个"相似"(as if)⑤。理论知识表现为一种修辞上的假设虚构,一种"相似",它由实证分析得到证实或证伪。然而,这里现象是具有欺骗性的,因为它在理论上假设了现实世界会像镜子一样反映自己。也就是说,科学知识假设了一种科学理念,即现实世界由竞争性的市场结构进行调控,然后将这个理念应用到资本主义市场,产生重要影响。但即使这样,例如现实中竞争自由是否已经转变为垄断自由等问题依旧存在。假设思维是独立的知识工具,将社会从批判的审视中解放了出来。它不询问市场的社会构成,而是假设一般经济规律的存在,将社会规律变为自然规律的历史多元决定的产物,然

32

---

① 《马克思恩格斯选集》第 3 卷,人民出版社,2012 年,第 491 页。

② 霍克海默最强有力地指出了这个观点,见 Horkheimer, *Kritische und Traditionelle Theorie*, p. 246。

③ 雅克·比岱很好地阐述了这个观点。Jacques Bidet, *Exploring Marx's Capital: Philosophical, Economic and Political Dimensions* (Chicago 2009)。

④ Haug, *Vorlesungen zur Einführung*, p. 150。

⑤ Alex Callinicos, 'Against the New Dialectic', *Historical Materialism*, vol. 13, no. 2 (2005), pp. 41 – 59. 参见 Vasilis Grollios, 'Alex Callinicos's Marxism', *Critique*, vol. 41, no. 1 (2013), pp. 55 – 79. 文章对我的观点做出了类似的批判。

后分析它们在主体间社会活动的中介方式，包括阶级和其他的社会利益，最后研究它称之为社会利益间竞争的霸权策略，寻求通过国家实施霸权策略的政治机会来完成他们的目的。① 结构主义对社会的假设没有真正理解社会。它仅仅是抽象地把社会描述为一个假设的分析单位。

所谓资本主义归根结底是由一般经济规律的发展所决定的这一科学观点，就和它理解的社会观念一样是假设性的，正如认为国家是各种社会力量中的决定力量一样。理论与实践相统一的传统要求，在历史上保证了争夺作为社会主义转型工具的国家的需要，通过集体组织取代了资本对劳动产品的合法权利，使劳动经济从资本追求利润的限制当中解放出来，"直接地"完成社会化。豪格对科学社会主义将社会理论假说转化为朗朗上口的口号的能力印象深刻，不假思索地指出"当国家进步时，货币和资本的力量就会退步"。②

阿尔都塞认为，《资本论》不是对正在发生的资本主义过程的批判，而是关于一般经济规律的资本主义解剖学的科学研究。他的观点作为对传统观点——即认为资本主义经济形式有它的自然基础，所以会表现出这种自然倾向——更为精简的描述是恰当的。③ 诚如西蒙·克拉克（Simon Clarke）所说，这一观点在政治思想史上起源于"古典政治经济学"。④ 的确，从古典政治经济学到经典的历史唯物主义传统，都有着将政治经济学从人类目的的形而上学包袱中解放出来的努力。这种做法允许像自然规律的一般经济规律的科学，这种自然规律——像是

---

① 杰索普进一步发展了结构主义观点。Bob Jessop, *Nicos Poulantzas: Marxist Theory and Political Strategy* (London 1985).

② Haug, *Vorlesungen zur Einführung*, p. 102. 这个观点的力量依旧未减弱，例如，参见 Costas Lapavistas, *Crisis in the Eurozone* (London 2012); Alfredo Saad-Fhilo, 'Crisis in neoliberalism or crisis of neoliberalism?' in ed. Leo Panitch, Gregory Albo and Vivek Chibber, *Socialist Register 2011* (London 2010)。

③ 参见 Althusser, 'Preface', pp. 71 - 2。

④ Clarke, 'Althusserian Marxism', p. 47.

斯密那里的物物交换的自然倾向——是一种历史活动，引导着进化的
过程。在古典政治经济学那里，这个规律看似是一种通向商业社会的
线性发展逻辑。而在经典的马克思主义传统当中，它包含更为复杂的
斗争和挫折的过程，这个逐步发展的过程历经人类各个时期来到资本
主义，并向社会主义过渡，在这里历史好像是某种自动的、神学式的东
西，它通过自己的固有力量自我显现。

　　斯密的理论之所以著名，不仅仅是强调各种经济力量以其自身方
式穿越历史通向"商业社会"，还在于认为，在各个历史时期，社会的政
治形式（政治权威或管辖权）必然是由所有权的状态流变而来。对于斯
密来说，向商业社会的过渡和私有财产的规律依赖着人类的物物交换
的自然倾向和与之相关的劳动技术分工。他认为劳动是面向目标的活
动，将劳动的生产能力看作社会财富的基础，并指出这种劳动的发展规
定了社会进程——从生产的这个阶段到生产的那个阶段，影响着各个
发展阶段的生存方式。通向商业社会的发展过程建立在劳动技术分工
的基础之上，后者导致了不断扩大的社会差异变为不同的社会阶级，当
中包括特定的社会劳动分工。他根据各自的收入来源（工资、地租和利
润）定义各个阶级，认为这些收入是由不同阶级各自对劳动过程的贡献
（劳动、土地和资本）所决定。社会分化为商业社会的组成阶级的过程
是劳动技术分工的延伸，它增加了社会剩余，导致私有财产的扩大，并
反过来强化了劳动社会分工的演化，为资本主义社会从国家那里分离
出去奠定基础。总之，对斯密来说，生产力展现了历史发展的一般规
律，这个规律导致了不同社会中生产关系的兴衰，最终形成他称之为商
业社会的完美的自由体系。因此，生产力的固有本质必然包含着历史
存在与生成的动力。

　　斯密认为，完美的、自由的体系是人类物物交换的自然倾向运动过
程的意外结果。亚当·弗格森（Adam Ferguson）曾经在 1782 年总结
过这种关于历史进程的基本理念："国家的建立一波三折，它确实是人

33

类行动的结果，但不是任何一种人类设计好的结果。"①这也就是说，历史看似是一个没有主体的客观展开过程；它由类似于自然规律的东西所设计，是人类行动的意外结果。② 历史因而表现得像是人类物物交换倾向的展开过程，这个倾向促进劳动技术分工的增长，推动历史上特定生产关系的出现，这个特定生产关系后来又阻碍了生产力的进一步发展，导致旧的生产方式出现危机和向新的生产方式过渡，新的生产方式促进生产力向商业社会进一步发展。克拉克认为，阿尔都塞所理解的马克思主义来源于古典政治经济学，这个观点看到了问题的关键：社会只能做自然所做的事情，而自然所做的，对于社会而言是人类行为的意外结果。与之区别的是，人生活在自然中、本身也是自然存在的这种情况，既不能解释历史，也不能解释资本主义，也不能解释任何其他形式的社会。③

阿尔弗雷德·施密特对经典马克思主义的评价点出了问题所在：后者将马克思在政治经济学批判中所批判的那个东西提升为了"一种科学规范"，就是说，像古典政治经济学一样，把社会规律看作经济的自然规律。④ 这种做法压制了完整意义上的社会构成概念。它对社会的理解依旧是抽象的，对资本主义的批判并非针对对象本身。它并没有解释在自身语境中占主导地位的社会概念，而是把资本主义经济范畴确定为某些超历史的生产力的历史多元决定的表现。所以它假设了资

---

① Adam Ferguson, *Essays on the History of Civil Society* (Edinburgh 1966), p. 122.

② 在批判传统历史唯物主义将历史作为一种自我生成力量的观点时，阿多诺淡淡地评论道："历史决定性被视为形而上学的偶然。"Adorno, *Negative Dialectics*, p. 323. 在杰索普的术语当中，社会是"失物"(Fundsache)——偶然发现的东西。参见 Jessop, 'Polar Bears'，也参见 Bob Jessop and Ngai-Ling Sum, *Beyond the Regulation Approach* (Aldershot 2006)和 Alain Lipietz, 'Vom Althusserianismus zur "Theorie der Regulation"', in ed. Alex Demirovic, Hans-Peter Krebs and Thomas Sablowski, *Hegemonie und Staat* (Münster 1992)。

③ 关于这一点，参见 Alfred Schmidt, *The Concept of Nature in Marx* (London 1971)。

④ Schmidt, *History and Structure*, p. 81.

本主义社会中的生产关系是劳动的一般经济规律的发达形式。它把这
种劳动规律理解为经济必然性的规律，这种经济必然性把历史描述为
不断克服产生经济匮乏的条件的一种力量。特里·伊格尔顿（Terry
Eagleton）清楚地表达了这一观点。他的论述不是从斯密那里的猎人
和渔夫开始，他是从一些想象的原始共产主义生存方式开始："当剩余
很少或几乎没有的时候，也就是所谓原始共产主义时期，每个人都必须
工作，没有人可以依赖别人的劳动活下去，因而不存在阶级之分。后来
有了足够多的剩余，形成了像封建领主这样依靠从属于他的人的劳动
生活的阶级。只有到了资本主义，才能产生足够多的剩余来消除经济
匮乏，因而消除各种社会阶级才有可能。然而，只有到了社会主义才会
真正付诸实践。"①伊格尔顿的表述与第一国际和第二国际的幻想如出
一辙，都把资本主义当作向社会主义的一个过渡。作为一个经济陈述，
他的观点将经济理论中的范畴无意识地抽象为对社会真理的揭示。也
就是说，他表达的是现代经济学理论的传统观点，认为经济学所研究的
是稀缺资源在不同人群之间的分配。② 这也就是像罗宾斯指出的那
样，经济学是研究经济匮缺条件下人类行为的科学，而不是对资本主义
特定形式下的社会财富，以及作为马克思政治经济学批判的主题的资
本主义生产和再生产方式的研究。③

　　总之，世界观马克思主义不是在社会之外进行思考，它分析资本主
义社会是为了发现一般经济规律，并把资本主义社会理解为这些一般
经济规律的表现。也就是说，它以一种分析的方式去把握物化事物，这
种把握就像是对现实的逼真再现，将资本主义社会关系和它们的表现
看作自然的力量。所以这种对社会的理解看上去完全是实在论的，因

35

　　① Terry Eagleton, *Why Marx was Right* (New Haven 2011), pp. 43 - 4.

　　② 关于这个定义，参见 Paul Samuelson, *Economics：An Introductory Analysis*
(London 1947)。

　　③ Lionel Robbins, *An Essay on the Nature and Significance of Economic
Science* (London 1932)。

为它将社会设定在其直接的存在之中，这种直接的存在是"某种在背后发挥作用的进程……的纯粹表象"。[①] 作为一门研究无主体的经济过程的科学，它将作为自身社会世界主体的人消解到自身经济颠倒的"实体"当中。"这种意识的幻象转变为"关于社会的自然特征的"直接的教条"。[②] 也就是说，它对资产阶级社会的批判完全是抽象的。"抽象的否定性"将资本主义社会自然化为某种超历史的劳动物质性在历史上的多元决定的表现，向资本家们暗示已建立的劳动体系的缺陷，并宣称知道"应该做什么"来解决问题。[③] 尽管阿尔都塞的理论上的反人本主义使社会不受思维影响，但他实践上的人本主义的进步目标来源于社会抽象，它拒绝"对人的一切歧视，无论是种族的、政治的、宗教的或其他的歧视"，它"拒绝一切经济剥削和政治奴役。它拒绝战争"。[④] 社会关系的人本主义化是政治经济学批判的目标和归宿。然而，人本主义的努力面临着一个悖论，它是以非人道的条件的存在作为自己的前提。非人道的条件不只是人性的障碍，而且是其概念的前提。

因此，阿尔都塞的实践人本主义体现了他的无主体的社会科学的幻想。这种想法把社会假定为与已开化社会关系的"相似"，并以此来衡量现实世界中非理性的、剥削性的和歧视性的关系。由于缺少对真实生活关系的理解，他的实践的人本主义"不谈论魔鬼"。相反，他"多想想积极的一面"。[⑤] 教条主义的盲点已经暗含在了社会是无主体的过程的观念之中。[⑥] 它使思维适应现有的"客观条件"，这些客观条件使人沦落为仅仅是经济范畴的人格化，这些范畴在实践的人本主义那

---

① Karl Marx, *Zur Kritik der Politischen Ökonomie. Urtext*, MEGA II. 2 (Oldenbourg 1991), p. 64.

② Adorno, *Negative Dialectics*, p. 205.

③ Adorno, *Lectures on History and Freedom* (Cambridge 2008a), p. 25.

④ Althusser, *For Marx*, p. 237.

⑤ Theodor Adorno, *Minima Moralia* (London 1974), p. 114.

⑥ 参见 Max Horkheimer, *Zur Kritik der instrumentellen Vernunft* (Frankfurt 1985), p. 84。

里被谴责为"剥削的""歧视的""暴力的""不公平的"和"非理性的"。

经济客观性与社会构成:批判概念

36

对于批判理论传统而言,马克思的政治经济学批判"是内在的,即使理论最终否定了它们活动于其中的全部领域"。它抵制用思想的真理内容代替"其社会功能和利益制约性"的诱惑。同样地,历史唯物主义也是内在地存在于"虚假状态本体论"中,从其内部发展出关于资本主义关系的概念。也就是说,在批判的意义上理解,历史唯物主义"消解被视为教条的东西"。[①] 它不是从抽象理解的超历史生产力的活动中推论出生产关系,而是去问为什么社会生产关系以物化的事物与物化中出现的事物之间的关系的形式存在。[②]

马克思的批判拒绝劳动的自然化概念。他对这些概念的鄙视,尤其反映在对斯密、李嘉图和他那个时代流行的各种社会主义(从蒲鲁东到德国社会民主党)的关系中。[③] 在他对斯密和李嘉图的批评中,马克思指出他们将经济范畴自然化了,"单个的孤立的猎人和渔夫"被当作一个事实,而不是历史地发源于资产阶级发展过程中。[④] 他将自己的工作视作"对经济范畴的整个体系进行总的批判"。[⑤] 不同于恩格斯认为历史唯物主义是关于"自然界、社会和思维的发展的一个一般规律"的科学的看法,马克思将自己的"唯物主义批判"描述为对现存社会关系的批判,这种批判不是从某个抽象的劳动物质性出发,而是从这些概

---

① Adorno, *Negative Dialectics*, pp. 197, 11, 196.

② 阿多诺和霍克海默《启蒙辩证法》的分析不是一种超历史的分析,他们的观点是基于当下的历史基础。关于这一点,参见第四章。

③ 见马克思《哲学的贫困》《政治经济学批判大纲》(《马克思恩格斯全集》第44卷,人民出版社,1995年,第203—204页)和《哥达纲领批判》。

④ 《马克思恩格斯全集》第44卷,人民出版社,1995年,第22页。

⑤ 《马克思恩格斯全集》第一版第26卷第三册,人民出版社,1974年,第278页。

念自身内部出发：

> 事实上，通过分析找出宗教幻象的世俗核心，比反过来从当时的现实生活关系中引出它的天国形式要容易得多。后面这种方法是唯一的唯物主义的方法，因而也是唯一科学的方法。那种排除历史过程的、抽象的自然科学的唯物主义的缺点，每当它的代表越出自己的专业范围时，就在他们的抽象的和意识形态的观念中显露出来。①

对于政治经济学批判而言，"每个劳动产品转化为社会的象形文字"需要在真实的社会关系中得到解释。马克思说，我们需要"了解他们自己的社会产品的秘密，因为把使用物品规定为价值，正像语言一样，是人们的社会产物"。所以，商品拜物教"是来源于生产商品的劳动所特有的社会性质"。② 普殊同抓住了这一点，认为传统马克思主义的观点，即从作为生产力的一般历史规律的劳动的观点出发，是无法完成拜物教批判的。③ 的确，正如从上帝出发去批判上帝只会导致关于上帝本质的经院式争论，从经济的本质出发去批判经济本质，只会导致对物化事物准确含义的学术争吵。就像对宗教的批判那样，对经济本质的批判不是在事物自身内部的批判。它是对特定社会关系的批判，这种社会关系在物与物之间的关系形式下表现它们自己。因此，在资本主义社会的表象中出现的经济事物之间的关系并不是某种一般的经济本质。以客观经济力量的形式出现的是现实的社会关系。

所以，"生产力"概念不包含从社会中抽象出来的经济运动的某个一般规律。相反，它从属于包含它的社会。就像马克思说的那样，生产

---

① 《马克思恩格斯全集》第 44 卷，人民出版社，2001 年，第 429 页。
② 《马克思恩格斯全集》第 44 卷，人民出版社，2001 年，第 91，90 页。
③ 阿尔都塞建议跳过《资本论》的这个部分，看到了这部分内容对结构主义解释的挑战。

力和生产关系是"社会个人的发展的不同方面"。① 这个观点至关重
要,不仅仅是因为它区分了古典政治经济学和马克思的政治经济学批
判,而且还区分了作为社会批判理论的政治经济学批判与诉诸历史物
质力量的传统马克思主义政治经济学,后者主张历史唯物主义是超历
史的或任何情况下都在本质上起决定作用的生产力和历史上的特殊生
产关系之间的辩证法。阿多诺将这种传统马克思主义对历史唯物主义
的理解称为"歪曲马克思主义的动机",将之批判为一种"形而上学"。②
他认为,这种理解否认了"主体的自发性,否认生产力与生产关系之客
观辩证法的运动"。③

　　在特定社会关系以物与物之间的关系形式为前提的条件下,因而
是在事物当中和通过事物存在的条件下,这些事物本身是不重要的。
重要的是以物与物的形式为前提条件的社会关系的特殊性质。经济范
畴的社会构成是一个历史形成的问题。历史不创造自己,并不客观地
展现自己,历史也不是上天参与的事情。在批判的意义上,历史并非生
成者和"存在者的本体论的基础结构"。④ 本雅明称这个历史的"形而
上学"为"历史性"(historicity)——一个用来理解本体论意义上作为一
个展开过程(从人类发展的这个阶段到另一个阶段)的历史的科学概
念。⑤ 历史性"从历史经验"中抽象而来,因而是以完全非历史的方式
把历史理解为自己生成的存在。⑥ 所以商品的神学怪诞"是对虚假意
识的嘲讽,这种虚假意识反映了作为自在之物特性凝结的社会的交换
价值关系"。⑦ 政治经济学批判不是对经济事物的假设,它面向事物本

38

---

① 《马克思恩格斯全集》第 31 卷,人民出版社,1998 年,第 101 页。

② Adorno, *Negative Dialectics*, pp. 355, 358 - 60.

③ Adorno, *Negative Dialectics*, p. 205.

④ Adorno, *Negative Dialectics*, p. 358.

⑤ Walter Benjamin, 'Thesis on the Philosophy of History', in *Illuminations* (London 1999).

⑥ Adorno, *Negative Dialectics*, pp. 398 - 9.

⑦ Adorno, *Negative Dialectics*, p. 456.

身,消解它们作为自然力的表象。祛魅是它的批判目标。所以它"清除
了意识的映像特征"。① 资本主义社会关系采取物与物之间关系的形
式,因而行动的主体体验到他们的世界是一个由经济事物控制的世界,
这种情况包含了必然的社会意识形态。在批判的意义上,意识形态不
仅仅是一种世界观。相反,它是经济现实抽象的颠倒形式中特定社会
关系的"社会必要外观"。② 因此,作为一般历史规律的多元决定结构
的资本主义社会形式,它的科学前提是一个纯粹的意识形态。它将社
会的表象转变为一种科学规范。

马克思在对超历史的经济本质概念的批判中,承认价值是资本主
义社会关系自我运动的本质,是一个纯粹社会需要。在资本主义社会,
社会个人受"人手的产物"、受劳动产品的统治,受经济现实抽象的颠倒
形式——"起调节作用的自然规律"——的控制③。要理解它就必须拒
斥从看似自我运动的经济力量中推论出人类社会关系的企图。对于阿
多诺而言,这种推论体现了"物化的意识形态"——在物化事物的符咒
下,思想把经济范畴的内容当作社会真理。④ 与此不同,马克思的政治
经济学批判,回到前面的引文,是从"生活的实际关系"发展了对资本主
义社会现实的批判。也就是说,它从现存社会出发,在现存社会之中,
也通过现存社会进行思考。为了理解某个对象,人必须置身其中。
所以,对于马克思而言,批判必须说服人:"而理论只要彻底,就能说服
人。所谓彻底,就是抓住事物的根本。而人的根本就是人本身""人是
人的最高本质。"⑤因而政治经济学批判是对物化了的经济范畴的颠
倒。它不是基于这些范畴的直接外观识别它们,而是回溯它们的真实

---

① Adorno, *Negative Dialectics*, p. 205.

② Adorno, *Negative Dialectics*, p. 188. 此处根据《否定的辩证法》德文原版进
行了修改。

③ 《马克思恩格斯全集》第 44 卷,人民出版社,2001 年,第 92 页。

④ Theodor Adorno, *Gesellschaftstheorie und Kulturkritik* (Frankfurt 1975),
p. 60.

⑤ 《马克思恩格斯选集》第 1 卷,人民出版社,2012 年,第 10 页。

生活关系。它否定了经济范畴作为自然出现事物的欺骗性宣传。批判
的目的不是宣传社会的客观假象,而是通过把它们解读为人类的社会
形式从而消除其自然外观,在这个社会形式中,存在的不是"抽象的个
人",而是作为特定社会形式中的一员的人。也就是说,"凡是把理论诱
入神秘主义的神秘东西,都能在人的实践中以及对这种实践的理解中
得到合理的解决"。①

这些从马克思早期著作中引来的引文有时被认为无足轻重,因为
据说在经历一系列政治经济学批判研究之后,他在成熟时期已经变成
了一位研究经济结构的科学家。这个观点正确地看到了马克思是一位
非常聪明的学者,也是这个原因,他后来的作品的确应该得到足够重
视:批判(像他在成熟作品中说的那样),必须使得物与物之间的关系、
经济范畴的建构形式,回到"人和人之间的关系、社会关系"当中,而对
商品拜物教的批判需要破解作为人与人之间的社会关系假定的"炫目
形式"。② 因此,他将自己的批判工作描述为"批判经济学范畴",指出
这项工作相当于"对经济范畴的**整个体**系进行总的批判"。③ 对于批判
理论传统而言,特别是"新马克思阅读",马克思的批判就是试图将整个
经济神秘化体系理解为一种由社会构成的现实抽象。经济抽象的运动
既是客观的,也是虚幻的。作为一定的社会关系的现实建构,它是客观
的,但作为一种自我运动的自然经济力量的外观,它又是虚幻的。④

所以,对于阿多诺来说,马克思的批判是一种"人性复归"(reducio
ad hominem)。⑤ 根据莱希尔特的观点,这个说法将马克思批判的核心

---

① 《马克思恩格斯选集》第 1 卷,人民出版社,2012 年,第 139—140 页。

② 《马克思恩格斯全集》第一版第 26 卷第三册,人民出版社,1974 年,第 159 页。

③ 《马克思恩格斯全集》第 31 卷,人民出版社,1998 年,第 413 页;《马克思恩格斯全集》第一版第 26 卷第三册,人民出版社,1974 年,第 278 页。

④ 莱希尔特最有力地指出了这个观点,见 Reichelt, *Zur logischen Struktur*。

⑤ Adorno, 'Zur Logik der Sozialwissenschaften', in Theodor Adorno, Hans Albert, Ralf Darendorf, Jürgen Habermas, Harald Pilot and Karl Popper, *Der Positivismusstreit in der deutschen Soziologie* (Munich 1993), p. 143. Adorno, *Negative Dialectics*, pp. 186, 387.

"问题式"带入一个相当尖锐的焦点问题中：当个人为现实存在的抽象所统治时，人类的社会实践是建构性的这一情况何以可能呢？① 人(ad hominem)的批判既不涉及其教条主义的反对者指出的模糊的人本主义，也不以抽象的人为基础去理解经济范畴。它更侧重于指向特定社会形式中的真实社会关系。价值是一种以经济事物形式存在的社会关系。"价值……已经成为一个过程的主体"，它将人与人之间的关系表现为物与物之间的关系。② 因此，只有一种社会现实，而不是两种，仿佛社会被抽象的市场结构逻辑分开，抽象的市场逻辑提供了客观的框架，在这框架之中，经验世界以这种结构性的方式展开社会活动。不论社会看似在多大程度上分为看似自我运动的经济数量的系统和社会个人的活动，后者为争夺一个独立于他们之外的经济体系的成果而斗争，"使自在和自为互相分离、使实体和主体互相分离，这是抽象的神秘主义。"③商品拜物教使人类社会实践在其经济客观形式下无法被察觉的情况需要得到祛魅。然而，祛魅不会揭示人类行动的一些隐藏事实。相反，它揭示了世界建构的不真实，世界按照某种固定的经济逻辑假定自己，这种逻辑独立于以自己的社会实践建构、组成和维持它的社会个人。"他们没有意识到这一点，但是他们这样做了。"④

马克思的工作关注形式，起初是关注意识的形式（例如宗教和法律），然后关注政治经济学的形式。这种对形式的关注"是和对社会存在的颠倒形式的批判相一致的，这个社会存在是由人类的生活实践所建构"。⑤ 也就是说，每种社会"形式"，甚至例如商品这样的最简单的社会形式，"都已经是一种颠倒，并已使人与人之间的关系表现为物的

---

① 参见 Helmut Reichelt, 'Jürgen Habermas' Reconstruction of Historical Materialism', in ed. Werner Bonefeld and Kosmas Psychopedis, *The Politics of Change* (London 2000)。

② 《马克思恩格斯全集》第 44 卷，人民出版社，2001 年，第 180 页。

③ 《马克思恩格斯全集》第 3 卷，人民出版社，2002 年，第 79 页。

④ 《马克思恩格斯全集》第 44 卷，人民出版社，2001 年，第 91 页。

⑤ Reichelt, 'Jürgen Habermas' Reconstruction', p. 105.

属性，表现为人与这些物的社会属性的关系"。或者再强调一点，每一种形式都是一种"扭曲的形式"，它导致社会关系表现为货币的运动，使得个人表现为金钱、价格和利润等经济力量所控制的产物，正如我一开始所说的那样，经济学家们正是用这些摆脱了"形而上学"干扰的扭曲形式去作出决定的。① 货币的运动使得人与人之间特定的社会关系表现为事物与货币之间的关系，真实的社会关系是作为生产的货币要素而存在。在资本主义中，个人实际上受到货币运动的统治——他们将自己与社会的联系，以及由此与生活资料的联系都放在口袋里。② 尽管货币容易上涨或者贬值，但它们不是主体。不过，它们会作用于人，使其到达疯狂或悲惨的地步，从对金钱、生产、货币和利润的社会必要意识到不幸的苦难和流血杀戮。资本主义的财富就是货币，更多的货币，这种更多货币的需要将货币自身对象化到仅仅作为"价值化身"的人身上，这些人的生活依赖着事物自身逻辑的展开方式。这真是太奇怪了！一个经济上的东西，这枚货币，本质上不过就是一片金属，却表现得像决定命运一样的、决定所有人生活的力量。这就是说，当命运的神话观念被祛魅为"世俗事物的逻辑"时，它就不再是神秘的了，类似于一个抽象的系统逻辑，通过竞争性的价格信号来建构实际个体的经济行为。③

---

① 《马克思恩格斯全集》第一版第 26 卷第三册，人民出版社，1974 年，第 564 页。《马克思恩格斯全集》第 44 卷，人民出版社，2001 年，第 93 页。也可参见巴克豪斯对作为形而上学的经济学理论的批判，Backhaus, *Dialektik der Wertform*。

② 关于这一点，参见《马克思恩格斯全集》第 30 卷，人民出版社，1995 年，第 106 页。

③ Adorno, 'Zur Logik der Sozialwissenschaften', pp. 311, 319 - 20.

41

结　论

结构主义马克思主义和对马克思的批判性阅读之间的区别再明显不过了。[①] 一边是对资本主义的人的批判，它认为资本主义政治经济学的范畴是一定社会关系的范畴，因此它们与真实的生活关系是内在联系的；而在另一边，它认为每个社会形式都可以回溯到自然的某个基础之上，资本主义社会关系显示了某种一般经济规律在历史上的特定解剖形式。一边认为，生产力和生产关系从属于它们所产生的社会；另一边则认为生产力包含了劳动的超历史的规律，这种规律表现在社会关系的多元决定形式在历史上的兴衰当中。

对批判理论传统而言，资本主义财富体现了一种特定的劳动概念，这是与古典传统不同的一个看法，后者通过指认劳动在所有社会形式当中都是社会财富的源泉，从而将这个看法从政治经济学批判中移除。就像古典政治经济学一样，它对财富生产理解为"人类一般的生产活动……已经脱掉一切社会形式和性质规定"。[②] 所以，根据古典政治经济学传统，使得资本主义与众不同的不是社会劳动的特殊性质，相反，是生产资料和劳动产品的"所有者阶级"的合法形式，使得资本主义社会关系作为财富占有和分配的特殊历史形式与众不同。正如马克思对李嘉图的批判所指出的那样，它和古典政治经济学都没有懂得"劳动……成为价值要素的特殊形式"，[③]因而它将"劳动的资产阶级形式看成是社会劳动的永恒的自然形式"，确定为抽象的社会财富的生产力。[④] 与

---

① 佩里·安德森在《西方马克思主义探讨》中不同意这个观点。他指出，在阿尔都塞结构主义和阿多诺否定的辩证法之间有着显著相似性。

② 《马克思恩格斯全集》第 46 卷，人民出版社，2003 年，第 923 页。

③ 《马克思恩格斯全集》第一版第 26 卷第三册，人民出版社，1974 年，第 148 页。

④ 《马克思恩格斯全集》第 31 卷，人民出版社，1998 年，第 454 页。

正统马克思主义相比,马克思的批判并未提出要将经济规律本体论化。相反,它表明批判应当是对真实社会关系的纯粹社会形式的批判。作为批判的理论纲领,这构成了破译一个由经济数量的运动所支配的社会的"内在灵魂"和"特殊生活"的任务。①

新马克思阅读向我们介绍了一种不再过分强调教条的必然性和自然主义概念的马克思主义。它让另一个马克思走到了前台,他将颠覆关于经济对象似乎是某种自然之物的看法。不过,这一批判自身的焦点较为狭窄。在面对将阶级和劳动的范畴工具化的做法时,它寻求的是复兴批判的马克思主义,却并没有详细解释其中的基本范畴。取而代之的是,它关注的是用价值形式建立起资本主义交换关系的现实生活,在这种资本主义交换关系中,两种不同商品之间的差异以等价交换的形式——在这一形式下,商品以货币的形式表现自身的交换价值——得以衡量。在货币形式中,商品都是一样的,都是价值的抽象形式。的确,既然生产都是为了交换价值而生产,交换价值自身就成为使用价值,那么,价值究竟能在交换中实现多少? 究竟什么是利润率? 然而,在等价交换中是没有利润的。资本主义交换关系包含了形式平等下的价值交换不平等,这是需要解释的。没有关于抽象劳动、阶级和阶级对抗的批判理论,这种交换关系是无法完全建立起来的。这种做法尝试用对真实社会关系的批判,代替作为某种以自身为依据的东西的价值形式的逻辑发展,就好像价值天生就意味着更多价值,而不追问它从哪里来。②

资本主义财富表现为一种商品与另一种商品之间的关系;所以它表现为价值形式,将自身假定为一种无限自我扩张的力量。价值进入与自我的私人关系。"因此,价值成了处于过程中的价值,成了处于过

42

---

① Karl Marx, *Ökonomische Manuskripte 1857/58*,MEGA II. 1. 1(Berlin 1976),p. 10.

② 批判理论认为价值是"自我设定"的,参见 Chris Arthur's, *The New Dialectic and Marx's Capital*(Leiden 2004)。

程中的货币,从而也就成了资本。"①然而,财富的这个独立过程依赖着资本主义劳动的特殊性,资本主义劳动的特点首先是由劳动力的商品形式所规定,这一形式建立在劳动与生活资料相分离的基础之上。只有当劳动力以商品形式存在时,资本关系才会产生。

马克思将劳动力商品形式的特征发展为对资本主义财富特征的论证。对后者而言,具体劳动和抽象劳动的区分和阶级关系一样重要。正如马克思在给恩格斯的一封信中所说:"我的书最好的地方是:(1)在第一章就着重指出了按不同情况表现为使用价值或交换价值的劳动的二重性(这是对事实的全部理解的基础);(2)研究剩余价值时,撇开了它的特殊形态——利润、利息、地租等等。"②资本家的利润中包含着劳动力的购买者和劳动力的出卖者(也是剩余价值生产者)之间的阶级关系。所以,资本主义劳动的特殊社会形式是建立在劳动与它自身条件相分离的基础之上,并以具体劳动和抽象劳动的劳动二重性为前提。它以剩余价值的形式生产财富,而劳动的价值依据体现在货币形式的交换过程中。在货币令人眼花缭乱的形式下,价值看似表现为一个自动过程,"同作为原价值的自身分出来,自行增殖着",货币投入流通过程,然后"生金蛋"。等价交换形式下的价值不平等(M−M′)体现的是"产仔"的货币。③ 所以,马克思将价值形式的展开过程理解为一种展示"货币形式的起源"的尝试,④并认为它建立在劳动的资本主义形式的特殊社会性质基础之上,"劳动只有在它生产了它自己的对立面时才是生产劳动"。价值在过程中既是货币,也是资本。⑤

① 《马克思恩格斯全集》第 44 卷,人民出版社,2001 年,第 181 页。

② 马克思 1867 年 8 月 24 日写给恩格斯的信,见《马克思恩格斯全集》第一版第 31 卷,人民出版社,1972 年,第 331 页。

③ 《马克思恩格斯全集》第 44 卷,人民出版社,2001 年,第 180 页。

④ 《马克思恩格斯全集》第 44 卷,人民出版社,2001 年,第 62 页。也可参见 Helmut Reichelt, 'Zur Konstitution ökonomischer Gesellschaftlichkeit', in ed. Werner Bonefeld and Michael Heinrich, *Kapital & Kritik* (Hamburg 2011)。

⑤ 《马克思恩格斯全集》第 30 卷,人民出版社,1995 年,第 264 页。

不论是货币，还是基于市场的交换关系，都不是资本主义所特有的。它的特殊性是基于一种特殊商品的存在，这就是劳动力商品。和其他商品一样，劳动力有使用价值和交换价值，而如果假设它是在平等、自由和效用公平原则基础上进行交易的话，劳动力的买和卖是根据它的价值通过等价交换进行的。劳动力商品的特殊性在于，消耗它能够创造出大于自身的价值。因而它拥有创造剩余价值的能力，而在利润的形式下，剩余价值的实现是通过所谓"物与物的关系"的等价交换完成的。[①] 在等价交换的关系中，"更多货币的货币"，它是"比本身价值更大的价值"的体现，这对于马克思把资本概念理解为"获得创造价值的奇能"的自动主体非常重要。他问道，资本从哪里获得了这种特性，指出"生出货币的货币"意味着一种特殊商品的存在，它的消耗创造出剩余价值。[②] 因此，要理解价值形式作为一种价值相等的神秘之物，不能在它自身寻找答案。相反，正如阿多诺看到的那样，价值相等的神秘外观来源于剩余价值。[③] 在两种不平等的价值之间的等价交换中出现的是利润形式的剩余价值。不平等价值之间的相等以剩余价值概念为前提，并由此建构了劳动力购买者和剩余价值的生产者之间的阶级关系。

接下来的几章将深化这些见解。第四章将指出，资本主义财富的概念是建立在劳动与其条件相分离的基础之上，而这种马克思称之为原始积累的分离，是资本主义阶级关系的建构前提。在第五章，我们将会把阶级发展为关于虚假社会的批判性范畴。第六章将揭示具体劳动和抽象劳动的劳动二重性，它是马克思认为理解资本先生和土地太太的基础，抽象等价形式下表现为同一的是"在同一性中的非同一性"。[④] 接下来的一章将探讨幽灵世界的社会实践。

---

① 《马克思恩格斯全集》第一版第 26 卷第三册，人民出版社，1974 年，第 147 页。
② 《马克思恩格斯全集》第 44 卷，人民出版社，2001 年，第 180—181 页。
③ 参见 Adorno，'Mitschrift'，pp. 507‑8。
④ Adorno，*Negative Dialectics*，p. 5.

第三章　作为主体的社会与作为客体的社会:社会实践

序　言

　　他们(辩证唯物主义的追随者们)没有对人性、解放和公正之类的观点发起挑战,仅仅是否认了我们社会已经实现了这些观点的主张。

　　尽管他们把意识形态看作幻觉,但他们发现幻觉是真理本身的幻觉。这带来了调和的光彩,如果不是给存在者,那也至少给它的"客观倾向性"……意识形态被揭露为道歉的掩饰……很少被看作具有将自由竞争的社会转变为直接压迫的体系这种功能的强大工具……首要的是,左翼批判没能注意到"观念"自身在其抽象形式上不只是后来将具象化的真理图像,而是正在陷入困境,被它们视为同样的不公正所困扰,与它们所反对的世界设想和联系在一起。①

---

① Adorno, 'Spengler Today', *Zeitschrift für Sozialforschung*, no. 9 (1941), p. 318.

　　这些先生不同于资产阶级辩护论者的地方就是：一方面他们觉察到这种制度所包含的矛盾，另一方面抱有空想主义，不理解资产阶级社会的现实的形态和观念的形态之间必然存在的差别，因而愿意做那种徒劳无益的事情，希望重新实现观念的表现本身，而观念的表现实际上只是这种现实的映象。①

导　言

　　马克思认为："巨大的对象化的权力把社会劳动本身当作自身的一个要素而置于同自己相对立的地位"，这个观点对于作为社会批判理论的政治经济学批判非常重要。② 他不仅指出巨大的经济力量是社会劳动的产物，而且它也超出了社会个人的控制。所以马克思描述商品是"可感觉而又超感觉的物"。③ 商品拜物教没有掩盖"真实的"资本主义社会关系。相反，商品拜物教以资本作为资产阶级社会的自动主体的形式表现了"真实的"社会关系。对于经济范畴的人的批判而言，经济事物的颠倒世界的本质不能"从其表象形式中独立理解"。④ 如前一章所述，人的批判是要破解经济客观性关系作为"现实生活关系"的"天国"形式。⑤ 它在社会的基础上对经济本质进行解码，因而至少在批判的意义上，解释了社会在其经济表象上消失的必然性。所以，它实际上

---

　　① 《马克思恩格斯全集》第 30 卷，人民出版社，1995 年，第 204 页。

　　② 《马克思恩格斯全集》第 31 卷，人民出版社，1998 年，第 244 页。

　　③ 《马克思恩格斯全集》第 44 卷，人民出版社，2001 年，第 88 页。

　　④ Helmut Reichelt, 'Social Reality as Appearance: Some Notes on Marx's Concept of Reality', in ed. Werner Bonefeld and Kosmas Psychopedis, *Human Dignity. Social Autonomy and the Critique of Capitalism* (Aldershot 2005), p. 36.

　　⑤ 《马克思恩格斯全集》第 44 卷，人民出版社，2001 年，第 429 页。

是试图破译貌似自然的经济力量的"内在精神"①，以此来理解充满着"神学的怪诞"的"古怪之物"。②

　　"资本不是一个物"，而是以物的形式表现的人与人之间的社会关系，这一洞见涵盖了作为社会批判理论的政治经济学批判。③ 本章将分成四个部分展开这一批判。下一节延续了前一章，当中指出，概念——并非作为可以应用于现实的科学工具——不是从外部出发，而是内在地从属于它所分析的现实。在这个背景下，卢卡奇的物化理论完全是从劳动出发去论述经济规律的传统看法。接下来的一节将继续深化这个观点，论述马克思所说的所有的社会生活本质上都是实践的，无论经济对象的形式如何颠倒这一观点。第三节将把辩证法发展为对虚假社会的内在批判。最后一节将指出，历史唯物主义是对被教条地理解的物的批判。正如索恩-雷特尔简要说明的那样，它是关于社会起源或现实抽象发生的回忆。④

社会的概念

　　作为一种社会批判理论，生产的社会关系不是由一般经济规律多元决定的表现。批判理论认为，经济规律纯粹是看似经济自然规律的

55

---

① 《马克思恩格斯全集》第 30 卷，人民出版社，1995 年，第 11 页。

② 《马克思恩格斯全集》第 44 卷，人民出版社，2001 年，第 88 页。

③ 《马克思恩格斯全集》第 46 卷，人民出版社，2003 年，第 922 页。

④ Alfred Sohn-Rethel, *Warenform und Denkform*（Frankfurt 1978），p. 139. 德文的原文是说："历史唯物主义是对起源的回忆。"（Historischer Materialismus ist Anamnesis der Genese.）索恩-雷特尔也创造了"现实抽象"概念，用以把握那些看似遵从自身意志的经济事物的独立运动。然而，实际上它们并不独立。它们的运动表达了一种颠倒社会的"自主性"，这种自主性在经济对象的形式中是无意识的。用马克思的话说：人们"没有意识到这一点，但是他们这样做了"。参见《马克思恩格斯全集》第 44 卷，人民出版社，2001 年，第 91 页。意识不能阻止作为经济抽象概念的社会运动。要做到这一点，需要改变社会生产关系。

社会形式。它的本质是社会的本质，经济规律"巨大的对象化的权力"的根源完全是社会构成的产物。因此，把社会作为微观科学研究对象来分析没有理论上的优势。社会理论内在于自身背景之中。它不是把真实的社会关系作为经济发展一般规律的历史具体表现进行分析，而是从社会之外、因而也是从它自身环境之外进行思考，建立现存社会关系的概念。

　　作为纯粹社会形式的经济范畴的概念，要求将政治经济学批判视为一种意识形态批判。在批判的意义上，意识形态不是从道德或政治的立场赋予社会事物以意义的世界观。相反，意识形态是一种关注社会必要表现的客观术语，其中人们的社会再生产以一种难以理解的经济数量的运动形式表现出来。因此，政治经济学批判并不揭示卢卡奇所说的某种"经济的本体论优先性"。在卢卡奇看来，经济表现为"第二自然"①，并且他认为，自然"走自己的路……根据它自己的辩证法，独立于人的目的论规划"。② 假设存在着支配经济过程的某种"自然规律"，那么它也要求存在着从"经济的自我发展"衍生出的真实关系。③ 卢卡奇的观点"依旧是教条主义的"。④ 它将社会界定为一种发达经济本质的"相似"（as if）。卢卡奇并不是基于社会去破译经济现象，而是"对物化不休止的控诉"，将由社会构成的经济本质当作社会的本体论前提。⑤ 因此，他是将经济形式本质化了，并从劳动观点出发谴责了这

---

①　Georg Lukács, *Marx's Basic Ontological Principles* (London 1978), pp. 10, 160.

②　Georg Lukács, *Conversations with Lukács*, ed. Theodor Pinkus (Cambridge, MA 1975), p. 74. 关于这一立场在古典政治经济学中的起源的争论，见第二章第二节。

③　Georg Lukács, *History and Class Consciousness* (London 1971), p. 306. Lukács, *Marx's Basic*, p. 159.

④　Theodor Adorno, 'Reconciliation under Duress', in Ernst Bloch, Georg Lukács, Bertold Brecht, Walter Benjamin and Theodor Adorno, *Aesthetics and Politics* (London 1980), p. 154. 也参见 Simon Clarke, *Marx, Marginalism and Modern Sociology* (London 1991), pp. 315 - 17。

⑤　Theodor Adorno, *Negative Dialectics* (London 1990), p. 191.

些经济形式的资本主义运作模式，作为社会主义合理化的"相似"。对于政治经济学批判理论而言，将资本主义经济本质理解为被历史多元决定的经济本质规律，表达了商品拜物教的意识形态形式——它假设了社会意识不到自身是理论教条的前提，这个教条领导"苦苦挣扎的群众，指出一条明路"，这个明路就是面向经济必要性的社会主义形式——被抽象地构想为自然必要性。①

与卢卡奇的物化理论相比，阿多诺的批判理论拒绝了"认可存在者"。作为一个不包含"肯定的特征"的理论，它意在祛魅僵化的、似物性的（thing-like）、凝固的关系，使它们作为社会构成之物呈现透明的直接性。② 比如，马克思在论述货币拜物教时指出："社会关系，个人和个人彼此之间的一定关系，表现为一种金属，一种矿石，一种处在个人之外的、本身可以在自然界中找到的纯物体，在这种物体上，形式规定和物体的自然存在再也区分不开了。"③只有一个世界，那就是表象的世界。然而，表象的表象是什么，表象表现的又是什么？社会客观性并"没有自己的生活"。④ 货币之间的关系是经济客观性的社会构成关系——社会关系在作为货币金属之间关系的经济外观中消失不见了，而这个外观也是现实的——它将自己强加在社会个人身上，因为它内在于并通过这些个人存在。因此，在社会表象中表现为"石头"或"货币"的东西，其实是人与人之间以"货币"关系维持的一定的社会关系。

56

---

① Georg Lukács, *Lenin: A Study in the Unity of his Thought* (London 1997), p. 35. 如果想要对卢卡奇作进一步深入研究，请参见 Vasilis Grollios, 'Dialectics and Democracy in Georg Lukács's Marxism', *Capital & Class* (forthcoming) 和 Joe Fracchia, 'The Philosophical Lenin and Eastern "Western Marxism" of Georg Lukács', *Historial Materialism*, vol. 21, no. 1 (2013), pp. 68 – 93.

② Adorno, *Negative Dialectics*, p. 159.

③ 《马克思恩格斯全集》第 30 卷，人民出版社，1995 年，第 193 页。

④ Adorno, 'Zur Logik der Sozialwissenschaften', Theodor Adorno, Hans Albert, Ralf Darendorf, Jürgen Habermas, Harald Pilot and Karl Popper, *Der Positivismusstreit in der deutschen Soziologie* (Munich 1993), p. 127.

所以阿多诺认为："所有概念，包括哲学概念，都涉及非概念。"①比如利润的经济范畴包含了它非自身的东西；这就是说，它包含了人与人之间的一定社会关系——这是以它自身经济力量作为消失的前提的。已经消失的东西是无法形成概念的。在经济数量的运动中人是不可见的，并且表现为对所有事物进行经济分析时的一个形而上学的干扰。这种干扰非常重要。资本在其自然属性上不是一种"非常神秘的东西"，而在一定的社会关系形式上是"非常神秘的东西"。② 在批判的意义上，历史唯物主义"不是将非概念简化为概念，而是借助概念打开非概念"。③ 因而，它是从内部探索了经济概念，并因此"清除了概念的自足性，就像从我们眼睛上揭下了眼罩一样。概念，即使在它涉及存在者时仍然是概念。没有任何改变的是，概念自身与非概念的整体交织在一起"，也就是说，人在他真实的生活关系中作为他自身物化世界的人格化存在。④

阿多诺的洞见对于理解作为社会批判理论的马克思政治经济学批判是根本性的。面对经济的神秘属性，它拒绝"唯科学主义的不变的学说"，取而代之的是从它"自身的意义"中去"指向事实本身"，进而把握它的社会本质。⑤ 克里斯多夫·亚瑟（Chris Arthur）正确地赞扬了阿多诺，因为后者理解了资本主义有某种特殊的概念性，概念"在现实中处于支配地位"⑥。在批判传统中，概念并不意味着阐述元理论，即通

---

① Adorno, *Negative Dialectics*, p. 11.

② 《马克思恩格斯全集》第 46 卷，人民出版社，2003 年，第 937 页。

③ Adorno, *Lectures on Negative Dialectics* (Cambridge 2008b), p. 65.

④ Adorno, *Negative Dialectics*, p. 12.

⑤ Adorno, *Negative Dialectics*, pp. 355, 205, 197.

⑥ Arthur, *The New Dialectic and Marx's Capital* (Leiden 2004), p. 243. 也可参见 Helmut Reichelt, 'Die Marxsche Kritik ökonomischer Kategorien. Ueberlegungen zum Problem der Geltung in der dialektischen Darstellungsmethode im *Kapital*', in ed. Iring Fetscher and Alfred Schmidt, *Emanzipation und Versöhnung. Zu Adornos Kritik der 'Warentausch'-Gesellschaft und Perpektiven der Transformation* (Frankfurt 2002).

过不断反推，最终获得类似于看不见的手这样的自然神论者的社会存在概念，不论是以上帝力量的宗教形式还是以经济事物所谓的"自我发展"这种世俗化了的形式。相反，概念性立足于一定社会关系中的看不见的原则的存在，指明正是这些条件产生了它们对看不见之物的奴役，不管是以上帝的宗教形式或者是价格运动的世俗形式。除此之外，概念性也不需要借由参照他者解释某个东西。它不用从一个东西跳到另一个东西，试图通过外在参照保持术语的连贯一致。解释国家要参照经济，解释经济又要参照国家。同样地，需要通过供给来解释，解释供给也要参照需要。通过恶性循环，解释成为反复赘述。另外，概念性不意味着发现了自然规律，例如亚当·斯密所说的物物交换是人的自然倾向。说人必须吃东西，并无法说明他的生存方式和这种生存方式包含的社会必要部分，即所谓的社会规律。社会，而不是自然，是批判的出发点。

概念化意味着将事物带入它的概念。它必须认识现实——不是对既有的社会经济数据的分析。概念化超越了在直接的表象意义上对现实的理解——即作为一个受到货币运动支配的对象。社会批判理论认为，对于概念的形成而言，"现实的要素是必要的"①。它们不是镜像地反映社会，而是从内部探索社会，阐释它创造的现实。

因此，对事物的理解不等同于认同它们的定义，或者"进入一个被例如理想型（ideal-types）支配的体系"。理解事物，意味着不是通过联系其他事物，而是**在其内部并通过它们**认识它们的存在。② 借由定义或同一性进行思考，确实可以说出某个事物归于什么之下，它所说明、例证或再现的是什么。然而，这样却说不出这个事物是什么。根据阿多诺的看法，思考本质上是对事物光鲜表象的否定。③ 所以概念化就

---

① Adorno，*Negative Dialectics*，p. 11

② Adorno，*Negative Dialectics*，pp. 25，149.

③ Theodor Adorno，*Drei Studien zu Hegel*，in *Gesammelte Schriften*，vol. 5 (Frankfurt 1971)，p. 204.

是翻转事物的直接表象,以便在现在孕育的直接性——被中介的直接性——中认出它们。作为一种社会批判理论,政治经济学批判不屈从于经济事物。它想要知道它们是什么,它们的内在是什么。它不假装事物的直接表象是非现实的;也不是简单地否认表象的世界,仿佛表象只不过是一层面纱,把真实的人类隐藏在了他们的社会关系之中。相反,它承认社会的本来面貌:"处于社会关系中的人本身",不论这些关系在经济力量运动的颠倒形式中表现得多么反常。① 作为一种社会产物,物化世界是人类的世界。它表现了社会再生产现存关系的"客观必要性","我们的一切都归之于它,它有埋葬我们所有人的危险"。②

　　因此,概念化不是"**思考**"(think about)事物,相反,它意味着**在某物之外思考**(think out of)。③ 如果确实是思考某物,那概念化将是外在于自己的主题。思想既无法进入对象,也无法识别自己的对象。相反,它将社会对象实体化为一种自然之物,并通过这样,对它作为理论建构的"相似"(as if)进行分析。借由假设客观世界,它把自己假设为某种存在的或正在形成中的一般经济规律的科学意识。④ 这种思想能够给事物命名和排序,但不能告诉我们它们是什么。一方面,它对现实的批判是一种道德批判,声称是为了从社会中抽象出"人性、自由和公正"等观念。⑤ 另一方面,在它的通俗版中,它的运作类似于计算机——为了赢得利息而急于计算和预测经济数量的运动,至于这些数量可能是什么,这个问题被当作一种非科学的形而上学干扰拒绝了。例如,"'劳动的价格'是和'黄色的对数'一样"吗? 还是说每小时 10 英镑的价格公平公正?⑥ 无论其公平与否,分析性思维并不能将工资关系带入它的概念之中。它反而提供了一种关于社会财富分配方式的观

58

---

① 《马克思恩格斯全集》第 31 卷,人民出版社,1998 年,第 108 页。
② Adorno, *Lectures on History and Freedom* (Cambridge: 2008a), p. 55.
③ Adorno, *Negative Dialectics*, p. 33.
④ Lukács, *Lenin: A Study in the Unity of his Thought*, p. 41.
⑤ Adorno, 'Spengler', p. 318.
⑥ 《马克思恩格斯全集》第 46 卷,人民出版社,2003 年,第 926 页。

点，不加仔细研究建立在劳动力购买者与剩余价值生产者间等价交换基础上的资本主义财富形式的概念。为什么人的劳动力获得了一种商品的形式？在一个全部阶级中的个人都被迫需要出卖自己的劳动力才能获得生存资料的社会中，存在着什么样的必然规律呢？说维持这种逐步积累剩余价值——依靠劳动力购买者在工作日对劳动者的压榨——的途径意味着什么？也就是说，物化确实是一种偶发现象。那什么被物化了，以及什么在物化中出现了？社会关系以货币的物化形式（一种重要的运动方式）表现自己，规定着依靠工作的阶级获取生存资料的机会，以及劳动力购买者从他人劳动中取得的回报率。马克思说，要成为生产工人，"不是一种幸福，而是一种不幸"，这种不幸通过货币自由的颠倒形式表现自己，在这里，被榨取的剩余价值的不断积累成为取得维持生存的劳动合同的条件。[①]

　　为了理解事物，我们必须置身其中。概念的工作是内在于它自身的社会内容的。当然，概念并不工作，是我们在工作。所以概念的工作就是追随思想的引导，不必担心思想可能把我们带去何处。从根本上说，它的目标是颠覆性的。[②] 它将经济客观性的关系颠倒过来，在理解人类实践中发现了合理的解释。例如，什么从属于货币形式的构成概念？是否如门格尔所说，它是一种构思巧妙的用于经济计算的技术工具或交换媒介，发源于个人对私利的追求，后来表现了社会的集体智慧？[③] 又或者它是资本主义财富的令人眼花缭乱的形式？这个令人眼花缭乱的概念之下又是什么？揭示事物的构成概念需要发现它们的"内在灵魂"和"独特生命"；它需要理解事物的运动方式，它们的能力、力量和社会需要。所以概念化意味着阐释事物中起作用的东西，理解

_____

　　① 《马克思恩格斯全集》第 44 卷，人民出版社，2001 年，第 582 页。关于这一点的发展，请参见第四章和第五章。

　　② Johannes Agnoli, *Subversive Theorie—Die Sache selbst und ihre Geschichte* (Freiburg 1996).

　　③ Carl Menger, *Problems of Economics and Sociology* (Urbana, IL 1963).

在文明外衣下隐藏着的暴力：除了明显在生产资料所有权上的不平等，财产所有者之间交换"在法律上平等"，他们通过自由意愿达成契约，在"天赋人权的真正伊甸园"名义下各自追求自己的利益，经济强制代替了具有抽象依赖形式的直接个人强制。①

个人被抽象支配，他们的生活环境依赖着经济数量的运动。经济强制是一个表现为契约自由的巨大不幸力量，根据这种契约自由，没有人对任何人负有特别的义务，每个人都对他们自己负责。因此，契约自由包含了一种"经济关系的无声的强制"之力，这种力量使整个阶级的个人处于它的支配之下，他们除了劳动力之外没有其他任何财产，他们必然需要自我负责，为"成为劳动的物质条件的所有者的人做奴隶"。②也就是说，"阶级关系构成了生产过程的客观动力"，正是完全依赖从活劳动榨取的剩余价值，出卖劳动力的整个阶级的社会再生产得以维系。③剥削劳动的回报率越高，未来劳动者达成雇佣合同的预期就会越大。

解释客观经济形式概念的重要努力与它自己的倾向背道而驰。它的重要意图是祛魅拜物教；然而，概念意味着识别。识别并不会打破拜物教；它肯定了拜物教。所以概念自身是自相矛盾的：为了揭示事物，它必须反其道而行。简而言之，将经济事物概念化为实际生活关系的客观力量，不只是需要将它们识别为"颠倒的"社会力量。从根本上讲，它需要承认生活的纯粹不安是构成经济形式的非概念前提。④也就是说，经济事物的概念不仅需要识别它们矛盾的、断裂的、碎片化的、甚至是对立的特征，还需要了解资本主义社会再生产离不开社会对抗。进　　60

---

① 《马克思恩格斯全集》第 44 卷，人民出版社，2001 年，第 195，204 页。

② 《马克思恩格斯全集》第 44 卷，人民出版社，2001 年，第 846 页；《马克思恩格斯选集》第 3 卷，人民出版社，2012 年，第 358 页。

③ Adorno, 'Spengler', p. 320.

④ "生活的纯粹不安"概念，参见 Georg W. F. Hegel, *Phenomenology of Spirit* (Oxford 1977), p. 27。

一步讲，它"只通过对抗维持自身"。① 资产阶级社会的对抗特征是其概念所固有的。社会是它概念统一的非统一表现。社会对抗不仅在社会个人之上表现自己，还在其内部和通过社会个人表现自己，这些社会个人由于他们的生活在经济数量运动"的强制下做出反应"，作为"经济范畴的人格化"维持他们自己。②

社会实践

"全部社会生活在本质上是实践的"，这句话是马克思《关于费尔巴哈的提纲》的第八条，其中包含了思考。思考是社会生活的一部分，所有社会生活本质上都是实践的。《提纲》继续写道："凡是把理论引向神秘主义的神秘东西，都能在人的实践中以及对这种实践的理解中得到合理的解决。"这个论点是很清晰的，同时也非常难理解。思维通过祛魅揭示现实本身，祛魅关乎我们对人类实践的理解，后者在它神秘的社会形式中无法被我们直接看到。人类实践作为社会神秘性的基础是非常重要的，思维的目的则是颠覆性的：它是为了揭示隐藏在神秘事物之中的社会本质。③ 思维要被思维，它需要被理解为人类实践，或者按照马克思在《资本论》中所说的："从当时的现实生活关系中引出它的天国形式。"④对人类实践的理解揭开了经济世界的神秘面纱。在这里，困难开始出现了。马克思心目中的人类实践是什么，它在哪里可以被发现呢？马克思的观点表明，人类实践需要通过思维被发现，以便理解自

---

① Adorno, 'Spengler', p. 311.

② Adorno, 'Spengler', p. 311.《马克思恩格斯全集》第 44 卷，人民出版社，2001 年，第 10 页。

③ Adorno, 'Spengler', p. 33. 这一点可以在此处看得更清楚："异于存在者之事物会被存在者视为某种巫术。"当需要否定思维时，它的宝贵特征将被嘲笑为一种不切实际的判断，并最终招致死亡（以火烧的方式），如果需要的话。

④《马克思恩格斯全集》第 44 卷，人民出版社，2001 年，第 429 页。

身以经济对象形式出现的神秘外观，这种经济对象具有在等值交换中将不平等价值假设为平等的模糊性质（M……M′）。在价格和产品之间的关系形式下，人类实践是货币化经济代理人的实践，他们通过自己的理性行为维系着"无意识的社会"。[1] 表面上出现的是资本主义财富的迷人世界，它以价值的形式宣称自己仿佛是一种自然力量。为了祛魅，我们必须理解什么样的人类实践？哪一种实践是有效的？这是一个活人被死人——也就是经济事物的行为——取代的社会。[2]

海尔穆特·莱希尔特很好地关注了我们这里分析的问题。在阐述马克思的拜物教批判——人们的社会关系表现为物与物之间的关系，且这种表象是现实的——时，他认为资本主义交换关系表明的是理性行动的主体在市场当中自由地相遇以实现他们自己的理性利益，而事实上，他们充当的是抽象社会规律的执行者，这些抽象社会规律是历史地形成的，通过这些人的理性行为再生产出来，并且不受他们的控制。因此，对社会的理解：

> 源自主体内部……这些主体在流通领域签订契约，以神秘的经济形式交易所谓的"物品"，他们彼此将对方视为法律上平等、自由的主体，在将自己视为独立主体之前，他们经验到的是一个不平等、受剥削和被自动体系统治的阶级社会。[3]

因此，社会不仅被经验为一个基于不平等、剥削和统治建立的阶级社会，它也被经验为一种"现实抽象"，也就是说，它包含了机会和作为"命运"的必然性。现实抽象的超感官世界"不仅在人们上，而且通过人们的头脑"维持自己。也就是说，它"通过人类而凌驾于人类"。[4] 感性

---

[1]　Adorno, 'Spengler', p. 356.
[2]　参见 Adorno, *Minima Moralia* (London 1974), p. 229。
[3]　Reichelt, 'Social Reality', p. 65.
[4]　Adorno, *History*, p. 26.

实践作为"没有被包含于"自己概念的东西被纳入现实抽象的迷人世界之中。[1] 经济力量的世界以"社会的象形文字"的形式表现了人类的感性实践。[2] 所以,正如亚瑟看到的,价值在进行自我增殖时显示了自己是创造更多价值的自动主体。[3] 然而,价值展示自身扩展的力量"不只是作用于人们的头脑,而且通过人们的头脑"。[4] 就是说,超感官世界是把社会个人作为自己物化社会世界的感性的人格化纳入自己内部的。

主观理性行为的环境存在于超越了人类控制的客观非理性之中,这使得社会看似是一种客观展开力量。在传统意义上,这种展开过程被分析为生产力与生产关系的运动过程,当中包括了经济规律多元决定的结构框架内的不同社会阶级和社会集团的行为。也就是说,人的行为在客观的框架内展开。这种观点得到广泛认同,从哈耶克称赞市场逻辑是追求个人自治的最佳可能框架,到阿尔都塞作为一般经济规律的历史多元决定结构的资本主义理论,再到哈贝马斯对现实的二元区分:生活世界与系统世界。[5] 如果像马克思所说,理解人类实践真的是理解令人眼花缭乱的经济客观世界的关键,那么同样这种人类实践能否从那些据说依赖对人类实践的理解的物中推论出来? 物的世界没有被祛魅,相反,它在每一种能想到的方式里被肯定。"就社会的自然法则被实体化为不变的自然之被给予性而言,这种自然法则就是意识形态。"[6]商品拜物教表达了一定社会关系的颠倒和扭曲的世界的社会

---

[1] Theodor Adorno and Max Horkheimer, *Towards a New Manifesto* (London 2011), p. 27.

[2] "价值还把每个劳动产品转化为社会的象形文字",参见《马克思恩格斯全集》第 44 卷,人民出版社,2001 年,第 91 页。

[3] Arthur, *The New Dialectic and Marx's Capital*, p. 80.

[4] Adorno, *History*, p. 25.

[5] 关于哈贝马斯将社会传统地理解为体系和行动的论述,参见 Helmut Reichelt, 'Jürgen Habermas' Reconstruction of Historical Materialism', in ed. Werner Bonefeld and Kosmas Psychopedis, *The Politics of Change* (London 2000).

[6] Adorno, *Negative Dialectics*, p. 355.

本质,这些社会关系在"奇怪事物"的"神秘细节"中隐匿了,仅仅作为经济范畴的活生生的特征面具再次出现。社会再生产是由构成社会关系的货币运动支配的,然而,经济规律的系统属性完全是社会的:"他们本身的社会运动具有物的运动形式。不是他们控制这一运动,而是他们受这一运动控制。"①

马克思认为要理解物的世界必须理解人类实践的观点,暗示了实践是基本的。然而,这种提法也充满了危险。阿多诺认为,这个看法导致"所有物性的东西一点也不剩地倒退为人类纯粹行为的主观主义"。② 人类的行为是否仍旧外在于它自身扭曲的社会产物?奈格里认为,资本是"迷人的力量",它的力量使得这种行为或构成的主体被吸纳进资本当中。③ 现实的力量似乎并不是建构的主体,而是被建构的主体。然而,现实只有一个,承认这一点对政治经济学中人的批判至关重要。④ 它没有忽视自己批判的对象,将人的主体"行为"提升为自然的社会本质。⑤ 资本主义社会的本质是资本本身,而资本在根本上只是一定的社会关系形式的名称而已。它也不会嘲笑人类主体,宣称人

---

① 《马克思恩格斯全集》第 44 卷,人民出版社,2001 年,第 92 页。

② Adorno, *Negative Dialectics*, p. 374.

③ Antonio Negri, 'Interpretation of the Class Situation Today: Methodological Aspects', in ed. Werner Bonefeld, Richard Gunn and Kosmas Psychopedis, *Open Marxism*, vol. II (London 1992), p. 89.

④ 我在这里使用这个术语是要与阿克塞尔·霍耐特做一个区分,他使用这个术语是要梳理他认为资产阶级社会所包含的"自由承诺"(promise of freedom),而我用"承认"这个词来表示对现实的承认,而不是把它假设为自由剩余的"相似"。Axel Honneth, *The Pathologies of Individual Freedom* (Cambridge, MA 2010), p. 10.

⑤ 存在主义把人从社会中抽象出来,认为社会是人的异化存在。人性的立场就是自然的立场。它用它的假设取代了社会的概念。关于这一点,参见赫伯特·马尔库塞与阿尔弗雷德·施密特的争论。*Existenzialistische Marx-Interpretationen* (Frankfurt 1973). 传统社会理论既是存在主义的,又是结构主义的,它区分了经济制度与经济行为、结构与斗争、系统逻辑与生活世界、客观框架与主体间关系等。Werner Bonefeld, 'Between Structure and Autonomy', in ed. Werner Bonefeld, *Revolutionary Writing* (New York 2003).

是多余的。① 客观性的意义排除了它同样也是主体的可能性。然而，没有客观化就不会有主体。脱离了客观性，主体性等于是一种纯粹的虚无存在，没有时间和空间，随时准备着谴责和抨击，由于自身这种或那种行为原因宣称自己的存在，不关心社会内容。② 作为行动本身的主体，它宣称掌控了已经完全吞噬自己的世界。

　　阿多诺称之为政治经济学的人的批判的目标是将超感官的经济力量的价值去神秘化。它认为价值实际上是可感又超感的东西。在它自身内，它包含了作为其基本前提的真实生活关系的可感实践。可感实践内在并通过那些同样是超感官的东西存在，这些超感官的东西将社会个人作为自身社会世界的人格化支配着他们。阿多诺很好地抓住了这个由颠倒的超感官事物构成的社会世界的观点："超感官的世界，也就是颠倒的世界，已经超越了另一个世界（可感的世界），并把它包含在自己内部；由于自己作为颠倒的世界，即在自身内颠倒和本身的颠倒，它和它的对立面处于统一之中。"③ 并非用主体——无论是作为客观展开的力量的历史主体或者是存在于异化状态的人本身，又或者是作为最终殖民了社会行动的生活世界的本体力量的经济存在——代替客体，政治经济学批判的出发点是以客体的形式理解社会主体，客体形式是主体存在的方式。正如没有主体的客观性毫无意义，脱离客体的主观性也是虚假的。人是一种离不开对象化的社会存在物。人总是对象化的人。主体性意味着对象化。成为对象是主体性意义的一部分。拜物教批判带来的问题不是主体的对象化，而是物化。表象"是主体在自

---

　　① 参见 Poulantzas, 'Theorie und Geschichte: Kurze Bemerkung über den Gegenstand des "Kapitals"', in ed. Walter Euchner and Alfred Schmidt, *Kritik der politischen Ökonomie, 100 Jahre Kapital* (Frankfurt 1969)。

　　② 我在第九章中回到了这一观点，反资本主义的形式的批判完全没有触及资本主义。

　　③ Adorno, *Drei Studien*, p. 131. 在他的《否定的辩证法》中，他把这种统一性作为一种社会同一性，并把这种同一性设想为一种介于同一性与非同一性之间的同一性。也可参见莱希尔特对这一观点的精彩解释，见 Reichelt, 'Social Reality as Appearance'。

身世界中施加的魔法"。①

　　在对象化以"价值成了处于过程中的价值，成了处于过程中的货币，从而也就成了资本"的独立运动形式存在时，这并不意味存在着尚未发现、实际上也无从发现的，在本体论意义上仅仅存在于事物之中的经济逻辑。② 只有作为社会规定的对象，客体才可以成为客体。③ 价值是表现为物与物之间关系的人与人之间的关系，而这种物与物之间的关系支配着社会个人。它们是现实经济抽象的前提，作为"处于过程中的资本"的人力资源存在于它们自身的社会世界之中。社会世界是现实经济抽象的对象化世界，因而经济世界是客观的假象。正如德波所说："在一个真正颠倒的世界，真实是虚假的一个部分。"真实作为存在着的不真实存在。只不过，这都是真的。④

本质的表现

　　"如果事物的表现形式和事物的本质会直接合而为一，一切科学就都成为多余的了。"⑤本质与表现并不是直接一致，也不是分属于不同的世界。本质必须表现。如果它不表现，那么它就不是本质；相反地，表现必须是本质的表现，不然它什么也不是。只存在一种现实：一个非统一、矛盾、分裂和对立的现实；也就是主体和客体颠倒的现实。⑥ 本

64

　　① Theodor Adorno, *Stichworte*, *Kritische Modelle* 2 (Frankfurt 1969), p. 159.

　　② 《马克思恩格斯全集》第 44 卷，人民出版社，2001 年，第 181 页。经济作为一种本体论力量的概念来源于卢卡奇的《马克思的基本本体论原理》。

　　③ 参见 Adorno, *Stichworte*, p. 157.

　　④ Guy Debort, *Society of the Spectacle* (New York 1994), para. 9.

　　⑤ 《马克思恩格斯全集》第 46 卷，人民出版社，2003 年，第 925 页。

　　⑥ 关于这一点，参见 Backhaus, 'Some Aspects of Marx's Concept of Critique in the Context of His Economic-Philosophical Theory', in ed. Werner Bonefeld and Kosmas Psychopedis, *Human Dignity. Social Autonomy and the Critique of Capitalism* (Aldershot 2005)。

质与表现的区分，以一种不可调和的、对立的和永不停息的统一方式存在于事物内部。非统一以统一的形式存在，形式统一的非统一以强制作为统一的条件。本质和表现的不一致以强制和强迫统一的形式存在于社会概念之中，在它的内部性和内在性中。形式统一的非统一包含了从一开始就具有对抗性的社会现实。[1] 社会对抗在资本主义社会概念中占支配地位。社会在矛盾和对抗性的斗争中被撕裂，并且通过矛盾和对抗再生产出自身。

对抗不仅是一种斗争关系，它还是一种非统一的社会统一体的相互依赖关系。资本和劳动之间的阶级关系是社会再生产的关系，对于出卖劳动力者而言，获取生存资料的途径依赖着他们的活劳动在抽象财富金字塔上的逐渐积累，这个金字塔用一种危机四伏的方式维系自己，避免毁灭。因此，现实概念自身是分裂的：相互依赖以对抗的方式存在，统一以非统一的方式存在。这个现实包含着它自身所否定的东西。它体现了经济数量的运动，否认了对现实统一构成威胁的社会对抗。然而，经济的概念不是一种对抗的概念，而是由经济数量的循环流动建立的一种统一体概念。个体的生存命运取决于这些数量的运动。命运是幽灵般社会的一个范畴；"资本的神秘化"作为"一定的阶级关系和利益的承担者"在社会个人当中盛行。[2]

黑格尔提出的本质必须表现的观点，不是指人类主体通过声称自己与物的世界相对立而表现自己，例如，按照阶级斗争的概念，它是作为一种在危机时期从外部打破资本关系的力量。[3] 黑格尔所说的本质

---

① Adorno, 'Society', in ed. Stephen Eric Bronner and Douglas Mackay Kellner, *Critical Theory and Society* (London 1989), p. 272. Adorno, *Negative Dialectics*, p. 304.

② 《马克思恩格斯全集》第46卷，人民出版社，2003年，第442页；《马克思恩格斯全集》第44卷，人民出版社，2001年，第10页。

③ 关于这一点，参见 Werner Bonefeld, 'Capital as Subject and the Existence of Labour', in ed. Werner Bonefeld, Richard Gunn, John Holloway and Kosmas Psychopedis, *Open Marxism*, vol. 3 (London 1995)。

必须表现的意思是指，本质无法选择不表现。它被强制表现——好像是本质被迫在它自身不适宜的世界中表现，这使得本质成为本质的东西存在于表现之中。因而，它的表现同时也是它的消失。它表现的必要性导致它消失于自己的表现之中。本质的规律就是以表现的方式不表现。也就是说，在资本"着了魔的颠倒的"世界①，本质以价值的形式表现出来，并且它以利润的形式表现为一种持续增殖的力量。② 价值在货币形式中变得可见，货币被投入流通领域以赚取更多货币。因此，社会的本质表现为一种"等于更多货币的货币，比本身价值更大的价值"的自动过程。③ 在财富的这种特殊形式中，以使用价值（为了使用的东西）存在的物质财富，成为表现其对立面的形式，也就是价值，"抽去使用价值"的财富。④ 货币不表达使用价值，它表达的是交换价值，而交换价值包含了作为资本的货币概念，即在无休止地追求社会财富的过程中，除非它能产生更多货币，不然什么也不是。社会的本质作为一种抽象财富的自动力量在它的表现中消失了，这一情况同另一个情况一样真实，即"没有个体及其自发性就没有一切"。⑤ 所以，索恩-雷特尔将历史唯物主义理解为对神秘经济形式起源的回忆，这一点是正确的。这种看法关注资本作为现实抽象的"巨大客观力量"，它起源于"生产商品的劳动所特有的社会性质"。⑥ 生活的实际关系在抽象经济数量的运动形式中消失了，整个经济事物体系的构成前提也在它的外观中消失了。生产力从属于真实生活关系的颠倒现实，在这当中，人受"自己双手的产物的支配"。⑦ 在这里，他仅仅表现为抽象经济力量的

65

---

① 《马克思恩格斯全集》第 46 卷，人民出版社，2003 年，第 936 页。

② 或者如马克思在《资本论》第一卷中所说的那样：政治经济学的范畴是"本质关系的表现形式"。政治经济学"毫无批判地从日常生活中借用了"这些范畴，它将这部分利润与另一部分利润进行比较，将价值的概念转化为一种"想象的"表达。

③ 《马克思恩格斯全集》第 44 卷，人民出版社，2001 年，第 181 页。

④ 《马克思恩格斯全集》第 44 卷，人民出版社，2001 年，第 51 页。

⑤ Adorno, *Negative Dialectics*, p. 304.

⑥ 《马克思恩格斯全集》第 44 卷，人民出版社，2001 年，第 90 页。

⑦ 《马克思恩格斯全集》第 44 卷，人民出版社，2001 年，第 717 页。

"人类"化身，他的生命正是靠这些经济力量维系着。在经济客观性的世界中，人表现为似乎是自己劳动力的投资者，因而是劳动力的经营者，通过保持自己作为剩余价值的有效生产者的雇佣能力，寻求获得生存资料的途径。

　　事实的确定性是具有迷惑性的。它掩盖了它们的本质；然而，一旦面对它们的本质，确定性的外观就失去了它的魔力，显示出了创造和维持价值规律的暴力与强制。价值规律通过它所否定的东西取得收获，而它否定的东西就是价值力量，它迫使被剥夺的整个阶级的人为了生存而不得不作为劳动力的出卖者生产剩余价值。传统上，在尝试寻求从经验上证明经济发展路线理论可能性时，会保持思维和事物之间的同一性，它们"与现实本身的结构不可避免交织在一起"。① 现实可以基于它非中介的、直接的表象被识别——好像给定的经济数量的事实本身真的可以说明自己。阿多诺说，"传统理论的错误在于，它将同一性视为自己的目标"。② 在"事物表象掩盖了它在人类社会关系中的起源"③的条件下，批判的程序就是解码"象形文字"。④ 要素竞争的经济规律是作为生产性力量的活劳动的表现。批判的启示是要使隐藏在事物之中的东西变得可见。它在现象中——也就是作为消失的本质——理解本质。当阿多诺指出本质首先是世界——世界把人贬低为仅仅是统治和支配着他们的现实抽象的手段——的致命危害时，他理解了这种非表现的表现。⑤ 本质存在于经济事物的模式之中。也就是说，感性的人类实践以作为工资奴隶的自由的形式维持着自己的存在。

　　所以，价值的"荒谬形式"⑥，表现了"由商品与价值这些范畴所表达的准客观的、非个人的社会形式"中的人类有目的的行动方式。这些

① Adorno, *Lectures*, p. 20.

② Adorno, *Negative Dialectics*, p. 149.

③ Adorno, *Einleitung zur Musiksoziologie* (Frankfurt 1962), p. 25.

④ 《马克思恩格斯全集》第44卷，人民出版社，2001年，第91页。

⑤ 参见 Adorno, *Negative Dialectics*, p. 167。

⑥ 《马克思恩格斯全集》第44卷，人民出版社，2001年，第93页。

范畴"不是简单地掩盖了'真实的'资本主义社会关系(即阶级关系);相反,这些范畴所表达的抽象结构正是'真实的'社会关系"。① 因此,作为价值的运动,资本既不是一种从这里移动到那里的经济数量,也不是应用于这种贸易或那种工业的经济数量。从根本上说,资本"还不过是一个名称而已"②,每个单个资本同时都是资本。③ 从根本上说,它是社会再生产的一定形式的名称。资本因此实际上是资产阶级主体的"自动的主体":不是作为人的主体,相反,似乎是以自然力量表现自己的非人的主体。它认为财富是不断膨胀的财富,无休止地为自己追求更多的财富。在这种动态中,货币是财富不断消失的表现。它"仅仅在一瞬间出现,而且货币的实体仅仅在于它不断地表现为这种转瞬即逝的东西"。④ 在货币形式下,作为更多财富的财富规律(M−M′)宣称自己是资本主义财富"进步",也就是说,它宣称自己是"自动的物神,自行增殖的价值,创造货币的货币,达到了完善的程度,并且在这个形式上再也看不到它的起源的任何痕迹了"。⑤ 这是财富的"纯粹疯狂",它的"最难以理解的形式"⑥。然而,以资本形式出现的货币(M−M′),只有当它维系着与生产剩余价值的劳动的关系时,才将设想自身为更多货币的货币。"货币是作为一般对象的劳动时间。"⑦它采用了"自动的物神"的形式,在这种形式中它是"本身再生产过程的前提"。⑧ 在这种表

---

① Postone, *Time, Labor, and Social Domination. A Reinterpretation of Marx's Critical Theory* (Cambridge 1996), p. 62. 普殊同并没有详述这一深刻的观点。

② 《马克思恩格斯全集》第 30 卷,人民出版社,1995 年,第 218 页。

③ Reichelt, 'Social Reality as Appearance'. Simon Clarke, 'Capital, Fractions of Capital and the State', *Capital & Class*, vol. 2, no. 2 (1978), pp. 32 – 77.

④ 《马克思恩格斯全集》第 30 卷,人民出版社,1995 年,第 161 页。

⑤ 《马克思恩格斯全集》第一版第 26 卷第三册,人民出版社,1974 年,第 503 页。

⑥ Hans-Georg Backhaus, 'Between Philosophy and Science: Marxian Social Economy as Critical Theory', in ed. Werner Bonefeld, Richard Gunn and Kosmas Psychopedis, *Open Marxism*, vol. I (London 1992), p. 62. 巴克豪斯是从德文版的《大纲》中直接引用了这一句。

⑦ 《马克思恩格斯全集》第 30 卷,人民出版社,1995 年,第 119 页。

⑧ 《马克思恩格斯全集》第 46 卷,人民出版社,2003 年,第 442 页。

现下,货币看似是通过投资自己产生了更多货币。而消失在剩余价值生产的劳动之中的它的根源,则以金融危机的形式出现了。它的这种确定的毁灭的必然性——被马克思当作生产力与生产关系的社会构成的辩证法——显示了资本概念之中的劳动前提。劳动必须为了货币生产剩余价值来保持价值有效性。毁灭是资本主义社会再生产方式制造的梦魇:

> 社会突然发现自己回到了一时的野蛮状态;仿佛是一次饥荒、一场普遍的毁灭性战争,使社会失去了全部生活资料;仿佛是工业和商业全被毁灭了。这是什么缘故呢? 因为社会上文明过度,生活资料太多,工业和商业太发达。社会所拥有的生产力已经不能再促进资产阶级文明和资产阶级所有制关系的发展;相反,生产力已经强大到这种关系所不能适应的地步,它已经受到这种关系的阻碍;而它一着手克服这种障碍,就使整个资产阶级社会陷入混乱,就使资产阶级所有制的存在受到威胁。资产阶级的关系已经太狭窄了,再容纳不了它本身所造成的财富了。资产阶级用什么办法来克服这种危机呢? 一方面不得不消灭大量生产力,另一方面夺取新的市场,更加彻底地利用旧的市场。①

考虑到 20 世纪的各种恐怖,马克思在 29 岁所做的这个评论虽然没有对全球化及其危机有美好预期,但现在看来还是太过于乐观了。当然,它概念化了批判的主体,并通过这样展示了内在于它的东西是什么。内在于它的就是它的社会本质。毁灭性的创造是资本主义社会关系有效的必然性——它属于自己的概念性,也就是说,政治经济学批判

---

① 《马克思恩格斯选集》第 1 卷,人民出版社,2012 年,第 406 页。

揭示了资本主义社会关系的概念实践。[①]"这种概念表达出：概念的世界，无论多么依赖于主体的罪责，也不是主体自身的世界，而是敌视主体的世界。"[②]人消失在他的经济表象之中，他的感性实践表现为使世界运转的超感官之物的实践。价值并不是一个独立的概念。它什么都不做，也不具有本体论的力量。它依赖自己表象所否定的东西，非概念性的东西使得它的概念"客观上有效"。[③] 在一个受现实抽象支配的世界中，"主体的世界与客体的世界既是相同的，同时也是不相同的"。[④]理性以非理性的形式存在。它存在于现实抽象——对生产的价格、利润、单位劳动成本和人力要素的抽象——的形式之中。

对非理性社会形式的说明：辩证法

　　辩证法不是在剖析资产阶级社会关系时用以规定经济必然性持久结构的形式程序或方法。被高度称赞的结构—能动性的辩证法并没有什么用处。它从结构跳到能动性，再反过来，从能动性跳到结构，陷入了恶性循环；二者都以思维的同义反复运动为前提，而没有理解它们自己是什么；它们都没有得到解释。辩证方法也不可以与所谓的历史辩证法混淆，后者假设了存在着超历史的生产力——这种生产力在历史中发展，影响着生产的一定社会形式的兴衰。卢卡奇说，社会主义是"社会存在的内在辩证法与经济自身发展的必然产物……也是阶级斗争的必然产物"。[⑤] 这种把历史看成正在形成社会主义的观点是荒谬

68

---

① 关于这些观点，参见 Alfred Schmidt，'Praxis'，in ed. Hans-Georg Backhaus，*Gesellschaft：Beiträge zur Marxschen Theorie 2*（Frankfurt 1974），以及 Horkheimer，*Kritische und Traditionelle Theorie*（Frankfurt 1992）。

② Adorno，*Negative Dialectics*，p. 167.

③ 这个观点来自莱希尔特'Social Reality'一文。

④ Adorno，*Einleitung*，p. 44.

⑤ Lukács，*Marx's Basic Ontological Principles*，p. 159.

的,辩证法并不是一种历史神学。

辩证法也不是某种魔法棒。在资本主义条件下,人类以价值的人格面具与他人建立关系,个人在他们的经济表象上消失了。因而,思维充分表达自己主题的需要,比它提出的要求还要更多。它的充分性不能通过证伪或证明建立。不存在可证实的"它是"。说某物"是"已经使人对"它"声称的身份产生了质疑。如果要将事物带入概念,那么概念必须向事物活生生的经验敞开。工资契约自由在经验中挑战了自由概念。辩证法则打开了概念。它关注社会内容,通过在社会形式内部运动做到这一点。它的任务是通过揭示经济范畴的社会基础将其颠倒过来;它并没有把我们对经济范畴的意识转变为自然经济必要性的"学理主义的语言"①,而是借由否认"它们活动于其中的全部领域"来消解自己的教条主义态度。② 它什么也没有肯定——它实际上是"对经济范畴的整个体系进行总的批判"。③ 也就是说,它揭开了丑恶的经济形式的神秘面纱,即隐藏在那些构成和维系着它的社会个人后面的社会构成的现实。

辩证法说:"首先,对象不能没有余地地进入它们的概念。"不存在脱离了价值经验的价值概念。价值自己不会经验自己。经验是一个活对象化(lived objectification)的感性范畴。通过这种"概念与事物在思维中的对立"④,辩证法阐明了资本主义社会形式的现实生命活动是"行动的人"的特定社会实践,不论在资本形式——作为在社会之中,通过社会并凌驾于社会的自动主体——中它的活动多么地反常。⑤ 所以,辩证方法就等于是对政治经济学范畴的一般阐述,它的目标是在颠倒的经济对象化形式中把握"人和人之间的关系"。⑥ 经济范畴的内容

---

① 《马克思恩格斯全集》第一版第 26 卷第三册,人民出版社,1974 年,第 499 页。

② Adorno, *Negative Dialectics*, p. 197.

③ 《马克思恩格斯全集》第一版第 26 卷第三册,人民出版社,1974 年,第 278 页。

④ Adorno, *Negative Dialectics*, pp. 5, 144.

⑤ 《马克思恩格斯全集》第 30 卷,人民出版社,1995 年,第 481 页。

⑥ 《马克思恩格斯全集》第一版第 26 卷第三册,人民出版社,1974 年,第 159 页。

与它们的经济形式的表象是相矛盾的。无论价值表现得多么像一个自我扩张的独立力量，为了增殖而价值增殖，它仍是人类再生产的一种社会形式。社会财富的资本主义形式与人类主体"敌视"的这种情况，突显了"人们自己的一定的社会关系"的这种特定形式的颠倒特征。[①] 作为一种人的批判，政治经济学批判面对的是经济力量构成的现实，通过一般性阐述，把它们理解为一定社会关系的自动形式。概念不指向上帝或自然，也不指向它们自己。"所有概念……都涉及非概念"，[②]正如我在本章开头所说的，非概念在它们存在着的"外观形式"——有害的经济事物——中包含了真实生活关系，即社会关系中的人是以"被否定的方式"存在着的。[③]

在政治经济学批判的批判理论传统中，辩证法不是一种平息矛盾的思维形式，它也不通过对社会内容形式上的漠不关心来调和对抗。辩证法更像是一个基于社会来表征经济范畴的方法，揭示着混乱世界的社会根源。因此阿多诺把辩证法理解为"非同一性的一贯感觉"。非同一性内在于物化的经济力量的运动之中。超感官世界既不是自然的，也不是神圣的。它是一个由生活的实际关系构成的世界，而这些关系以经济对象的形式表现出来时，就规定了它的否定的特征。辩证法反对价值世界的令人眼花缭乱的外观，就是说，它"由于曾经在事物那里体验到矛盾的缘故"，"在矛盾中"思考世界的流动，因而它"怀疑所有的同一性"。[④] 物化是现实的，但物化概念包含的东西比它要去揭示的更多。现实在自身内部是分裂的。内在辩证内容的解决就在于内容本身。

---

① Adorno, *Negative Dialectics*, p. 167;《马克思恩格斯全集》第 44 卷，人民出版社，2001 年，第 90 页。

② Adorno, *Negative Dialectics*, pp. 12, 11.

③ 这里"非概念"的解释来自 Gunn, 'Against Historical Materialism', in ed. Werner Bonefeld, Richard Gunn and Kosmas Psychopedis, *Open Marxism*, vol. II (London 1992).

④ Adorno, *Negative Dialectics*, pp. 5, 145, 12. 也可参见 Johannes Agnoli, *Politik und Geschichte* (Freiburg 2001), pp. 164 – 8。

结　论

没有任何理论"能够逃避市场的支配"，包括那些蔑视传统的理论。[①] 批判理论只有当它意识到自己与经济颠倒的"错误"世界纠缠在一起时，才会蔑视传统。[②] 通过在社会中思考，它保持了这种意识，使得资本概念发展为一种社会关系，而这种社会关系是以贯穿于个人、凌驾于个人的物与物之间的关系表现出来的。资本主义社会并没有摆脱阶级对抗再生产出自己。相反，它借由阶级对抗再生产自己，阶级对抗内在于它的概念之中。

这一章论述了"人类的感性实践通过它的超感官存在维持在社会自主中，作为颠倒的社会实践的主体和客体"。[③] 因此，对物化的批判并不是关于物化事物本身。相反，经济数量的物化世界发现合理的解释存在于对真实社会关系的理解当中，真实的社会关系构成和维持了物化世界，并在它们的经济表象中作为独立的生产要素消失了。与传统的历史唯物主义概念——即赋予历史以一种物质力量，使得历史变成"存在者的本体论的基础结构"——不同[④]，在最理想情况下，历史唯物主义相当于一种经济自然批判，即将现实经济抽象的运动解码为真实社会关系的必要表现。因而它不将人类主体嘲笑为一种形而上学麻烦。作为一种社会批判理论，历史唯物主义对问题刨根究底，而问题的根内在于它的社会内容。它通过揭示经济客观性关系的社会起源，立足于社会生产关系中的经济力量，来消解这种关系的教条主义立场。接下来的一章将探索资本主义社会关系的社会基础，指出资本原始积累是资本主义社会的构成前提。

---

① Adorno，*Negative Dialectics*，p. 4.
② 参见 Adorno，*Minima Moralia*，p. 50。
③ Reichelt，'Social Reality'，p. 65.
④ Adorno，*Negative Dialectics*，p. 358.

第二部分

价值:社会财富与阶级

第四章 资本与劳动:原始积累与价值的力量

导　言

　　传统上,原始积累被视为走向资本主义社会的过渡阶段。资本主义社会一旦建立,它便将原始积累视为一个有别于前资本主义社会的、朝着自身过渡的环节。[①] 与这种看法不同,我认为原始积累并不包括资本主义积累,就好像它是自己注定的未来。过去并不能将未来囊括在内,作为自己展开的命运。相反,现在包含着过去,正是现在揭示了过去的意义,后者是业已存在的社会关系的历史基础。将原始积累理解为资本主义社会的历史基础,对于政治经济学批判来说影响深远。按照我的看法,只有通过对原始积累的考察,对价值形式的研究才能变得清晰。新马克思阅读将价值形式发展为封闭的概念体系,并在这个体系内确定阶级关系。与他们不同,我认为阶级是价值形式的历史和

---

　　① 比如,参见 Paul Zarembka, 'Primitive Accumulation in Marxism', in ed. Werner Bonefeld, *Subverting the Present. Imagining the Future* (New York 2008)。另见 Postone, *Time, Labor, and Social Domination. A Reinterpretation of Marx's Critical Theory* (Cambridge 1996), p. 349。

逻辑前提。价值形式，在其本身的概念内，蕴含着合法化的暴力。[①] 这种合法化的暴力，就是劳动和生活资料的分离，它以经济强制的形式表现在价值规律当中。

许多评论者已经分析过资本主义的发展是如何将"原始"积累的要素囊括在内的。[②] 大卫·哈维的《新帝国主义》使得这个问题引起更为广泛的注意和争论。他主张原始积累是所有资本主义进一步积累的基础，并且，资本主义如果要维系自身不断积累的趋势，它就不得不一次次地重复这个过程。他将此称为通过剥夺而达就的资本主义积累框架中的原始积累，并声称在当代资本主义当中，通过剥夺而达就的积累不仅仅意味着一种克服资本主义过度积累危机的尝试，而且意味着它事实上已经成为积累的主导形式。[③] 通过剥夺而达就的积累，在资本的界域内并不只是作为发展资本主义社会关系的手段，而是处于它的中心。在他看来，在被马克思视为暴力地将生产者同其生产资料和生活资料相分离的占有过程（比如国有资产的私人化）当中，通过剥夺而完

---

①　关于原始积累在资本主义发展过程中的中心地位的论述，参见 Silvia Federici, *Caliban and the Witch* (New York 2004), and Dalla Costa, 'Development and Reproduction', in ed. Werner Bonefeld, *Revolutionary Writing* (New York 2003). John Holloway, *Crack Capitalism* (London 2010), pp. 166 - 70。合法化的暴力和它以法则形式的文明表现的内在联系的观念，源自 Walter Benjamin, 'Critique of Violence', *Reflections* (New York 2007).

②　比如，参见 Jesse Goldstein, '*Terra Economica*, Waste and the Production of Enclosed Nature', *Antipode*, vol. 45, no. 2 (2013), pp. 357 - 75. Derek Hall, 'Rethinking Primitive Accumulation', *Antipode*, vol. 44, no. 4 (2012), pp. 1188 - 208; Stuart Hodkinson, 'The New *Urban* Enclosures', *City*, vol. 16, no. 5 (2012), pp. 500 - 18. Mark Neocleous, 'War on Waste: Law, Original Accumulation and the Violence of Capital', *Science and Society*, vol. 75, no. 4 (2011), pp. 506 - 28, Wilhelm Peekhaus, 'Primitive Accumulation and Enclosures of the Commons', *Science and Society*, vol. 75, no. 4 (2011), pp. 529 - 54。该章节最初收录于 Werner Bonefeld, 'Class Struggle and the Permanence of Primitive Accumulation', *Common Sense*, no. 6 (1988), pp. 54 - 65 并以 Werner Bonefeld, 'Primitive Accumulation and Capitalist Accumulation: Notes on Social Constitution and Expropriation', *Science and Society*, vol. 75, no. 3 (2010), pp. 379 - 99 为基础。

③　David Harvey, *The New Imperialism* (London 2003), pp. 140 - 2, 149 - 50, 153, 158, 172.

成的积累形式多样。① 这个术语暗示着作为商品化的无产阶级化。马西莫·德·安戈里(Massimo de Angelis)在他对当代资本主义的分析中,对此情形论证得最为有力。他认为,资本将"原始积累"当作一种手段,用来消解他所认为的社会保护自身不受市场规律的强制性影响的自然欲望。②

在当代的分析中,原始积累表现为资本主义积累的"帝国主义式"效应,在国内和国际都是如此。这种对原始积累的理解,可以回溯到罗莎·卢森堡。③ 她认为,资本主义必须总是需要外部事物才能使自己稳定下来,资本主义积累的危机可以通过将原始积累的条件施加于新的人口、创造新的市场、发现新的原材料,以及招募新的更廉价的无产阶级工人得到暂时的解决。④ 萨米尔·阿明(Samir Amin)在 20 世纪 70 年代的作品里再次表达了同样的观点。他说,原始积累的机制"并不仅仅属于资本主义的史前史;它们也是当代史。正是这些利用中心优势的、形态多变而形式不变的原始积累,构成了世界范围内积累理论的论域"。⑤ 哈维沿着卢森堡和阿明的思路走下来,他强调说,在原始积累的过程当中,资本向边缘的扩张带来了所谓新自由主义。并且如同德·安戈里那样,他进一步扩展了他的分析,主张它同时也是一种当代处于资本主义中心的强制力,它将被剥夺的劳动维持在经济的强制之下。

在这些分析里,原始积累是资本主义积累永恒的特征。但是,这个辩证的运动过程,这个资本主义的历史前提变成其再生产的结果的运

---

① Harvey, *The New Imperialism*, p. 146.

② Massimo de Angelis, 'Marx and Primitive Accumulation', in ed. Werner Bonefeld, *Subverting the Present. Imagining the Future* (New York 2008).

③ Rosa Luxemburg, *The Accumulation of Capital* (London 1963).

④ 参见《资本论》英文版第三卷第十四章,在该章节中马克思讨论了解决危机的方式。

⑤ Samir Amin, *Accumulation on a World Scale. A Critique of the Theory of Underdevelopment* (New York 1974), p. 3.

动过程,也揭示出通过剥夺和积累所完成的积累同通过剩余价值的榨取所达到的积累之间的关系问题,较之于受卢森堡启发的原始积累永恒概念要更为错综复杂。从资本主义历史"前提"向资本主义再生产的结果之间的转换过程,揭示出原始积累的本源性必须同其社会内容相关联,也就是同被资本主义地组织起来的社会生产关系相关联。

本章认为,当代原始积累的因素并不是某种复杂的不平衡发展逻辑的"边缘效应"或者结果,也不是资本用以吸纳劳动的东西。[①] 相反,原始积累从属于资本概念。它"形成资本的概念"。[②] 它既是"(资本主义)生产的前提",也是"既定的"资本的劳动条件。[③] 该论断的概念性基础如下:"货币和商品,正如生产资料和生活资料一样,开始并不是资本。"[④]诚然,贸易、交换和资本主义前的"货币",就像生产资料和生活资料那样,它们都不是资本的内在属性。它们若要"转化为资本,必须具备资本主义生产的前提"。[⑤] 这个转换过程"只能够发生于"如下的条件:"两种不同的商品所有者联系到一起",也就是说,一方是货币、生产资料和生活资料的所有者,另一方是劳动力的所有者。

货币生金蛋的神秘属性要求"生产资料和生活资料的占有者在市场上找到出卖自己劳动力的自由工人"。这是劳动产品转化为商品、货币转化为资本的"历史条件之一"。资本"从头到脚,每个毛孔都滴着血和肮脏的东西",它是建立在"劳动者同劳动条件的分离"的基础之上的。[⑥] 简而言之,认清这一点很关键:若不出卖其劳动力以换取工资,劳动者便不能够生存下去。"商品和货币转化为资本,是由于工人……

---

① 如同德·安戈里所主张的那样,参见其'Marx and Primitive Accumulation'; Jim Glassman, 'Primitive Accumulation, Accumulation by Dispossession, Accumulation by "Extra-economic" Means', *Progress in Human Geography*, vol. 30, no. 5(2006), pp. 608-25.

② 《马克思恩格斯全集》第46卷,人民出版社,2003年,第275页。

③ 《马克思恩格斯全集》第一版第26卷第3册,人民出版社,1974年,第299页。

④ 《马克思恩格斯全集》第44卷,人民出版社,2001年,第821页。

⑤ 《马克思恩格斯全集》第一版第26卷第3册,人民出版社,1974年,第299页。

⑥ 《马克思恩格斯全集》第44卷,人民出版社,2001年,第198,871,870页。

被迫不是出卖商品，而是把自己的劳动本身（直接把自己的劳动能力）当作商品卖给客观的劳动条件的所有者。"这个历史条件不只是"货币（或代表货币的商品）转化为资本的前提"①，而且是"提高社会劳动生产力的方法"赖以形成的"历史基础"。② 资本主义社会在其概念的前提中就包含着这个历史基础；它对剩余价值如狼似虎的贪婪贯穿其中，其积累规律以"规模不断扩大"的被剥夺劳动力的形式再生产着它的前提。③ 也就是说，"产生的条件"与其"存在的结果"唇齿相依。④ "资本主义生产过程在本身的进行中，再生产出劳动力和劳动条件的分离"，这是其概念的前提和内在必然性。⑤ 在价值规律面前，说资本的构成性前提是对劳动者的占有，不外乎说在最开始，资本主义历史前提的暴力性被它作为一种自然的经济力量的表象所掩盖起来。这种所谓的自然经济力量不仅仅有着维系其自我扩张（价值寻找更多的价值从而表现为自我增值的力量）的魔力，而且还迫使人们为了生存而不得不出卖其劳动力。换言之，价值规律的概念从一开始就是对抗性的。

　　本章分为两个部分。首先，我将详述作为资本主义前提条件的原始积累是如何转化为资本主义的构成性前提的。接着我将说明，原始积累的概念在《资本论》中是如何被使用的。新马克思阅读认为马克思的批判是对政治经济学各个范畴的逻辑叙述，跟他们不同，我认为这些范畴是带有历史痕迹的。价值规律的概念中内含着合法化的暴力——在它的文明形式里，它表现为经济强制的自由。

原始积累的秘密

　　在《资本论》德文第一版中，马克思并没有谈及"原始的（primitive）

　　① 《马克思恩格斯全集》第一版第 26 卷第 3 册，人民出版社，1974 年，第 92—93 页。
　　② 《马克思恩格斯全集》第 44 卷，人民出版社，2001 年，第 720 页。
　　③ 《马克思恩格斯全集》第 44 卷，人民出版社，2001 年，第 874 页。
　　④ 《马克思恩格斯全集》第 30 卷，人民出版社，1995 年，第 452 页。
　　⑤ 《马克思恩格斯全集》第 44 卷，人民出版社，2001 年，第 665 页。

积累"。这个术语是在英文翻译中出现的，我认为它尽可能地与德文初版保持了一致。然而，它还是不够准确。德文版是 ursprünglich。这个术语也能够被翻译为"原初的（original）""最开始的（initial）""未经损坏的（unspoiled）"以及"开始（beginning）""首次表现（first manifestation）"和"生命源头（springing to life）"。这个术语并不指向"原因性"，也就是指一种历史事件"造成"某种特殊社会关系模式的形成。换言之，以及按照马克思的说法，人体解剖能够解释猴体解剖，但不是反过来，猴体解剖能够解释人体解剖。[①] 倘若猴体解剖真的能够解释人体解剖，那么猿猴将会把人类视为其进化的内在必然性，视为一种自然目的和已然注定的未来。资本主义积累对于原始积累来说，并不是它注定好了的必然性未来。相反，资本主义积累在其自身的概念内部揭示了原始积累的必然性。[②] 这也就是说，跟杰姆·格拉斯曼（Jim Glassman）的观点恰好相反，原始积累不是人类发展中持续不断的历史动力，它贯穿于从前资本主义时期到资本主义再到社会主义的过渡历程当中。格拉斯曼将原始积累视为"人类更完善的发展阶段的

83

———————

　　①　《马克思恩格斯全集》第 30 卷，人民出版社，1995 年，第 47 页。

　　②　对于阿多诺来说，历史也能够仅仅从当下的角度来予以理解。参见 Theodor Adorno and Max Horkheimer, *Dialectic of Enlightenment* (London 1979)。另见 Dirk Braunstein, *Adornos Kritik der politischen Ökonomie* (Bielefeld 2011), p. 177. 阿多诺的主张认为，历史已经是从弹弓到原子弹的发明史，或者说是一个工具理性向前推进的过程。他并没有说弹弓包含了它作为原子弹的必然未来发展趋势。原子弹并不是弹弓的内在必然性。相反，他说原子弹揭示了弹弓，并且揭示了它作为暴力和毁灭的普遍历史。与此类似，马克思也认为，阶级斗争的历史并不包含本体论意义上普遍的阶级压迫暴力的历史，并且这种阶级压迫暴力的历史自身蕴含着发展为资本主义社会的内在逻辑以及由此过渡到社会主义。相反，他抓住的是现存的社会关系。在阿多诺看来，马克思的政治经济学批判可归于历史批判，因为马克思对资本主义的批判揭示了在当前支配、剥削和不幸条件下的历史整体。参见 Adorno, *Gesellschaftstheorie und Kulturkritik* (Frankfurt 1975), p. 7 和 *Stichworte. Kritische Modelle 2* (Frankfurt 1969), pp. 29 - 50。另见本雅明有关进步问题的批判 'Theses on the Philosophy of History', in *Illuminations* (London 1999)。在讨论历史时，我们需要梳理历史的纹理，并且需要在历史以外去思考，在战争、斗争以外思考，去理解非其所是的东西。关于这点，参见本书第十章。

必要步骤",他的看法要么是某种认为当下是历史发展结果的陈词滥调,要么是认为历史是人类完满性概念展开的目的论。按照他的说法,马克思对于原始积累的讨论,"大部分地集中在无产阶级化上面,因为他已经前见性地考虑到后来在阶级斗争里被他所指认的革命性主体和中心性问题"。[1] 格拉斯曼似乎在暗示,马克思并没有充分地在自由雇佣劳动的事实中将资本主义的前提概念化,而是相反,意在提出自己的革命主体。"产生"和"存在"的分离构成了这种目的论(或者在某些情形下可以说是教条性思维)的盲点,他们把社会实践视为某种存在和变化结构当中的功能性主体。

只有从资本主义积累的角度来看,原始积累才是原始的。虽然被当作原始的积累,它却完全不是起源性的——它的恐怖已然"是用血和火的文字载入人类编年史的"。[2] 它导致劳动和生活资料的完全分离,并且这个分离"形成资本的概念"。[3] 劳动的资本主义形式因此建立在"丧失自己客观条件"的基础之上。[4] 劳动和生产资料与生活资料的分离使他们"转化为雇工",以及"使他们的劳动资料转化为资本"。[5] 劳动与生存资料的分离因此是"资本主义生产的前提"。[6] 工作条件对于劳动者来说是"异化的资本",因为它们"必须预先使他丧失这些生产条件,而这些生产条件必须采取别人的财产的形式"。[7] 所以,原始积累是具体社会劳动的资本主义形式所得以形成的核心关键。

在资本主义当中,分离的恐怖以自由和平等交换的文明形式表现出来。在这里,人是自由的,因为他不需要服从于任何人,而只是服从于合同法;并且,在根据变化多端的市场条件追求其利益时,他需要为

---

[1] Glassman, 'Primitive Accumulation', p. 611.

[2] 《马克思恩格斯全集》第 44 卷,人民出版社,2001 年,第 822 页。

[3] 《马克思恩格斯全集》第 46 卷,人民出版社,2003 年,第 275 页。

[4] 《马克思恩格斯全集》第 30 卷,人民出版社,1995 年,第 500 页。

[5] 《马克思恩格斯全集》第 44 卷,人民出版社,2001 年,第 827 页。

[6] 《马克思恩格斯全集》第一版第 26 卷第 3 册,人民出版社,1974 年,第 299 页。

[7] 《马克思恩格斯全集》第一版第 26 卷第 3 册,人民出版社,1974 年,第 465 页。

自己负责。暴力以自由这种文明的形式表现出来，它表现为经济强制力，这被视为"经济纽带"的自由。换言之，雇佣劳动者的自由一方面导致"征服者的老把戏"，这些征服者"用从被征服者那里掠夺来的货币去购买被征服者的商品"。① 另一方面，它导致在劳动力交易当中平等法律主体之间的合同自由，一方为了追逐更大的财富利润，另一方则为了避开其"饿死的自由"。② 马克思说道："罗马的奴隶是由锁链，雇佣工人则由看不见的线系在自己的所有者手里。"这是因为，雇佣劳动者对生活资料的获取，是被资本积累率所支配的；而这个积累率，又决定了失业率和买卖劳动力的条件。③ 因此，自由劳动者在经济范畴当中消失了，而实际支配着劳动者获取生活资料方式的投资率和经济增长率、劳动生产率和可获利性、单位竞争劳动的成本和世界市场等概念也都消失了。雇佣劳动者在其社会世界当中，仅仅作为这些相同的经济范畴的承担者而存在，他们的历史基础则建立在围绕着对大众生活资料的原初占有而展开的阶级斗争之上。资本并不只是"劳动条件的形式"④，它同时表现为独立的财富力量，在其中商品看似是"资本的产品"。⑤ 这种表象是"以劳动者一无所有为基础的"——这种生活资料的一无所有，在资本形式中将自身规定为独立的经济强制力而加诸阶级划分的社会个人之上。⑥

　　不同于对人的依附关系，资本主义的社会关系是被抽象的依赖形

---

① 《马克思恩格斯全集》第 44 卷，人民出版社，2001 年，第 672 页。

② Adorno, *Lectures on History and Freedom* (Cambridge 2008a), p. 201.

③ 《马克思恩格斯全集》第 44 卷，人民出版社，2001 年，第 662 页。斯密清晰地论证了这点。他说，自由人对其自身的生存负责，而奴隶是由他的主人所豢养的。奴隶因此"比工人开销更大"，并且"自由人的劳动被奴隶实施的话将会变得廉价"。Smith, *An Inquiry into the Nature and Causes of the Wealth of Nations* (Indianapolis 1981), p. 87. 关于作为劳动力市场条件的调节性力量的积累率的问题，参见《资本论》英文版第一卷第 25 章。

④ 《马克思恩格斯全集》第一版第 26 卷第 3 册，人民出版社，1974 年，第 546 页。

⑤ 《马克思恩格斯全集》第 46 卷，人民出版社，2003 年，第 196 页。

⑥ 《马克思恩格斯全集》第 30 卷，人民出版社，1995 年，第 511 页。

式所支配的。经济的强制性表现为事物本身的问题，仿佛它们是受自然强制力所支配。社会世界**仿佛**存在过两次，一次是作为内在的经济的事物而存在，这些经济事物客观地将其自身作用于活动主体身上；第二次是人类仅仅作为这些事物的人格化，作为资本和雇佣劳动的人格化的单纯的生产行为者，体现着社会生产过程所赋予它们的特定社会特征。① 社会在以阶级区分的社会个人（这些个体"被他的过去所牢牢锁住"）背后表现出来。② 作为经济数量的运动过程，社会不再是可理解的——在此它表现为"与历史无关的永恒自然规律"③——它不能从"长期以来"来理解。④ 将原始积累理解为既有的经济强制力的构成性前提，打破了经济数量作为自然强制力的假象。这同样也反驳了如下观点：颠倒的经济形式建立在被抽象地设想的"人性基础"之上。⑤ 在经济抽象的世界当中，"仍旧可以理解的是自治的规律"。⑥ 然而自治的规律是一柄双刃剑，它将自己的历史基础建立在自身运动规律中劳动者和他的生存手段的分离之上。生活资料的一无所有导致了争夺生活资料的斗争。

　　<u>资本主义社会不能够将其自身跟其历史基础分离开来。</u>
　　<u>在本质上</u>，资本是社会劳动的存在，是劳动既作为主体又作为客体的结合，但这一存在是同劳动的现实要素相对立的独立

---

① 参见《马克思恩格斯全集》第 44 卷，人民出版社，2001 年，第 683 页。
② Adorno, *Negative Dialectics*, p. 51.
③ 《马克思恩格斯全集》第 30 卷，人民出版社，1995 年，第 28 页。
④ 《马克思恩格斯全集》第 46 卷，人民出版社，2003 年，第 455 页。
⑤ 参见 Backhaus, 'Some Aspects of Marx's Concept of Critique in the Context of His Economic-Philosophical Theory', in ed. Werner Bonefeld and Komsas Psychopedis, *Human Dignity. Social Autonomy and the Critique of Capitalism* (Aldershot 2005).
⑥ Theodor Adorno, 'Einleitung', in Theodor Adorno, Hans Albert, Ralf Darendorf, Jürgen Habermas, Harald Pilot and Karl Popper, *Der Positivismusstreit in der deutschen Soziologie* (Munich 1993), p. 23.

存在,因而它本身作为**特殊的**存在而与这些要素并存。因此,资本从自己方面看来,表现为扩张着的主体和**他人劳动**的所有者,而资本的关系本身就像雇佣劳动的关系一样,是完全矛盾的关系。①

需要解释的不是资本和雇佣劳动者直接意义上的关系,即资本作为特定数量货币的经济数量,工人作为一定数量可雇佣劳动技能的人力资本的投资者;相反,要解释的是资本关系赖以生存和维系的社会基础。社会劳动被资本主义所组织起来的形式预设了对直接生产者的占有,因此它是这种占有的特定社会形式。它"最初表现为资本生成的条件,因而还不能从资本**作为资本**的活动中产生;现在,它们是资本自身实现的结果,是由资本**造成的现实**的结果,它们**不是资本产生的条件**,而是**资本存在的结果**"。② 资本主义积累在剥夺当中再生产着自身的构成性前提,并将此当成内在其自身的社会再生产规律。劳动者

　　不断地把客观财富当作资本,当作同他相异己的、统治他和剥削他的权力来生产,而资本家同样不断地把劳动力当作主观的、同它本身对象化在其中和借以实现的资料相分离的、抽象的、只存在于工人身体中的财富源泉来生产,一句话,就是把工人当作雇佣工人来生产。工人的这种不断再生产或永久化是资本主义生产的必不可少的条件。③

作为其自我实现的结果,原始积累是一种永恒的(permanent)积累。
　　如何理解这个语境当中"永恒"的含义? 在拉丁语当中,"per"意味

---

① 《马克思恩格斯全集》第 30 卷,人民出版社,1995 年,第 464 页。画线部分为作者本人所加。——译者注
② 《马克思恩格斯全集》第 30 卷,人民出版社,1995 年,第 452 页。
③ 《马克思恩格斯全集》第 44 卷,人民出版社,2001 年,第 659 页。

着道路;"manere"意味着持存、持续不断;因此"永恒"一词指向持续不断的特性,意味着某些存在并且贯穿于时间之流的东西本身。从原始积累的视角看来,"永恒"意味着劳动与生活资料的分离构成了资本主义社会关系根本性的社会实践,这些社会关系在独立的经济强制力的形式中,通过个体而表现自身,仿佛经济世界是由看不见的手所支配。诚然,经济世界将自身规定为一种独立的强制力,它不仅仅凌驾于社会个人之上,而且由始至终地支配着他们。赋予经济事物以独立强制性的分离逻辑,以不可抗拒的系统动力的形式表现出来;在这个体系当中,没有东西能够保留原来的面目,但与此同时,最根本的社会关系保持不变:一方面资本被规定为劳动条件假定的形式,另一方面自由劳动者与日俱增。阿多诺"静中有动(dynamic within stasis)"的概念很好地描述了这一点。① 资本主义是一个动态的、发展着的和变化着的具体社会关系的构型,所有坚固的东西都烟消云散,可与此同时,发展的"规律"又保持不变:失去对象的自由工人的扩张性再生产,这是炫目的资本主义财富形式的社会基础。财富将自身规定为更多的货币,因而也就一直存在着更少货币的可能;实际上它要求无止境的扩张。资本的规律因此能够被总结如下:规律就是看不见的东西。无论具体的资本主义形式如何千变万化,它都建立在"分离逻辑"的强制力的基础上。这一逻辑是资本将自身规定为"自动的主体"的构成性前提,它在其中以持续不断的积累过程维系自身。②

我已经提到过,原始积累是资本的历史前提和基础,原始积累的体系性内容是资本主义社会关系的构成性前提。它的内容在资本主义经济形式当中被悬置(suspended)起来。在这里关键问题是"被悬置(aufgehoben)"一词的确切含义。"被悬置"(Suspended)常常被用以作为德文词"aufgehoben"或者 Aufhebung 的翻译。Aufhebung 是最难以

---

① Adorno, *Gesellschaftstheorie*, pp. 26 - 45.

② 《马克思恩格斯全集》第 44 卷,人民出版社,2001 年,第 180 页。

翻译为英语的一个术语，"suspended"并不能完全地承载该多义德文术语的含义。说原始积累在资本主义积累中"被悬置"，并不是说将两个概念完全混淆，仿佛通过占用(剥夺)的积累和通过剥削"自由"劳动力的积累之间毫无区别。这一区别是极其重要的，但这同时也是两个概念之间的联系。

在黑格尔的语言当中，Aufhebung 指的是一种规定性否定(determinate negation)的辩证过程。也就是说，某个术语的规定性否定了它，与此同时被否定的术语又将其转化为一个新的术语。在此过程当中，被否定的术语失去其独立的存在形式，同时它又作为新术语当中必不可少的特征而被保留下来——这个新的术语是通过被否定的术语而得以被提出的。旧术语的本质在新术语当中被保留下来，这一情形意味着旧术语的本质同时也是新术语的本质。Aufhebung 不仅有不同的意思，而且这些意思还是相互矛盾的。该概念包括所有不同的和相互矛盾的意味。Aufhebung 有三种主要的意味："提起"或者"提升"；"使其不可信"或"取消/抹除"；"保持"或者"维持"。在我们的语境里，Aufhebung 意味着原始积累的历史形式被提升到一个新的层次，在这个新的层次上，其原初形式和独立的存在形式被抹除(或者被取消)，与此同时，其实质或者本质(Wesenshaftigkeit)被保留在新的形式当中。换言之，说原始积累的本质在正常的积累当中被**悬置**，意味着原始积累的根本属性，也就是直接生产者同生活资料的分离被提升到了一个新的层次，并将作为一个具体分期的原始积累的历史被抹除。同时，它根本的特征在新的形式当中被保持下来，也就是资本主义新的历史前提成为其存在的前提：劳动同其资料的分离成为积累过程的结果，而这一积累过程又建立在对剩余劳动的分配的基础之上。资本于再生产的过程中，从自由劳动者身上抽取并试图在交换中以价值形式予以确保这些剩余劳动。套用马克思对商品的解释，原始积累在正常的积累当中消失的过程，"必须同时表现为商品消失的消失过程，即表现为再生产过程"。① 正如这一再生产的过程，资本主义关系的"事实上的基础"成为"资本主义生产本身的结果"，它维持并更新着"客观劳动条件和主观劳动力的分离"。② 生产性的劳动者并不代表着永恒的劳动条件。相反，生产性劳动者是历史的、具体的。他在其作为被剥夺的剩余价值生产者的存在形式当中，承受着原始积累的暴力。

价值形式和自由劳动

我在之前说过，不能用对原始积累的解剖来解剖资本主义的积累，而是相反，应当用对资本主义积累的解剖来解剖原始积累。这个论点否定了两种目的论式的解释，比如亚当·斯密的历史阶段论，以及对历史的自然规律式解释，比如——还是拿亚当·斯密来举例——人的物物交换的自然倾向。其中，后一种解释残留在经典马克思主义的生产力和社会生产关系的超历史观点当中。马克思讨论原始积累的内容可见于《资本论》第一卷的结尾，它或许像格拉斯曼认为的那样，是后来补充进去的。格拉斯曼说：

> 马克思后来才注意到原始积累的问题……在百来页的、对资本主义社会中有关商品和剩余价值得以产生的劳动过程和"扩大的再生产"的过程的分析之后，他掉过头来考虑剩余价值的起源，也就是使得积累的第一个过程成为可能的起源——所谓的"原始积累"。③

88

不同于格拉斯曼的观点，我认为剥夺并不创造财富上的剩余价值，

---

① 《马克思恩格斯全集》第 31 卷，人民出版社，1998 年，第 389 页。
② 《马克思恩格斯全集》第 44 卷，人民出版社，2001 年，第 658 页。
③ Glassman, 'Primitive Accumulation', p. 610.

它只是少数人对多数人的掠夺。它改变了生活资料的分配方式，并且在此过程中建立了私有财产的社会基础，也就是加倍自由的劳动者。马克思在《资本论》第一卷结论处对商品形式历史前提的表述，部分地基于如下的视角来理解：原始积累的重要性并不像格拉斯曼认为的那样，充当着第一个资本主义剩余价值的角色；相反，它在资本主义社会关系的建立当中起着重要作用。换言之，资本主义积累"激活"了原始积累的历史意义，而不是反过来的情形。①

按照马克思的说法，《资本论》力图寻找各个经济范畴的"内在联系"，并提出资本主义社会"现实的运动"，这是建立在作为资本主义财富"元素形式"的商品之上的。② 经济范畴的展开并不因此表现为一个历史的过程。相反，它在它们当前的语境当中发展它们，在它们自身的社会生产关系内部建立起其内在的概念性。因此，"叙述方法（presentation）必须有别于研究方法（inquiry）"。对于新马克思阅读来说，历史分析和逻辑叙述的区别是重新建构马克思批判的基础。它包括对整个经济范畴体系的辩证展开，并使得经济形式展开为"现实的颠倒"的形式。③ 新马克思阅读遵从马克思方法论上的准则，认为"把经济范畴按它们在历史上起决定作用的先后次序来排列是不行的，错误的。它们的次序倒是由它们在现代资产阶级社会中的相互关系决定的"。④ 然而，尽管商品的价值形式是资本主义社会关系的根本性原则，但它代表了劳动与生产资料相分离的现象，建立在资本主义劳动特殊的属性之上。按照马克思的观点，经济颠倒的体系的辩证展开因此

---

①　用黑格尔的语言来说，资本主义积累"规定了自身的前提"。在马克思论及诸经济范畴的辩证发展过程的语境中论及这点，参见 Roberto Fineschi, 'Dialectic of the Commodity and its Exposition', in ed. Riccardo Bellofiore and Roberto Fineschi, *Re-reading. New Perspectives after the Critical Edition* (London 2009); Kosmas Psychopedis, 'Dialectical Theory', in ed. Werner Bonefeld, Richard Gunn and Kosmas Psychopedis, *Open Marxism*, vol. Ⅰ (London 1992).

②　《马克思恩格斯全集》第 44 卷，人民出版社，2001 年，第 21—22,47 页。

③　《马克思恩格斯全集》第一版第 26 卷第 3 册，人民出版社，1974 年，第 499 页。

④　《马克思恩格斯全集》第 30 卷，人民出版社，1995 年，第 49 页。

受到了限制，新马克思阅读被它自身的批判视角所限制。克里斯·亚瑟(Chris Arthur)的"体系辩证法"就是一例。他认为，辩证方法解决了"一个既有的总体的问题(a given whole)，并且证明了它如何生产自身：因此范畴的次序绝不是由历史因果链的重述所规定的；它是建立在纯粹体系性考虑的基础之上的"。他正确地指出，辩证方法解决了"一个既有的总体的问题"，但是他错误地将这个总体视为一个封闭的逻辑体系。在他看来，"资本可被视为黑格尔那种绝对概念的化身"，并且他无法理解，为什么马克思在《资本论》第一章介绍价值的一般形式时将劳动作为一个概念引入。因此，他的体系辩证法试图在马克思的《资本论》和黑格尔的《逻辑学》之间建立一种同构性，并以对资本主义社会关系的承认替代这种同构性。无论这种同构性如何，该设想的逻辑起点都是荒谬的。正如亚瑟自己所说，资本主义社会关系的特殊属性不能够在某种内在抽象性的逻辑中找到。①

　　与此类似，巴克豪斯相信对资本主义社会关系的研究必须有一个"逻辑起点"，他称这构成了马克思"理论体系"的基础。②他荒谬地认为，雇佣劳动的范畴能够从社会抽象劳动的特殊属性当中推演出来，然而他没有告诉我们究竟怎样推演。③他坚持说，经济范畴的叙述方法是优先的结构，这跟他认为辩证方法包含着作为具体社会关系形式的一般发展过程的看法是不相兼容的。为了解决这个疑难，巴克豪斯落回到对类存在物的论证当中。他说："批判"必须去揭示那个颠倒了的

89

---

　　①　Arthur, *The New Dialectic and Marx's Capital* (Leiden 2004), pp. 64, 141. 亚瑟那种历史作为"因果链条"的观念在对当下的判断当中是最为传统的。

　　②　Backhaus, *Die Dialektik der Wertform* (Freiburg 1997), p. 442.

　　③　Backhaus, 'Über den Doppelsinn der Begriffe "politische Ökonomie" und "Kritik" bei Marx und in der Frankfurter Schule', in ed. Stefan Dornuf and Reinhard Pitsch, *Wolfgang Harich zum Gedächtnis*, vol. Ⅱ (München 2000), p. 178. 巴克豪斯对于抽象劳动含义的规定并非如此，除非我们将其理解为一般社会劳动，对于他来说，一般社会劳动是资本主义劳动私人属性的对立面。既然抽象劳动的属性是社会的，他便将其视为共产主义的颠倒形式(见其第 174 页)。同样，他保持着跟李嘉图传统的对立，后者认为一般社会劳动是资本主义特定的劳动形式。

世界的产生过程，在其中，人"作为一种类存在物，已然不在其自身的界域之内"，他在"上帝"的宗教形式当中，"在政治国家的形式当中，或者确乎在货币形式当中"。① 与此不同，马克思区分叙述方法和研究方法，并不意味着要放弃研究方法以确保系统的叙述——如果叙述的不是资本主义社会关系，那还有什么是真正可以叙述的呢？叙述方法预设了研究方法，对资本主义经济范畴的逻辑叙述，并不独立地优先于那些试图在其整体性和其自身语境当中理解其自身特殊属性的社会关系。资本主义社会关系建立在一个"本质条件"上："只有当生产资料和生活资料的占有者在市场上找到出卖自己劳动力的自由工人的时候"，资本才产生。② 亚瑟的体系辩证法和巴克豪斯对"客观起源"的探索，其目的是解释资本主义社会关系的特殊概念性。为了逻辑连贯性，他们把那些以畸形的经济形式表现出来的社会关系的特殊属性，统统排除在资本"天国形式"的发展过程之外。③

按照莱希尔特的观点，人类"在其劳动力被对象化且作为商品变得可交换的时候，成为自由劳动者"。④ 然而这意味着什么？莱希尔特将社会视为一个受价值规律支配的社会体系，其中没有价值的强制力。他将价值形式视为一种客观有效的、真实的经济抽象，一种资本主义财富的**现实的普遍性**（universal in re）。⑤ 但是，当劳动被对象化在商品当中的时候，劳动者并没有变得自由。当他被驱逐出他的土地，当他的

---

① Backhaus,'Über den Doppelsinn', p. 127. 另见 Backhaus,'Between Philosophy and Science', p. 81。

② 《马克思恩格斯全集》第 44 卷，人民出版社，2001 年，第 198 页。

③ 《马克思恩格斯全集》第 44 卷，人民出版社，2001 年，第 429 页。

④ Helmut Reichelt, *Zur logischen Struktur des Kapitalbegriffs bei Marx* (Freiburg 2001), p. 270.

⑤ Helmut Reichelt,'Die Marxsche Kritik ökonomischer Kategorien. Ueberlegungen zum Problem der Geltung in der dialektischen Darstellungsmethode im *Kapital*', in ed. Iring Fetscher and Alfred Schmidt, *Emanzipation und Versöhnung. Zu Adornos Kritik der 'Warentausch'-Gesellschaft und Perpektiven der Transformation* (Frankfurt 2002).

生活资料被强制占用，当他劳动性的生存被血与火所规训，劳动者才变得自由。经济范畴的产生并不能在自由劳动者——他们在资本主义社会形式当中对象化自身——中寻得。价值规律在其概念前提中就预设了价值的强制力。这个前提是：劳动者与其生产资料相分离，可以自由地出卖其劳动力；劳动者被灌输劳动纪律的意识，这往往不是通过恐惧，而更多是耻于贫穷来完成。①

　　与此类似，普殊同认识到，理解商品化劳动对于把握价值形式是根本性的。但是，他也将商品化的劳动从其历史痕迹中抽离了，主张生产商品的劳动的特殊属性并不意味着原始积累的过程依旧处于异化劳动和商品拜物教概念的中心位置。②普殊同把商品规定的劳动视为其批判理论的起点，并且切断了它与它的历史构成性之间的联系。在他将政治经济学批判发展为"一种对资本主义社会当中体系和行动相互构成的复杂分析"时，他的论证类似于吉登斯的结构化理论③，通过把社会形式的起源从既有的社会关系当中抽离出来，他的解释将社会分裂为两个不相干的体系和行动的现实，或者说结构和承担者。如同我在第三章当中指出的那样，比起提供一种对商品拜物教的批判，他更多是以理论的形式阐明了这种拜物教。

　　资本主义经济范畴并没有其逻辑起点，也不在人类作为"类存在物"的人类学基础当中可以寻得。相反，"经济范畴……都带有自己的历史痕迹"，其逻辑叙述因此引致一种对承载着历史痕迹的范畴的叙述。④也就是说，马克思对辩证展开的优点的审慎态度在于："叙述的

---

　　①　参见 Edward Palmer Thompson, *The Making of the English Working Class* (London 1968)；Peter Linebaugh, *The London Hanged* (London 2003)；Christopher Hill, *The World Turned Upside Down* (London 1972)以及 Federici, *Caliban and the Witch*。

　　②　Postone, *Time, Labor, and Social Domination*, p. 349.

　　③　Postone, *Time, Labor, and Social Domination*, p. 158. Anthony Giddens, *The Consequences of Modernity* (Cambridge 1990).

　　④　《马克思恩格斯全集》第 44 卷，人民出版社，2001 年，第 197 页。

辩证形式只有明了自己的界限时才是正确的。"①牢牢记住这一点，我们就会发现研究方法（Forschung）和叙述方法（Darstellung）之间的区分是根本性的。的确，对资本的理解"随着叙述的概念而起伏"。②《资本论》第一卷的章节序列并不按照历史事件的次序来展开，其"叙述方式"也不同于任何现实事件的进程。其章节序列所展开的是被资本主义地建构起来的社会关系的诸多根本范畴——商品、交换价值、抽象劳动、货币，等等。在第一卷的结尾，马克思讨论了它们的历史形成过程。马克思的主张与那些社会关系范畴据以发展的、现实的、历史的发生序列是反过来的。也就是说：

> 叙述方法必须与研究方法不同。研究必须充分地占有材料，分析它的各种发展形式，探寻这些形式的内在联系。只有这项工作完成以后，现实的运动才能适当地叙述出来。这点一旦做到，材料的生命一旦在观念上反映出来，呈现在我们面前的就好像是一个先验的结构了。

根本性的经济形式的逻辑发展过程采取"一种直接与其现实发展过程相对立的过程"的形式。这即是说，

> 这种思索是从事后开始的，就是说，是从发展过程的完成的结果开始的。给劳动产品打上商品烙印、因而成为商品流通的前提的那些形式，在人们试图了解它们的内容而不是了解它们的历史性质（这些形式在人们看来已经是不变的了）以

---

① 《马克思恩格斯全集》第 31 卷，人民出版社，1998 年，第 398 页。

② Alfred Schmidt, 'Zum Erkenntnisbegriff der Kritik der politischen Ökonomie', in ed. Walter Euchner and Alfred Schmidt, *Kritik der Politischen Ökonomie heute. 100 Jahre 'Kapital'* (Frankfurt 1968), pp. 35 - 6.

前,就已经取得了社会生活的自然形式的固定性。①

抽象劳动、价值、交换价值、货币、资本、剩余价值、资本积累等范畴,在它们的概念性当中预设了原始积累的体系性内容。这是一种作为社会统一性的分离的概念。统一性以现实经济抽象的运动形式表现出来,这种经济抽象由一种看不见的力量所赋予,超然社会个人之上并管控着他们。如同上帝的宗教形式那般,经济抽象自动的强制力也是不能够被理解的。所能够理解的是自动的规律,即现实社会关系在其各自神秘化的经济形式当中消失。因此这种消失也是作为经济范畴人格化、作为特殊的阶级利益的承担者的社会个人的出现。② 商品拜物教使得社会个人看似从其自身的社会世界当中分离出来,这在他们面前表现为一个正在展开的体系逻辑,该体系使得他们的生活世界面临被进一步殖民化的威胁。然而,对经济力量运动的理解,并不是通过对某些神秘的生活世界的祈祷而推进的,这些世界被认为有被经济力量殖民化的危险。相反,如同我们第三章已经提及的那样,所有的社会生活本质上是实践的,对体系逻辑的解释也因此是基于其颠倒的语境对实践作出的理解。

92

　　马克思的政治经济学批判主张劳动与生产资料的分离"作为资本的劳动条件的存在,是既定的"。③ 并且,"资本主义生产过程在本身的进行中,再生产出劳动力和劳动条件的分离"。④ 它之所以如此,是通过

　　　　再生产出剥削工人的条件,并使之永久化。它不断迫使
　　　工人为了生活而出卖自己的劳动力,同时不断使资本家能够

---

　　① 《马克思恩格斯全集》第 44 卷,人民出版社,2001 年,第 21—22,93 页。
　　② Louis Althusser, *Essays in Self-Criticism* (London 1976), pp. 129, 202‑3,他在其中从功能的角度定位社会个体,他们作为具有结构性特性的"承担者"从而与经济结构相适应。
　　③ 《马克思恩格斯全集》第一版第 26 卷第 3 册,人民出版社,1974 年,第 299 页。
　　④ 《马克思恩格斯全集》第 44 卷,人民出版社,2001 年,第 665 页。

为了发财致富而购买劳动力。现在已经不再是偶然的事情使资本家和工人作为买者和卖者在商品市场上相对立。过程本身必定把工人不断地当作自己劳动力的卖者投回商品市场，并把工人自己的产品不断地转化为资本家的购买手段。

分离逻辑将阶级对抗性规定为一种去统一的社会统一关系——没有与被剥夺的劳动分离的资本，也没有与"形式上自由的劳动"当中必要劳动之占有相分离的剩余价值。也就是说，

资本以雇佣劳动为前提，而雇佣劳动又以资本为前提。两者相互制约；两者相互产生。一个棉纺织厂的工人是不是只生产棉织品呢？不是，他生产资本。他生产重新供人利用去支配他的劳动并通过他的劳动创造新价值的价值。①

商品必须作为价值而实现。

价值（无论它是作为货币还是作为商品而存在），而在进一步的发展中则是劳动条件，作为别人的所有物，作为自我的所有物，同劳动者相对立，这无非是说，它们是作为非劳动者的所有物同劳动者相对立，或者至少是说，在劳动条件的所有者是资本家的情况下，他也不是作为劳动者，而是作为价值等等的所有者，作为主体（这些物就是在这个主体上具有自己的意志，自己属于自己，人格化为独立的力量）同这些劳动条件相对立。②

––––––––––––––––––

① 《马克思恩格斯全集》第 44 卷，人民出版社，2001 年，第 665—666 页，第 667 页注释。

② 《马克思恩格斯全集》第一版第 26 卷第 3 册，人民出版社，1974 年，第 527 页。

资本在此表现为不可见的、抽象的力量——它是一种超越性的主体,它既不是这个也不是那个特定的东西,却同时支配着社会主体,仿佛它是它们的"命运"。这跟看不见的手的观念紧密相连,它是一种物化了的经济事物的调节性机制。马克思对商品拜物教的批判并没有反对看不见的手的现实性,这种调节规律持续不懈地调节着抽象财富的关系,这是通过对范围日益增大的资本和劳动之间的财产不平等的再生产实现的。的确,拜物教是现实的东西。它建立在加倍自由的劳动者的前提下,这对于商品形式来说也是必不可少的前提。

在建立了价值、价值形式、使用价值和交换价值、抽象劳动和具体劳动等范畴之后,马克思开始从作为货币的货币转化为作为资本的货币的角度推进其观点,着手分析劳动力的买和卖。他紧接着跟随自由劳动者走进工厂,分析了必要劳动和剩余价值之间的关系,分析工作日的组成部分。在此,资本安排自由劳动者工作,以便获取尽可能多的剩余劳动时间——事实上,这是对劳动者生活时间的占有,并试图将生活时间从整体上纳入劳动时间当中。"一切在这个基础上(建立在原始积累的基础上——作者注)生长起来的提高社会劳动生产力的方法,同时也就是提高剩余价值或剩余产品的生产的方法。"我们从剩余价值的生产得到剩余价值,再转化为资本。这种再转化"揭示"了平等交换的法则不外乎只是一种虚构:"所有权和劳动的分离,成了似乎是一个以它们的同一性为出发点的规律的必然结果。"另一方面,个别的资本家持续不断地"扩大自己的资本来维持自己的资本,而他扩大资本只能靠累进的积累",其面临的风险是破产。因此,通过竞争的调节,人格化的资本被迫行动。"作为价值增殖的狂热追求者,他肆无忌惮地迫使人类去为生产而生产",以至于"它在扩大被剥削的人身材料的数量的同时,也扩大了资本家直接和间接的统治"。① 总而言之,私有财产的法则意味

---

① 《马克思恩格斯全集》第 44 卷,人民出版社,2001 年,第 720,674,683—684页。

着"劳动能力占有的只是必要劳动的主观条件，——从事生产的劳动能力的生活资料，也就是劳动能力单纯作为同它的实现条件相分离的劳动能力再生产出来，——而且劳动能力使这些条件本身变成以他人的、实行统治的人格化的形式而同劳动能力相对立的**物，价值**"。① 资本主义的再生产，通过一方面把资本家作为生活资料的拥有者，另一方面出现加倍自由的劳动者，从而在更大的范围内再生产了阶级对立。它规定了自身的前提——这种前提从历史前提转化为被资本主义地组织起来的社会再生产方式的构成性前提。

通过最后转向对资本主义积累的分析，马克思指出："积累只是把**原始积累**中作为特殊的历史过程，作为资本产生的过程，作为从一种生产方式到另一种生产方式的过渡出现的东西表现为**连续的过程**。"②资本积累作为资本的集中，持续以其自身的方式进行着这个掠夺的过程。"一个资本家打倒许多资本家。"③同时，"资本家把他本身作为资本生产出来，也生产出同他相对立的活劳动能力。每一方都由于再生产对方，再生产自己的否定而再生产自己本身。资本家生产的劳动是他人的劳动；劳动生产的产品是他人的产品"。④ 先不论马克思分析资本主义积累历史趋势时那个极度雄辩的评价——"生产资料的集中和劳动的社会化，达到了同它们的资本主义外壳不能相容的地步。这个外壳就要炸毁了。资本主义私有制的丧钟就要响了。剥夺者就要被剥夺了"⑤——他的批判打开了整个经济范畴体系所赖以建立的分离逻辑，并揭示其崩溃的顶点。价值的强制力在价值规律当中消失了，一旦"发达的资本主义生产过程的组织"通过"经济关系的无声的强制"粉碎一切反抗，那么不仅将使得工人"自愿地出卖自己"，而且会持续不断地制

---

① 《马克思恩格斯全集》第 30 卷，人民出版社，1995 年，第 444 页。

② 《马克思恩格斯全集》第一版第 26 卷第 3 册，人民出版社，1974 年，第 299—300 页。

③ 《马克思恩格斯全集》第 44 卷，人民出版社，2001 年，第 874 页。

④ 《马克思恩格斯全集》第 30 卷，人民出版社，1995 年，第 450—451 页。

⑤ 《马克思恩格斯全集》第 44 卷，人民出版社，2001 年，第 874 页。

造出保持劳动力市场竞争性的"相对过剩人口"。价值规律如今表现为一种"劳动的供求规律"的自然经济规律。然而，合法化暴力的直接施加，国家的强制力，在面对极大不确定性的时候"固然还在使用，但只是例外地使用"。①

　　总而言之，分离"从原始积累开始，然后在资本的积累和积聚中表现为不断的过程，最后表现为现有资本集中在少数人手中和许多人丧失资本（现在剥夺正向这方面变化）"。② 在资本主义积累的过程当中，劳动力被货币所雇佣，这些货币在利润的形式当中，只会表现为过去由社会劳动所创造的剩余价值的币值形式。等价物之间的交换，将自身表现为"征服者的老把戏，用从被征服者那里掠夺来的货币去购买被征服者的商品"。③ 这种交换，如今也发生在将冗余或者在某些情况下过剩劳动力的个体所有者，转化为可被分解销售的实体物（bodily thing）的过程当中。④ 马克思关于加倍自由的雇佣劳动者的观念似乎已经被转换了。至少对越来越多的人来说，加倍自由的雇佣劳动者已经不仅仅是一种劳动商品。他也成为一种实体性的承担者，如同其他任何商品那样能够在市场上以普遍市场价格进行出售。它的历史存在根基转化为它自身显现的基本运动过程，在其中"在一极是财富的积累，同时在另一极，即在把自己的产品作为资本来生产的阶级方面，是贫困、劳动折磨、受奴役、无知、粗野和道德堕落的积累"。⑤ 在劳动力的购买者和剩余价值的生产者之间的平等交换当中，活劳动在其中介性的存在中作为更多的货币而消失了，"价值成了处于过程中的价值，成了处于

95

---

　　① 《马克思恩格斯全集》第 44 卷，人民出版社，2001 年，第 846 页。关于新自由主义思想排外力量的论述，参见本书第八章。

　　② 《马克思恩格斯全集》第 46 卷，人民出版社，2003 年，第 275 页。

　　③ 《马克思恩格斯全集》第 44 卷，人民出版社，2001 年，第 672 页。

　　④ 参见 Mariarosa Dalla Costa, 'Capitalism and Reproduction', in ed. Werner Bonefeld, Richard Gunn, John Holloway and Kosmas Psychopedis, *Open Marxism*, vol. III (London 1995), p. 12.

　　⑤ 《马克思恩格斯全集》第 44 卷，人民出版社，2001 年，第 743—744 页。

过程中的货币，从而也就成了资本"。①

结　论

通过将资本主义视为一种概念逻辑体系，新马克思阅读仍旧拘囿于事物的逻辑当中。我已经说过，"分离"是"资本真正的形成过程"。②它是资本主义社会关系的前提和历史基础。它在作为一种具体社会关系的资本概念当中举足轻重。最恰当地说，叙述的辩证方法将经济范畴的体系展开为这种（被打上历史痕迹的）概念的必然形式。资本原初起源的暴力是其商品交换关系"文明"形式的构成性内容。这种交换关系是由平等的法律主体之间平等交换的观念支配的，这些主体在不受强迫的自由之下订立契约，每个人都谋求自己的个人利益。价值规律在自由的概念体系内预设了价值强制力的存在。暴力隐藏在作为经济强制力的等价交换关系的文明形式背后。第五章将会从阶级的角度对此作进一步的论述。

---

① 《马克思恩格斯全集》第 44 卷，人民出版社，2001 年，第 181 页。
② 《马克思恩格斯全集》第一版第 26 卷第 3 册，人民出版社，1974 年，第 465 页。

第五章　阶级与阶级斗争：虚假的社会

导　言

　　根据阿多诺的说法，马克思虽然发现经济是"令人作呕"的，但是他还是着力研究它，这也构成了马克思"天才"的一部分。[1] 马克思并没有完成他的政治经济学批判，并且如阿多诺所判断的，他在《资本论》第三卷最后一章里，"停止于阶级理论的阐释过程中"。[2] 阿多诺的说法既是对的，也是错的。马克思的政治经济学批判并不完全等同于阶级的社会理论。它更多是导向对"资本"的批判，它将"资本"视为"以物为中介的人和人之间的社会关系"。[3] 阿多诺正确的地方在于，他认为马克思看起来并不能完成他论述阶级的章节，以至于马克思在"是什么形成阶级？"这个问题上戛然而止。[4] "形成"这个动词的使用，跟传统马

---

①　Theodor Adorno, 'Seminar Mitschrift of 1962', in Appendix to Hans-Georg Backhaus, *Dialektik der Wertform* (Freiburg 1997), p. 513.

②　Theodor Adorno, *Gesellschaftstheorie und Kulturkritik* (Frankfurt 1975), p. 15.

③　《马克思恩格斯全集》第 44 卷，人民出版社，2001 年，第 878 页。

④　《马克思恩格斯全集》第 46 卷，人民出版社，2003 年，第 1002 页。

克思主义那种试图发展出一整套关于阶级的权威定义的做法是尖锐对立的。[1]

在理解现实生活关系的基础上对理论的神秘性做出合理解释，这是马克思所强调的计划。如何在这个计划的框架内去定义"阶级"呢？对工人阶级的"定义"至少需要一个额外的定义，也就是对代表着另一个对立阶级的资本家进行定义。马克思的政治经济学批判主张，资本家是"作为人格化的、有意志和意识的资本"。把资本家和工人描绘为"经济范畴的人格化""一定阶级关系和利益的承担者"，意味着阶级不再是一个从阶级意识当中衍生出来的主观范畴。[2] 相反，它意味着阶级是一个虚假社会的客观范畴。

劳动力市场是一个神秘的机制：被束缚在工作中的阶级，被强制地自愿将其劳动力卖给那些生活资料的所有者。市场中，双方看似是平等的法律主体，他们都由合同法所约束，遵循等价交换的法则。马克思在论证时，假设了劳动力商品跟其他的商品一样是根据其价值出售的。劳动者并没有出卖其自身。他出卖的是他的劳动力。但是，劳动力的卖方并不能跟商品区分开来。这些商品为资本家所获取，他依凭他的权利去使用它们，拿来投资获利。对于劳动力的卖方来说，出卖的目的是通过工资收入来维持生计。对于劳动力的买方来说，它用于剩余价值的生产。因此阶级描绘出了"生产资料的所有者和剩余价值的生产者"之间的关系。[3] 我认为，阶级是一个针对整个资本主义财富体系的批判性范畴，这个财富体系以货币和更多货币之间的等价交换的形式表现出来。这种表现是真实的。在价值形式的外表中，作为不平等的价值（M … M'）之间的等价交换关系表现出来的是"从工人那里掠夺来

102

---

[1]　参见 Jürgen Ritsert, *Soziale Klassen* (Münster 1998) 以获得对这一尝试及其失败的有用说明。

[2]　《马克思恩格斯全集》第 44 卷，人民出版社，2001 年，第 10,178 页。

[3]　Dirk Braunstein, *Adornos Kritik der politischen Ökonomie* (Bielefeld 2011), p. 338.

的"剩余价值。① 或者如同阿多诺所说，价值形式的神秘特征存在于"剩余价值概念"当中。②

　　本章认为，对"阶级"的理解，只能够通过对"资本"的批判加以推进。我们把"资本"理解为"劳动条件的形式"。③ 普殊同指出，资本主义的"社会形式不能够完全从阶级范畴来把握"，因此任何反其道而行的尝试都将导致"对马克思批判的严重的社会学还原"。我的看法和他的不同。我认为阶级是一个非正当的财富体系及其生产的客观范畴。④ 它是"作为个体的资本家和工人在逻辑上和历史上存在的前提，并且也是各个社会劳动部门分配不均的基础"。⑤ 因此，它指的是一种社会关系，这种社会关系只能通过个体表现出来，却又独立于他们。它是整个神秘的经济力量体系的基础。在社会个人的背后，这种经济力量将自身表现为切断生活资料而带来的痛苦。换言之，成为一个高效的劳动者并不占有本体论上的优势位置，也就是工人阶级被视为历史进步的源泉。⑥ 相反，这"是一种不幸"。⑦ 对阶级社会的批判，其积极的解决方法只能够在无阶级的社会中找到，而在"更公平"的阶级社会中是绝无可能的。

---

　　① 《马克思恩格斯全集》第 44 卷，人民出版社，2001 年，第 688 页。

　　② Adorno, 'Mitschrift', p. 508.

　　③ 《马克思恩格斯全集》第一版第 26 卷第 3 册，人民出版社，1974 年，第 546 页。

　　④ Postone, *Time, Labor, and Social Domination. A Reinterpretation of Marx's Critical Theory* (Cambridge 1996), p. 153. 普殊同认为从价值的承担者中推出价值关系来，这是毫无意义的。我赞同他这个看法。他认为，真正有意义的，是对社会关系自动化为看似独立的体系结构和人类主体的批判性理解。如同我在第 4 章所主张的，普殊同切断了业已存在的社会关系与阶级关系之间的联系，他拘囿于传统的社会结构和社会行动概念，而争论不休的问题在于这些概念规定了其他的概念。普殊同选择把社会结构视为决定性的力量，他其实什么也没有解释，并与传统社会学保持一致。

　　⑤ Simon Clarke, *Marx, Marginalism and Modern Sociology* (London 1991), p. 118.

　　⑥ 参见 Erik O Wright, *Classes* (London 1985) 和 *Class Counts* (Cambridge 1997)。

　　⑦ 《马克思恩格斯全集》第 44 卷，人民出版社，2001 年，第 582 页。

论阶级和阶级划分

103　　在论述阶级的短小章节里，马克思回答了"是什么形成阶级？"这个问题。这是通过对另一个问题的回答完成的，也就是：是什么使雇佣劳动者、资本家和地主构成三个主要的社会阶级？[①] 马克思随即展示了给出任何明智回答的困难性：每一个职业都将构成自己的阶级群体，这一群体需要反复划分，才能把握每一类别的功能特征和社会经济作用的特殊性。[②] "阶级划分"与其特定的目的是相互矛盾的：阶级划分，是通过把社会关系划分为特征明显的几个部分而实现的。其带来的结果是，这个社会范畴的外延变大了，从而使得阶级划分的计划以产生了数量不可控的定义收场。定义在精确性的名义下，导致无数范畴的产生，而不是把问题变得更加明晰。这反过来导致更为普遍的阶级划分[③]，比如阶层或者收入基础，并在"精确性"无法达就的地方提供明晰性。比如，"收入"的观念作为一个揭示"阶级特征"的"工具"，毫无疑问在马克思"三位一体公式"那章当中饱受批评，这个观点在他论"阶级"的章节里有进一步发挥。的确，倘若阶级被理解为一种社会关系，那么根据经济地位、阶层、收入状况、社会地位和劳动力市场的形势来定义社会的个人，便"通过简单宣称它们的消极方面不存在"，而取消了"这些概

---

① 《马克思恩格斯全集》第 46 卷，人民出版社，2003 年，第 1002 页。

② 阶级和阶级分化，参见 Nicos Poulantzas, *Political Power and Social Classes* (London 1973)和 *Classes in Contemporary Capitalism* (London 1975)。对阶级分化作为特征明显的霸权计划基础的政治性解读，参见 Bob Jessop, *Nicos Poulantzas: Marxist Theory and Political Strategy* (London 1985)。对沿着此线索进行下去的批判，参见 Simon Clarke, 'Capital, Fractions of Capital and the State', *Capital & Class*, vol. 2, no. 2 (1978), pp. 32 – 77。

③ 这些一般的阶级划分在韦伯那里通常被称为理想型。

念的批判性功能",因为每个人都被实证地定位和区别出来。① 工人阶级的收入是其工资,其收入来源"工资"定义了工人阶级。这个思维的循环导致许多别的循环论证:资本的收入是利润,地主的收入是地租;那么由国家税收而供养的心理分析师,是不是就只是像工人那样是一个非生产性服务的提供者?② 所有的这些群体并不怎么与彼此发生关系(in relation with),而是与彼此相关联(in relation to)。他们外在地彼此发生关联。社会群体的概念并不能说明社会关系概念,社会关系概念也说明不了社会群体概念:相反,它表达着那些要么看似相互冲突③要么具有篡改能力的、外在关联着的事物。④ 把群体看成一种社会关系,这真的可能吗?

社会分层理论根据某些分析性的标准,例如收入水平、教育成就、生活水准等等,把社会的个人"划分"为这个或者那个社会群体的成员。在此,它试图把那些可观察的生活"事实"变得可理解,却没有把它们概念化为特定的社会关系的形式。相反,它将"符号"的"无意义的原始数据(raw sense data)"一般化为一个阶级划分的范畴,随后把它用到意指工人阶级的阶级划分当中。换言之,他们首先从经验可观察的"符号"中抽象出某个规范(norm)来,然后以它的名义来意指这些被评估过了的均质的符号。这个可经验观察的事实是,大量的人们为工作所累,并且通过工资收入的手段来维持生计。这个事实使得将"工人阶

104

---

① Theodor Adorno, *Lectures on History and Freedom* (Cambridge 2008a), p. 139.

② 马克思将生产性劳动和非生产性劳动视为批判性的范畴。它们揭示出,在资本主义环境当中,只存在一种劳动,那就是生产剩余价值的生产性劳动。

③ 比方说参见 Anthony Giddens, *The Consequences of Modernity* (Cambridge 1990),他认为社会包括特征明显的机构"复合体",其中每一个都在与另一个的相互冲突当中发展起来,包括经济复合体当中的劳资冲突,军事复合体当中的和平运动,管理复合体当中的人权冲突,工业复合体当中的生态冲突等等。在这个解释框架中,社会由多种相互冲突的群体的利益组成。

④ 参见 Louis Althusser, *Lenin and Philosophy* (New York 1971), pp. 160-5,此处论及界限分明的阶级地位可能被打乱。

级"划分为一种阶级的理想类型：他们是工作的阶级，随后他们又因其现实的工作而被确定下来。这个明显的同义反复理解作为一种数字游戏找到了它的合理性：传统的工人阶级，无论这个令人怀疑的范畴自身如何被定义，它都会或者不会消失。这个研究结果所找到的，并不是工人而不过是"雇员"，并且雇佣已然被可雇佣性（employability）①所取代。这是否意味着资本与劳动、劳动力的购买者和剩余价值的生产者之间的阶级对抗性已经被转化为不同的社会关系的序列以及社会财富的形式？②

　　在传统马克思主义的框架下，"阶级"是从其经济地位来定义的。某种争论也由此产生，它关乎工人阶级在生产过程当中的"定位"，关乎劳动力市场上的工人阶级相对于资本的"位置"，关乎剩余价值生产过程当中生产性劳动和非生产性劳动的"区分"，关乎脑力劳动和体力劳

---

　　①　从雇佣到可雇佣性的转移是最近发生的事情。在社会理论层面，Anthony Giddens, *The Third Way* (Cambridge 1998) 对其论证最为雄辩。可雇佣性意味着工人成为无产者这个概念的消失。相反，这个术语将工人规定为一种劳动力的承包者。Ulrich Beck, 'Die Seele der Demokratie', *Gewerkschaftliche Monatshefte*, no. 6/7 (1998), pp. 330 - 5 简明有力地道出其中事实，他主张工人是一种劳动力的雇佣者 (labour-force-employer)。这个主张可追溯到美国的新自由主义传统，后者将工人视为"人力资本"的投资者。比方说，参见 *Journal of Political Economy*, vol. 66, no. 4, pp. 281 - 302 (1958), vol. 68, no. 6, pp. 571 - 83 (1960), vol. 70, no. 5, Part 2, pp. 1 - 157 (1962)。在此传统之下，资本主义社会是投资者的社会。某些投资者投资生产资料，某些投资金融市场，某些投资劳动能力。在任何一种情况下，每个投资者都寻求以利润、利息和工资收入为形式的投资回报。可雇佣性这个术语既不承认被雇佣也不承认不被雇佣。它把工人视为劳动力的承担者，工人从这个工作"漂浮"到那个工作，为其人力资本即劳动力寻求更好的投资机会。论及于此，可参见 Werner Bonefeld, 'Human Economy and Social Policy', *History of the Human Sciences*, vol. 26, no. 2 (2013), pp. 106 - 25。

　　②　Ulrich Beck, *Risk Society* (London 1992), p. 100, 当他论及"阶级社会将在工业化了的雇佣者社会中变得式微"时，很好地论述了这一点。后来当他和他的合作者主张"男女之间的性别角色对抗矛盾"源自阶级斗争之后的"地位斗争"时，贝克澄清了他的立场。参见 Ulrich Beck and Elisabeth Beck-Gernsheim, *The Normal Chaos of Love* (Cambridge 1995), p. 2。似乎在贝克看来，他们性别斗争的意识刻画出这个新型社会地位关系的基本特征，这取代了生产关系。马克思的政治经济学批判并没有把阶级的存在归因为阶级意识。他分析的是社会组织社会再生产的方式。

动之间的区别,以及接续在物质性之后的非物质劳动的创造性等等。[①]
在这个理解方式里,最为尴尬的是有些社会群体并不属于两大主要阶
级当中的任何一方,既不属于工人阶级也不属于资本家阶级。并且,这
种尴尬的处境只是其中的一种。这所有的一切都期冀于引入一个新的
阶级划分的范畴,这个阶级处于两个被划定的对抗阶级的中间,也就是
中间阶级。再一次地,这个阶级根据收入和地位的差异、意识形态投
射、贴近工人阶级利益的程度、意识形态投射和社会地位的落后程度
等,在内部进行分层。在这个语境里,阶级斗争被看作一个工人阶级相
对于其他"阶级阶层(class strata)"的领导权的问题,前者领导后者以
便构建起类似于阶级联盟之类的东西。正是工人阶级在生产过程中的
位置,使得它更适合于担任自在(in-itself)革命阶级。为了成为"自为
(for-itself)"的阶级,它必须获得革命性的阶级意识,其前提是革命领
导权的问题。[②] 由于青睐使用进步性螺旋的话语,诸如阶级位置、阶级
联盟等等,传统马克思主义的阶级概念完全将工人阶级视为社会财富
的生产者,并认为它在生产过程中的位置赋予了其本体论上的优越性。

　　在其《三位一体公式》中,马克思提出了一个粗略的对古典政治经
济学提出的阶级理论的批判;并为现代社会学(包括传统马克思主义)
所共享。按照传统阶级理论的说法,社会阶级的构成,是由收益来
源——工资、地租和利润来决定的,这一点韦伯的社会学是从市场情况

105

---

　　① 关于非物质劳动,参见 Carlo Vercellone, 'From Formal Subsumption to
General Intellect: Elements for a Marxist Reading of the Thesis of Cognitive
Capitalism', *Historical Materialism*, vol. 15, no. 1 (2007), pp. 13 - 36。谈及工人阶
级的位置、地位和分裂,相关书目有 Poulantzas, *Political Power and Wright*,
Classes。而普殊同在《时间、劳动与社会统治》中,拒绝将赖特的阶级理论视为社会群
体的多样性图景,他无疑是对的。然而普殊同也青睐于这种版本的理论。参见
Postone, *Time, Labor, and Social Domination. A Reinterpretation of Marx's
Critical Theory*, pp. 314 - 16。

　　② 最近的一种解释,参见 Callinicos, 'Is Leninism finished?' *Socialist Review*,
January 2013; http://www. socialistreview. org. uk/article. php? articlenumber =
12210 (accessed 28 March 2013)。另见 Georg Lukács, *Lenin: A Study in the Unity
of His Thought* (London 1997)。

的角度来设想的。普殊同主张，马克思的理论"当然包括对阶级剥削和阶级统治的分析"。但是，他又说，政治经济学批判"不拘囿于研究资本主义内部财富和权力分配的不平等，以试图把握其社会构造和特殊的财富形式的本质"。他认为，政治经济学分析的是特定的劳动"系统"，这个系统"由商品和资本的社会形式所构成"；并且他还认为，这个系统，跟为了财富分配不公而展开的阶级斗争的生活世界是不相同的。①特里·伊格尔顿(Terry Eagleton)对阶级斗争的看法将阶级视角推向聚光灯下。对于伊格尔顿来说，阶级是"为剩余(the surplus)展开斗争"的范畴，他主张阶级斗争"很有可能一直延续到所有人都得到满足之前"。② 社会的阶级特征因此与特定的、对"稀缺"经济资源的阶级分配相关，这些资源是由劳动的结构系统所生产出来的。伊格尔顿在阶级斗争问题上的看法，其实落入了古典政治经济学的陷阱，马克思将其批判为"从工人那里掠夺来的赃物应该怎样在工业资本家和游手好闲的土地所有者等人之间进行分配才最有利于积累……的学究气的争论"。③ 阶级关系是资本主义财富形式的构成要素，并且它导致一种生活资料的所有者和无财产的剩余价值的生产者之间平等交换的表现；可是在政治经济学的传统中，这个批判性的观点从人们的视野中消失了。相反，它把资本主义的经济结构视为某种客观给定的社会发展的框架，在此框架内阶级斗争作为围绕财富系统的战利品而展开的斗争——多少付给工资，多少是资本家的利润？ 在传统中，作为结构上根植于社会力量的阶级的观念，是通过"自在阶级"这个术语所表达出来的。

"自在阶级"这个概念指的是资本主义的社会关系，这种社会关系被视为经济内在的客观关系。"自在阶级"不是一个从社会外部思考的

---

① Postone, *Time, Labor, and Social Domination. A Reinterpretation of Marx's Critical Theory*, pp. 153, 314, 153.

② Terry Eagleton, *Why Marx was Right* (New Haven 2011), p. 43.

③ 《马克思恩格斯全集》第 44 卷，人民出版社，2001 年，第 688 页。

范畴。相反,它是社会观察的范畴,从直接显而易见的事实中构建出来:某个阶级被工作所拘束,它靠工资过活,它是生产过程中的活劳动。因此,它是从劳动力市场的情形、对生产过程的贡献和凭借工资获得生活资料的角度来定义阶级的。① 也就是说,"自在阶级"并不是一个批判性的范畴。它的雇佣状况使得客观的状况完全没有被思维所把握。② 按照霍克海默的解释,同意将社会视为客观地被构造起来的东西,构成了独断论思维的盲点,这预先假定了社会存在和社会起源的分离。③ 阶级关系不能从预先假定的、对资产阶级社会和其经济法则的"剖析"中推导出来。这种推导将辩证的社会实践的概念转化为阶级划分的范畴,后者只是抽象地描述社会现实,而不告诉我们它究竟是什么。④

106

等价和剩余价值:论阶级和竞争

这些东西当然是存在的:中间阶级的市场形势、共同的道德和利益、工人阶级在财富的资本主义社会组织当中所占据的位置和地位、资本家被世界市场的竞争所驱使而去提高劳动的生产效率以保证不濒临破产……人口、国家、国家利益、超国家的阶级以及霸权的筹谋,这些范畴同样也是存在的。为了理解这些术语的概念性,我们必须找出得以理解这些概念运动的根本要素。这些概念是彼此区隔的、相互矛盾的、

---

① 更早的对马克思的引用如下:"使自在和自为互相分离、使实体和主体互相分离,这是抽象的神秘主义。"《马克思恩格斯全集》第 3 卷,人民出版社,2002 年,第 79 页。

② 参见 Max Horkheimer, *Kritische und Traditionelle Theorie* (Frankfurt 1992), p. 246。

③ Max Horkheimer, *Zur Kritik der instrumentellen Vernunft* (Frankfurt 1985), p. 84.

④ Adorno, *Gesellschaftstheorie*, chap. 6.

破碎而不连贯的、非社会的、对抗性的，也正因此是抽象财富强行铸就的社会性：不管是何种产品，它们都在谋求利润的期待中实现着等价交换。在劳动力市场上，劳动力的买卖双方是平等的法律主体，这个表象掩盖了他们最为基本的不平等。每个个体的钱袋子里，都装载着他们与社会的联系。劳动力的买方是生活资料的所有者。劳动力的卖方不受前者的人身拘束，通过出卖其工作能力以获取满足需要所必需的工资。经济的强制是自由的一种形式，这种自由通过持续不断的斗争保障其存在。

一种社会理论，只有当它从社会自身的存在模式去理解社会时，它才是批判的：社会财富由什么构成？为什么与自然的物质变换过程要采用钱生钱的形式？这种财富是如何生产以及被谁生产出来的？这些财富的社会必要性是什么？在这个概念的内部究竟潜藏着什么东西？以及对于财富的生产者来说，财富究竟储藏着什么？在平等的交换中是无利可获的。利润意味着价值当中的剩余部分，它是由生产过程当中的劳动者所产生的。在此处，劳动者仅仅是经济资源——用于剩余价值生产的"人身材料（human material）"。① "价值增殖"的社会性，以商品买卖双方平等交换的文明形式表现自身；在此，劳动者出卖他的劳动力以换取工资；作为买方的生产资料的所有者则将其视为牟利的手段。以分析性的手段来对工人阶级、其他社会阶级或者在社会学上被规定的阶层加以精确定义，那么所得出的工人阶级的概念将会是自相矛盾的。理查德·古恩（Richard Gunn）简明有力地指出：雇佣劳动者的双脚"仍旧深陷剥削之中，与此同时（他们的头）大口呼吸着资产阶级意识形态的迷雾"。② 马克思指出，这迷雾便是"天赋人权的真正伊甸园"——那里"占统治地位的只是自由、平等、所有权和边沁"。在其中，经济的强制性以非强制性的、平等法律主体之间平等交换的关系表现

---

① 《马克思恩格斯全集》第 44 卷，人民出版社，2001 年，第 684 页。
② Richard Gunn, 'Notes on Class', *Common Sense*, no. 2 (1987), p. 18.

出来，双方都根据价格信号作出回应，都增加其利益。① 劳动合同是资本主义自由最为卓越的表现形式：它将劳动力买卖的自由同剥削联结到一块儿。

阶级是活生生的矛盾体：这些矛盾不能被区分开来。任何反其道而行的尝试，将会把个体仅仅视为这种或那种阶级特性的承担者。阶级意味着一种社会关系，它虽然独立于个体，却凌驾于他们之上，使他们沦为被剥夺的、不得不依赖于成功地将自己的劳动力卖出才得以维持生计的、剩余价值的生产者。而交易的条件，又为资本积累率所规范，同时也为在这些劳动力与其他所有工人竞争的前提下，使得资本家能够获得利润的雇佣率所规范。阶级这个范畴，因此有着双重含义：它既涉及阶级统一的观念，这是阶级之间对抗性的集中表现；它也涉及阶级非统一（disunity）的观念，它是劳动力的卖者之间的竞争关系。统一与非统一一道构成了社会再生产的强制因素。在《资本论》中，马克思从劳动力商品的买卖中引出资本主义阶级关系来。可是事实上，"劳动力的买卖预设了作为买卖基础的强制力"。② 对于劳动力的卖者来说，被掠夺的原始暴力以劳动力市场当中彼此间文明的竞争形式表现出来。经济强制力既以为了获取工资收入、确保生活资料的日常斗争的方式表现出来，又以劳动力的卖方之间为了保持其收入不变的竞争形式表现出来。对于劳动力的卖方来说，竞争并不是某种抽象的经济法律。相反，它在不确定的劳动力市场以及确保其作为可持续雇佣之基础的雇员的可盈利性中得以被体验。阶级关系并不仅仅导致工资关系；相反，它通过工资关系得以维系。换言之，阶级对抗性的线索不仅仅在社会的个人之间展开，更重要的是它通过他们而展开。对于劳动力的卖方来说，合同自由意味着劳动力市场竞争的共同阶级体验。竞争不是一个社会统一的范畴，它是一个非统一的范畴。阶级社会以被

① 《马克思恩格斯全集》第 44 卷，人民出版社，2001 年，第 204 页。
② 引自 Braunstein, *Adornos Kritik*, p. 217。

个体化了的商品所有者的形式存在着，彼此寻求在竞争性的、性别和种族歧视的以及民族的劳动力市场当中维系自身。在此劳动力市场中，残酷竞争这个术语以各种各样的形式得以体验：从蓄意攻击到阶级团结，从贫困到集体性商谈，从黑帮谋杀到组织生存性援助的共同体形式，从破坏罢工到集体行动。

　　政治经济学批判并不把经济范畴设想为人格化了的阶级权力的形式。相反，它把资本概念地把握为社会关系，这种社会关系以看起来独立的经济力量的形式表现自身。因此，如同马克思在他论阶级的简短章节中所言："我们已经看到，资本主义生产方式的经常趋势和发展规律，是使生产资料越来越同劳动分离，使分散的生产资料越来越大量积聚在一起，从而，使劳动转化为雇佣劳动，使生产资料转化为资本。"①在马克思的批判中，我们很难联系到"阶级意识"。他的工人阶级和资本家的观念是"客观的"，因为雇佣劳动者和资本家都是社会世界的人格化（personifications）。这个社会世界以矛盾性的方式作为物与物之间的关系而持存着。阶级社会的法则，是"在消失中持存"的东西。②资本家的社会关系建立在被掠夺的劳动及其表现当中，而这种被掠夺在自由劳动者的形式里消失了。自由劳动者作为平等的法律主体，作为一个对自己负责的市民，受规则和法则的支配。私人的强制和依赖性在经济强制力的表象中消失了，"雇佣工人则由看不见的线系在自己的所有者手里"。③ 同样消失不见的，是资本积累的法则，它涉及对以资本形式存在的社会财富不断扩张的再生产，以尽可能大规模的失权劳动构成其永垂不朽的前提。同样消失不见的，还有社会劳动的资本形式，劳动者被视为剩余价值的生产性要素，而剩余价值则以由利润率所衡量的、竞争性的、世界市场的形式表现出来。

　　资本积累"丝毫不会改变资本主义生产的基本性质"。它持续不断

---

① 《马克思恩格斯全集》第 46 卷，人民出版社，2003 年，第 1001 页。
② Hans-Georg Gadamer, *Hegel's Dialectics* (New Haven 1982), p. 42.
③ 《马克思恩格斯全集》第 44 卷，人民出版社，2001 年，第 662 页。

地"再生产出规模扩大的资本关系"。① 资本不是一个"物",资本与劳动的立场也不是非此即彼。② 劳动者和资本家都是价值颠倒的现实的人格化。生活资料的所有者,从另一个人那里购买其劳动力,将它转化为劳动活动,以便使得他的投资能够下金蛋,他也可能因此遭受毁灭性的损失;而另一方将其劳动力卖给生活资料的所有者,以便获取工资收入而维系其生活,也就是说,他必须持续不断地出卖他的劳动力。一方以极大的勇气和决心来博取更高的工资和更轻的工作负担。另一方试图尽可能付出更低的薪酬并索求更高的生产效率以获取利润。阶级斗争永无止境,它属于资产阶级社会的概念。它将非统一的特征表现为虚假统一的条件。为了生存下去,劳动者不能够不靠出卖他的劳动力而活着,他的生活依赖于持续不断的资本积累;生活资料的所有者通过资本积累,将剩余价值取出和转化为经济活动,用之前的剩余价值来雇佣更多的工人。工人生命的延续存在于他的劳动的可获利性中,也就是,存在于劳动力的买方对其劳动性存在的有效剥削中。两者作为对立阶级的对抗性要素,每一方都预设了对方,每一方都生产了另一方,这不以他们的意志为转移,而是通过客观的社会过程得以实现。这个社会过程不仅仅凌驾于他们之上,而且通过他们表现出来。因此,资本家和雇佣劳动者"本身不过是资本和雇佣劳动的体现者,人格化,是由社会生产过程加在个人身上的一定的社会性质"。③ 换言之,感性活动不仅仅在经济事物的超感性世界中消失了,它也在其中显现出来——以标价的形式;在标价当中体现出来的,是被掠夺的剩余价值的生产者,他通过出卖其劳动力获取工资而维持生计。社会通过阶级斗争的方式来再生产自身,这种"绝对的生活动荡"既是为了获取生活资料,也是为了获取劳动时间以外的生活时间。阶级斗争是虚假社会的

109

---

① 《马克思恩格斯全集》第44卷,人民出版社,2001年,第708页。
② 参见《马克思恩格斯全集》第46卷,人民出版社,2003年,第921—942页。
③ 《马克思恩格斯全集》第46卷,人民出版社,2003年,第996页。

客观必然性。它从属于这个概念。①

劳动和剩余价值

　　马克思在批判经典的阶级概念时，提及了资本先生和土地太太幽灵般的行进，这个论述是建立在工作日期间对活劳动不间断消耗的基础上的。② 为了突出剩余价值生产过程，马克思假定劳动力的出卖者获得了表现其劳动力价值的工资。立足于两个所有者之间平等交换的基础，他进一步发展了剩余价值的概念，也发展了作为价值增殖规律的价值法则。劳动力的价值，如同其他任何商品的价值那样被决定着。也就是，决定于具体商品生产和再生产所必需的社会必要劳动时间，其中没有任何道德和历史的因素，却归因于阶级斗争的结果，并以各种形式表现出来，比方说，良好的工资水准和福利体系等等。③ 劳动者的生存依赖于成功售出他的劳动力，这跟平等交换的法则并不相悖。它仅仅关注的是在已经形成的自由形式中，"生活的纯粹不安"。

　　一旦劳动合同被签订，资本家便获得了在合同延续期间消费商品

---

　　① 参见 Holloway, *Change the World without Taking Power* (London 2002)和 *Crack Capitalism* (London 2010)，阶级斗争不仅仅属于资产阶级社会，它也属于资产阶级社会以外的社会。我认为问题的关键在于这个"之外"是什么。为了生存而展开的阶级斗争并不能预见未来。它包括对现存的社会财富关系的判断。参见 Horkheimer, *Kritische*, p. 244，该书论证道，社会批判理论导致"一种对存在的展开了的判断"。这个观念在黑格尔的理论体系中腾挪不休。在此，雇佣情况并不跟经济强制性相矛盾。相反，它认为，经济强制性不是什么抽象的观念。它是一种被体验到的"生命"范畴。论及于此，参见 Oskar Negt and Alexander Kluge, *Public Sphere and Experience* (Minneapolis, MN 1993)。

　　② 参见《马克思恩格斯全集》第 46 卷，人民出版社，2003 年，第 921—942 页。

　　③ 分配正义的社会主义观点关注的是其中作为正义社会之基础的道德因素。参见 Gerald A. Cohen, 'Where the Action Is: On the Site of Distributive Justice', *Philosophy and Public Affairs*, vol. 26, no. 1 (1997), pp. 3 - 30。富裕的工人并未拥有生活资料。按韦伯的说法，他们是他们自己劳动力的出卖者，他们获得了他们所愿意获得的市场条件。

的权利，劳动者让渡出他的权利。然而，劳动力商品和其他商品之间的
区别还是存在的。购买一个苹果便是要去消耗它。购买劳动力也是要
去消耗它。但是，劳动力商品是不能够跟其出卖者分开的。劳动力的
消费因此是对劳动者的消费。然而根据合同，所购买的不是劳动力的
出卖者，而只是其劳动力。根据自由的法则，法律主体依凭其自由意志
交换商品，奴隶制是不被允许的。劳动力的出卖者并没有把他整个人
出卖给最高的出价者。自由劳动者不会臣服于任何特定的人。相反，
他臣服于劳动力市场的自由。尽管如此，工人阶级"同死的劳动工具一
样是资本的附属物……他的独立性这种假象是由雇主的经常更换以及
契约的法律拟制来保持的"。① 作为独立的交换主体，劳动者完全对他
自己负责，这包括为了维持他人的存在而在工作日期间对劳动力消耗
的限制。资本家的权利，则是去消耗他业已获取的劳动力商品，这项权
利跟劳动者上述的权利是相对抗的。既然劳动者出卖的不是他自身而
只不过是他的劳动力，既然对其劳动力的耗费包含着对劳动者本人的
耗费，阶级斗争便是无休无尽的。马克思写道，在两种平等权利之间，
力量是裁决者。这力量包括亚当·斯密在强调罢工的无效性时所提及
的饥饿的力量，也包括马克思在分析围绕工作日而展开的斗争时提及
的国家的力量。②

　　财富的资本形式的阶级属性包含着明显的社会时间概念。社会时
间，一方面指的是社会必要劳动时间，它决定了劳动力商品的价值；另
一方面指的是劳动过程的时间，即资本主义财富生产过程的时间。在
此，劳动力被转化为现实的、以工作日的长度所衡量的劳动活动。这两
种时间是彼此不同的。阿多诺认为，劳动力的买和卖在根本上源于劳
动力的买方和剩余价值的生产者之间的社会关系，工作日便被分为两

111

---

① 《马克思恩格斯全集》第 44 卷，人民出版社，2001 年，第 661—662 页。
② Adam Smith, *An Inquiry into the Nature and Causes of the Wealth of Nations* (Indianapolis 1981), p. 91. Marx, *Capital*, vol. Ⅰ, p. 344.

种明显不同的时间性(temporalities)。① 在工作日的其中一部分,自由的劳动者"把他本身作为劳动能力生产出来,也生产出同他相对立的资本";在工作日的另一部分,他的劳动以资本的形式(也就是剩余价值的形式)增加了业已存在的社会财富。② 因此,工作日被分为两部分,一方面劳动生产出其劳动力价值,另一方面劳动者增加了业已存在的财富,后者根本上讲是免费劳动。一部分代表着再生产业已存在的社会财富的必要劳动时间,另一部分是创造剩余价值的剩余劳动时间,也就是获取利润的劳动时间。为了生产出剩余价值,必要劳动时间必须成为总的工作日的一部分,从而确定获取利润的剩余劳动时间的长度。生产时间是围绕着剩余劳动时间的分配而开展的阶级斗争的时间。③ 剩余劳动时间是资本主义财富的基础。"一切剩余价值⋯⋯实质上都是无酬劳动时间的化身。"④工人为了成为剩余价值的生产者,工人的必要劳动时间表现为资本主义财富生产的界限。

时间确实不只是金钱。它还是更多的金钱。工人的剩余劳动时间是利润的基础,资本家必须依靠利润而不致破产。为了价值中的剩余部分而劳动,是工人概念的内在本质,通过出卖其劳动力,工人将自身出卖为一件创造更多财富的、有生命的工具。在资本主义财富的概念中,劳动者是活生生的价值的具身化——他是时间经济学当中活生生的因素,也是剩余劳动的时间残骸,是一种获取利润的手段。在资本的概念当中,劳动者是未经偿付的剩余劳动时间的承担者。他属于某种财富体系,该体系将他的必要劳动时间定位为剩余劳动时间的竞争性基础。劳动只有作为剩余价值的手段才具有效用。劳动时间的损失是剩余价值的损失。为了获得利润,时间不能被浪费。

资本主义的财富依赖于全世界工人阶级必要劳动的投入,它也是

---

① Adorno, 'Mitschrift'.
② 《马克思恩格斯全集》第 30 卷,人民出版社,1995 年,第 450 页。
③ 我在第六章将讨论资本主义财富的时间问题。
④ 《马克思恩格斯全集》第 44 卷,人民出版社,2001 年,第 611 页。

剩余劳动的必要因素。必要劳动和剩余劳动之间的关系,即是工作日既各自独立又对抗性地相关联的两部分之间的关系。必要劳动是剩余劳动的基础,而剩余劳动意味着把必要劳动时间缩短为工作日的一部分。必要劳动时间和剩余劳动时间之间的关系,表现出劳动力购买者和剩余价值生产者之间的阶级关系。资本家试图延长劳动时间而缩减工人的生活时间(Lebenszeit),阶级斗争围绕这一点展开了。上述的阶级关系不止包括这些。根本说来,它包括围绕着因为剩余劳动时间的延长而缩短工人生活时间所开展的阶级斗争。在固定长度的工作日当中,必要劳动时间相对于剩余劳动时间的减少,是提高劳动生产率的功能结果,这主要是通过减少再生产所需求的社会必要劳动时间,降低了劳动力的价值。因此,相对于劳动力价值再生产所必要的劳动时间,剩余价值生产时间相对增加了。然而,劳动生产率的提高,也意味着生产个别的使用价值所需要的社会必要劳动时间越来越少。因此,在固定的时间段里,作为更多使用价值的物质财富增加了。但是,物质财富的增加,使得财富的资本主义形式面临一个问题:"随着物质财富的量的增长,它的价值量可能同时下降。"①换言之,伴随着劳动生产率的增加,商品生产的社会必要劳动时间减少了。其带来危机四伏的结果,以市场动荡、利润率下降、资本积累率下降(投资生产所获得的利润减少)的形式表现出来。这导致为了确保业已存在的价值不得不进行更为激烈的竞争,也因此促使人们为了提高劳动生产率,而试图把竞争建立在苦痛和毁灭的基础上。②

在寻求更多剩余价值而生产剩余价值的过程里,资本家并不由他的自由意志所决定,而是价值规律以竞争的形式促使他去采取决定。

---

① 《马克思恩格斯全集》第 44 卷,人民出版社,2001 年,第 59 页。
② 谈及资本主义再生产过程危机四伏的特征,参见 Simon Clarke, *Marx's Theory of Crisis* (London 1994)。Joseph Schumpeter's, *Capitalism, Socialism & Democracy* (London 1992)中提到资本主义财富的生产过程是承认其危机特征的"创造性的破坏过程"之一,并不假思索地将其规定为"创造性"的力量。参见该书第七章对资本主义危机的解释。

竞争的形式使得"资本主义生产方式的内在规律作为外在的强制规律支配着每一个资本家"。① 因此，为了维系其资本，他被迫"不断扩大自己的资本来维持自己的资本"，并且"只能靠累进的积累"。事实上，这使得工人阶级"不过是生产剩余价值的机器"，以及"资本家也不过是把这剩余价值转化为追加资本的机器"。② 对于劳动者来说，更多社会财富的创造是个二律背反：这个规律"由于社会劳动生产率的增进，花费越来越少的人力可以推动越来越多的生产资料，这个规律在不是工人使用劳动资料，而是劳动资料使用工人的资本主义的基础上表现为：劳动生产力越高，工人对他们就业手段的压力就越大，因而他们的生存条件，即为增加他人财富或为资本自行增殖而出卖自己的力气，也就越没有保障"。③ 换言之，劳动生产率的提高，并不必然意味着工作日的缩短。它只是必要劳动时间的缩短。④ 劳动生产率的提高以及劳动力后备军的增加，是一个硬币的两面，它们都通过缩短工人的相对于剩余劳动时间的必要劳动时间来产出利润。利润是资本主义社会财富中消失的环节。要维持营利就要求资本要持续不断地扩张，换言之，"资本自行增殖的秘密归结为资本对别人的一定数量的无酬劳动的支配权"。⑤

总的来说，对于工人而言，劳动生产率的提高意味着巨大的不幸。每次劳动生产率的提高，都缩短了劳动时间；但是就其资本主义的形式而言，它却增加了劳动时间。精密机器的引入减轻了劳动强度；但是就其资本主义的形式而言，则加剧了劳动强度。每次劳动生产率的提高都增加了生产者的物质财富；但是就其资本主义的形式而言，则令他们更加贫困。最重要的是，更高的劳动生产率将劳动解放出来，使得劳动成为多余的东西。但是比起缩短工作时间、在更短的时间内将所有的

---

① 《马克思恩格斯全集》第 44 卷，人民出版社，2001 年，第 683 页。
② 《马克思恩格斯全集》第 44 卷，人民出版社，2001 年，第 683,687 页。
③ 《马克思恩格斯全集》第 44 卷，人民出版社，2001 年，第 743 页。
④ 《马克思恩格斯全集》第 44 卷，人民出版社，2001 年，第 366 页。
⑤ 《马克思恩格斯全集》第 44 卷，人民出版社，2001 年，第 611 页。

劳动吸收进生产当中、将生活时间从"必然王国"中解放出来,那些被雇佣的人被更为剧烈地剥削,而那些剩余劳动力发现自己身处生产方式的转型期里——这种转型在"资本积累的金字塔"上将"人类机器"当作祭品。① 换言之,"社会的强制属性"将其自身表现为自然规律,它"从毛发到皮肤,吸收着我们每一个人"。② 然而,说资本家和劳动者都是经济范畴的人格化,并不意味着他们是同等被其背后的资本逻辑所奴役的。对于资本家来说,价值规律是获取巨大的社会财富的手段,而对于劳动者来说,它不只是经济强制性,不只是为了获取谋生的工资而参与的劳动力市场竞争,而且是他作为剩余价值的人类资源的存在形式。尽管资本家只不过是经济体系的人格化,它被假定面临破产的威胁,他还是"通过它来统治"。③ 社会劳动由资本家看不见的线索串联起来。的确,"实际上,工人在把自己出卖给资本家以前就已经属于资本了"。④ 并且,劳动力的买卖并没有违背等价交换的法则。尽管等价交换等价,但"其内容则是,资本家用他总是不付等价物而占有他人劳动的一部分";也就是说,"劳动力的持续买和卖,仅仅是属于流通过程的一种表面现象",有的只是"表面的交换"。尽管资本家被假定按照其价值购买劳动力,但用以交换工资的资本"只是不付等价物而占有的他人的劳动产品的一部分"。更进一步说来,工人以工资形式所获得的资本"不仅必须由它的生产者即工人来补偿,而且在补偿时还要加上新的剩余额"。⑤ 资本把雇佣劳动者预设为剩余价值的生产者;而雇佣劳动者不仅仅把资本家预设为劳动力的雇佣者,他还不得不依靠资本家购买其劳动才得以存活。他靠出售他的劳动力为生,并持续不断地"迫使工

114

---

① 该解释受费鲁乔·甘比诺(Ferruccio Gambino)启发,参见'A Critique of the Fordism of the Regulation School', in ed. Werner Bonefeld, *Revolutionary Writing* (New York 2003)。

② Adorno, *Gesellschaftstheorie*, p. 24.

③ Adorno, *Gesellschaftstheorie*, p. 19.

④ 《马克思恩格斯全集》第44卷,人民出版社,2001年,第666页。

⑤ 《马克思恩格斯全集》第44卷,人民出版社,2001年,第673页。

人为了生活而出卖自己的劳动力,同时不断使资本家能够为了发财致富而购买劳动力"。① 一方寻求生存,另一方寻求营利。"这就是所谓'资本生资本'。"②

阿多诺的观点是,资本家通过这些控制他的、颠倒的经济范畴来统治,意味着劳动与生活资料的分离,是在受到强制的剩余价值的生产者和生活资料的所有者之间的等价交换的形式当中才得以生效的。这种关系的对抗性特征在资本积累的过程中表现自身,在这过程里,"工人阶级总是用他们这一年的剩余劳动创造了下一年雇用追加劳动的资本"。③ 阶级关系不仅仅包括拥有生产资料和不拥有生产资料的人之间的社会对抗性。它还包括用金钱对劳动力的购买,这些金钱来自上一年未经偿付的劳动为生活资料的所有者所创造的财富。换言之,资本"按其本质来说,它是对无酬劳动的支配权"。④ 阶级对抗并不是资产阶级社会的一个环节。相反,它建立在阶级对抗上面,"通过它"而再生产自身。⑤

结论:阶级和批判

阶级首先不是一个意识范畴。它是社会客观性的颠倒形式的范畴。在工人人格中,资本为了实现抽象财富的持续积累,跟"人身材料"相遇了。⑥ 工人是"人格化的劳动时间"的活生生的载体,并且事实上,这种劳动时间是剩余价值生产的剩余劳动时间。⑦ 劳动者跟生活资料

---

① 《马克思恩格斯全集》第 44 卷,人民出版社,2001 年,第 666 页。
② 《马克思恩格斯全集》第 44 卷,人民出版社,2001 年,第 672 页。
③ 《马克思恩格斯全集》第 44 卷,人民出版社,2001 年,第 672 页。
④ 《马克思恩格斯全集》第 44 卷,人民出版社,2001 年,第 611 页。
⑤ Adorno, *Negative Dialectics*, p. 337.
⑥ 《马克思恩格斯全集》第 44 卷,人民出版社,2001 年,第 684 页。
⑦ 《马克思恩格斯全集》第 44 卷,人民出版社,2001 年,第 281 页。

的分离,内含着经济强制性的共同阶级经验,这种强制性迫使其将劳动力出卖给"未经偿付的劳动时间"的"指挥者",而后者及时地将它们转化为货币形式用以购买其他的人。经济强制性以劳动力市场中的自由的形式而存在着,这表现出阶级统一性和集体行动的共同阶级经验。它同时也表现了劳动力市场的非统一性的共同阶级经验:每个个别的劳动力卖方都跟其他卖方为了能被雇佣而竞争不息,因为那是他们得以获取生活资料的手段。

　　原始积累,这种把主人从农奴中解放出来,把农奴从主人中解放出来的斗争,构成了资本与劳动的关系。因此,并非"阶级实践从颠倒的社会形式中产生"。① 阶级斗争也是"**阶级的基本前提**"。② 一旦劳动与生产资料相分离,一旦生存被视为理所应当,资本主义的社会关系便以**抽象的市场结构**的形式表现出来,而此结构的经验性现实则通过阶级斗争得以调节。③ 在这个解释中,社会阶级注定要承担起阶级划分的任务。④ 但是,这样的经济上的抽象并不存在,除非作为一种"颠倒的(verrückte)"社会关系的消极本体论。"正是在最后的、最间接的形式上……资本的不同形态表现为生产的实际因素和直接承担者。生息资本在货币资本家身上人格化了,产业资本在产业资本家身上人格化了,提供地租的资本在作为土地所有者的地主身上人格化了,最后,劳动在雇佣工人身上人格化了。"这些都作为"一些在独立的个人身上人格化

---

① Helmut Reichelt, 'Social Reality as Appearance: Some Notes on Marx's Concept of Reality', in *Human Dignity. Social Autonomy and the Critique of Capitalism*, ed. Werner Bonefeld and Kosmas Psychopedis (Aldershot 2005), p. 65.

② Gunn, 'Notes on Class', p. 16. 另见 Clarke, *Marx*, *Marginalism*。

③ 雅克·比岱对《资本论》的结构主义解释无比机智地发展了这个观念。参见 Bidet, *Exploring Marx's Capital: Philosophical, Economic and Political Dimensions* (Chicago 2009)。普殊同的解释也得出相同的结论。

④ Louis Althusser, *Essays in Self-Criticism* (London 1976), pp. 129, 202-3, 因此他将社会个人等同于其功能,使得他们符合经济结构,并将他们视为结构特征的"承担者"。

了的固定形态"进入竞争过程。① 在物与物的关系中，在商品与商品的关系中，劳动的社会生产力是"看不见的"。社会个人表现为特征鲜明的社会群体的成员，这些群体在一个抽象的市场框架中活动。这些社会个人把资本的"由魔法控制的世界（bewitched world）"刻画为自动的社会主体。② 它是经济范畴人格化的"由魔法控制的世界"：竞争社会学的系统理论和社会行动的理论，或者就经典马克思主义的传统看来，经济结构和人类主体的辩证运动过程，试图通过阶级划分的分析性范式而掩盖其踪迹。

本章认为，"阶级"是虚假社会的批判性概念。这个概念意味着，被掠夺的劳动者本质上被视为未经偿付的劳动时间的、自我负责的人格化。阶级自在地（in-itself）作为一种价值规律的人格化之间的对抗性关系而存在。因此，它同样"自为地（for-itself）"存在着，因为物与物之间的关系预设了预先存在的分离行动，这种分离是由"活动的人类（active humanity）"在其阶级区分的社会实践当中被再生产出来的。并不是物与物之间自己发生交换关系，也不是生产的强制性力量自然而然地剥削劳动。之所以如此，是因为阶级没有自在自为地存在着。它以"与自身相对（against itself）"的方式存在着：一方面，作为一种颠倒的社会范畴；另一方面，作为自身对象化了的世界的存在前提。③

---

① 《马克思恩格斯全集》第一版第 26 卷第 3 册，人民出版社，1974 年，第 571—572 页。

② 《马克思恩格斯全集》第一版第 26 卷第 3 册，人民出版社，1974 年，第 516，571 页。

③ 在阿多诺《否定的辩证法》的话语中，"活生生的前提"是（经济）概念中无概念性的内容。参见其第三章。

第六章 时间就是金钱:抽象劳动

导 言

　　抽象劳动是政治经济学批判的核心概念——它是生产价值的劳动。马克思对抽象劳动的解释是矛盾的。[①] 一方面,他将抽象劳动视为"社会劳动的特有方式"。[②] 它的实现"纯粹是社会的",并且以"商品同商品"[③]的社会关系表现出来。另一方面,在生理学意义上,马克思将抽象劳动定性为"人的脑、肌肉、神经、手等等的生产耗费"。[④] 从生

---

　　① 参见 Michael Heinrich,'Reconstruction or Deconstruction?' in ed. Riccardo Bellofiore and Roberto Fineschi, *Re-reading Marx. New Perspectives after the Critical Edition* (London 2009); Helmut Reichelt, *Neue Marx-Lektüre. Zur Kritik sozialwisschenschaftlicher Logik* (Hamburg 2008)。这个新解读承认马克思对抽象劳动的社会形式分析的重要性,并试图将它与马克思的自然主义的定义协调起来,从而损害了概念批判性。普殊同承认作为社会具体劳动的抽象劳动的关键作用,并且从体系的角度予以分析,这是他在将资本主义视为劳动调节的(labour-mediated)社会再生产体系的理论框架中作出的。

　　② 《马克思恩格斯全集》第31卷,人民出版社,1998年,第422页。

　　③ 《马克思恩格斯全集》第44卷,人民出版社,2001年,第61页。

　　④ 《马克思恩格斯全集》第44卷,人民出版社,2001年,第57页。

理学角度来看，抽象劳动即如伊藤诚（Makato Itoh）所说的，是一种自然财产，它包括"适用于所有社会形式的一般经济规范和规则"。在资本主义社会中，它"内在于商品"并且以劳动时间作为衡量标准。[①] 由此看来，抽象劳动指明了生产中人类能量的耗费。马西莫·德·安戈里（Massimo de Angelis）也将抽象劳动定位到生产过程中。[②] 然而，他将抽象劳动视为资本主义生产方式下特定的劳动形式，这种劳动形式是由围绕着对劳动过程的控制而开展的阶级斗争历史所决定的，从而导致劳动持续不断地去技艺化（deskilling）。因此他是从一般劳动的角度考察抽象劳动的，这种一般劳动能够被运用于各个劳动过程，不管其特定产品是什么。它之所以是抽象劳动，是因为它是从特定的工作内容中抽象出来的，因此其属性是真正普遍的。[③]

不同于这些理解，本章将抽象劳动视为被社会决定的、资本主义生产方式下特定的劳动形式，它通过交换而非肌肉和神经的劳动显现出来；并且，其概念中处于支配地位的物质性，也并不是什么可见的实体。相反，它由价值时间（time of value）组成，也就是社会必要劳动时间。对抽象劳动的这种理解，可以追溯到伊萨克·鲁宾（Isaak Rubin）论述价值的作品，它在 20 世纪 70 年代早期被重新发现。鲁宾认为：

122

以下二者必居其一：倘若抽象劳动在生理形式上是人类

[①]   Makato Itoh, *The Basic Theory of Capitalism. The Forms and Substance of the Capitalist Economy* (London 1988)，pp. 116，114.

[②]   Massimo de Angelis, 'Beyond the Technological and the Social Paradigms： A Political Reading of Abstract Labour as the Substance of Value'，*Capital & Class*, vol. 19， no. 3（1995），pp. 107 - 34. Massimo de Angelis, 'Social Relations, Commodity-Fetishism and Marx's Critique of Political Economy'，*Review of Radical Political Economics*，vol. 28，no. 4（1996），pp. 1 - 29.

[③]   De Angelis apart，另见 Harry Braverman, *Labour and Monopoly Capital* (New York 1974)；Jean-Marie Vincent, *Abstract Labour： A Critique* (London 1991)。霍克海默和阿多诺在《启蒙辩证法》的《反犹主义要素》中，以类似的角度理解抽象劳动，将其描述为"从战场到书斋，将特殊的能量普遍地抽象为一，抽象为劳动的抽象形式"。

能量的耗费，那么价值便有了物化—物质（reified-material）的
特征。又或者，价值是一种社会现象，那么必须也把抽象劳动
理解为一种社会现象，它跟既有的社会生产方式联系在一起。
将作为生理学概念的抽象劳动和作为它所创造之价值的历史
特征协调起来，是绝不可能的。①

对于批判传统来说，"从劳动力生理耗费的角度来规定抽象劳动，
此举将导致对价值概念的粗陋理解，并造成价值创造劳动的社会特征
维度的丧失"。② 因此德·弗洛伊（De Vroey）拒绝抽象劳动的生理学
定义：它是一种"资本主义社会现实的自然变形"；他认为这种定义是将
马克思的价值理论当作了改良版的李嘉图劳动价值论。③

李嘉图的劳动价值论并未在具体劳动和抽象劳动之间作出区分。
相反，它将劳动视为一种在所有社会都毫无差别的范畴。④ 资本主义
下的劳动形式通过"这种"劳动表现出来：它"是指人借以实现人和自然
之间的物质变换的人类一般的生产活动，它不仅已经脱掉一切社会形
式和性质规定，而且甚至在它的单纯的自然存在上，不以社会为转移，
超越一切社会之上"。⑤ 资本主义的劳动由于其具体的、生产使用价值
的特征，看起来似乎是超历史的。但是，这种具体的、生产使用价值的
劳动并非生产资本主义财富的劳动。生产商品交换价值的劳动是抽象

①　Isaak Rubin, *Essays on Marx's Theory of Value* (Detroit 1972), p. 135.

②　Michael Eldred and Marnie Hanlon, 'Reconstructing Value-Form Analysis', *Capital & Class*, vol. 5, no. 1 (1981), p. 40.

③　Michel de Vroey, 'On the Obsolescence of the Marxian Theory of Value', *Capital & Class*, vol. 6, no. 2 (1982), p. 44.

④　在马克思主义经济语境中的相关内容参见 Maurice Dobb, *Political Economy and Capitalism* (London 1940)和 Ernest Mandel, *The Formation of the Economic Thought of Karl Marx* (New York 1971)。对它的批判，参见 Postone, *Time, Labor, and Social Domination. A Reinterpretation of Marx's Critical Theory* (Cambridge 1996), pp. 43 – 58.

⑤　《马克思恩格斯全集》第 46 卷，人民出版社，2003 年，第 923 页。

劳动。劳动的资本主义形式直接就是社会劳动，因为它是为了交换而生产，劳动创造的价值因此就是交换价值。交换价值并不是内在于单个商品的东西。它是一种"社会价值"。在生产过程中延伸出来的劳动的价值有效性因此是建立在交换之上的。[①] 有别于将抽象劳动视为一种超历史的经济生产之物质性活动的生理学定义，创造价值的劳动是历史的具体的。后者由马克思所称的"劳动二重性"所组成，它既包括具体劳动也包括抽象劳动。劳动包含着"批判地理解问题的全部秘密"。[②] 的确，商品拜物教"来源于生产商品的劳动所特有的社会性质"。[③] 普殊同因此认为，政治经济学批判并未从劳动的角度批判资本主义。相反，它走向对劳动本身的批判。[④] 本章将此洞见深化为对劳动二重性的批判。对于马克思来说，"对事实的全部理解的基础"必须取决于它。[⑤]

对劳动二重性的理解有赖于对抽象劳动的理解。马克思从被自然化了的抽象劳动的概念到将它描述为纯粹的资本主义劳动形式，态度都徘徊不定。最近，阿塞尔·克谢洛夫(Axel Kicillof)和古伊多·斯塔罗斯塔(Guido Starosta)为抽象劳动的生理学概念提供了一种强有力的辩护：他们在资本主义中发现一个超历史的范畴，并通过价值形式"再现"出来。接下来一节将介绍他们对此的解释，并评析他们对于安戈里和亚瑟的批判。后两者，出于不同的原因，将抽象劳动视为特定的

123

---

①　关于这一点，尤其参见 Reichelt, 'Social Reality as Appearance：Some Notes on Marx's Concept of Reality', in ed. Werner Bonefeld and Kosmas Psychopedis, *Human Dignity. Social Autonomy and the Critique of Capitalism* (Aldershot 2005)；Michael Heinrich, *An Introduction to the Three Volumes of Karl Marx's Capital* (New York 2012)。

②　《马克思恩格斯全集》第一版第 32 卷，人民出版社，1974 年，第 12 页。

③　《马克思恩格斯全集》第 44 卷，人民出版社，2001 年，第 90 页。

④　例如，参见 Postone, *Time, Labor, and Social Domination. A Reinterpretation of Marx's Critical Theory*, pp. 58ff。

⑤　《马克思恩格斯全集》第一版第 31 卷，人民出版社，1972 年，第 331 页。

资本主义范畴。这三种解释代表了抽象劳动问题之争的光谱。① 尽管马克思在自己文本中的描述有些矛盾，本章最后一节还是将抽象劳动理解为资本主义下特定的劳动形式，它用以表达一种完全不可见的实体——社会必要劳动时间。

抽象劳动及其社会形式

阿塞尔·克谢洛夫和古伊多·斯塔罗斯塔将抽象劳动视为人在自然中新陈代谢的物质基础。人类必须同自然发生交换，这两位学者便将此种交换过程描述为"劳动的类的规定性"（generic determination of labour）。然而，人类必须与自然发生交换的事实并未涉及生产方式，更不用说抽象劳动的可能性。劳动的现实总是具体的。因此，他们主张抽象劳动超历史的属性在迥然各异的生产方式中各有不同的表现。其超历史的物质性因此通过历史的、具体的社会形式实现。所以在资本主义中，抽象劳动涉及"一种类的物质性规定和一种作为价值实体的历史的、具体的角色"。他们进而主张，"现实的'真正的'（the real 'genuine'）政治经济学批判对象，并不是在纯粹的社会形式领域，而是人类生活的物质性同其被历史规定了的社会形式之间的矛盾统一体"。由此，他们将把抽象劳动视为一种一般的经济学范畴，它在资本主义中表现为抽象社会财富和价值的历史特定劳动。②

---

① 有关这些针锋相对的解释的辩论，参见 Werner Bonefeld, 'Debating Abstract Labour', *Capital & Class*, vol. 35, no. 2 (2011), pp. 475 - 79, Guglielmo Carchedi, 'A Comment on Bonefeld's "Abstract Labour"', *Capital & Class*, vol. 35, no. 2 (2010), pp. 307 - 9, 以及 Axel Kicillof and Guido Starosta, 'On Value and Abstract Labour', *Capital & Class*, vol. 35, no. 2 (2010), pp. 295 - 305。这章的源头可回溯到 Werner Bonefeld, 'Abstract Labour: Against its Nature and on its Time', *Capital & Class*, vol. 34, no. 2 (2010), pp. 257 - 76。

② Axel Kicillof and Guido Starosta, 'On Materiality and Social Form', *Historical Materialism*, vol. 15, no. 3 (2007), pp. 23, 24, 34 - 5.

他们的阐述只集中在抽象劳动的资本主义形式上，这将其论证引向作为价值实体的历史的、具体的存在，也引向一般生产的超历史的物质性。这带来的问题是：这个论断是否揭示了抽象劳动的本体论，或者说是否将资本主义经济范畴自然化了？对于斯塔罗斯塔来说，抽象劳动包括在生产和自然交换中身体能量的耗费；这个过程不关乎具体的目的，只是纯粹"肉身权能"（corporeal power）①的耗费。作为人类能量的生理学意义上的耗费，劳动表现为一种不以"这种"劳动的时间和内容为转移的、永恒不变的经济铁律。伊藤诚在这一点上说得再清楚不过："现代资本主义商品经济的发展，使得对'这种'劳动的承认成为可能。但是，一旦获得了承认，这种承认便能够被运用于其他的社会构型中去。"②因此，类似于结构主义的解释，马克思对资本主义的分析也被当作对一般历史规律的发现，并且在抽象劳动的分析中建立起它本体论上的意义。伊藤诚说，马克思承认这种基础性的条件："在劳动生产过程的分析中，人在自然中的新陈代谢是一般的经济准则。"③既然抽象劳动被视为人类存在的自然条件，从根本上来说，对它的批判必然导致对作为一种社会合理化的"相似"（as if）的资本主义形式的批判。

倘若抽象劳动真的是身体能量的耗费，那么它的确可以干脆利落地用精密的生理学术语来定义。也就是，"肌肉燃烧糖分"（muscles burn sugar）④。自古以来，肌肉就始终在燃烧糖分，并且今后也还会继

---

① Guido Starosta, 'The Commodity-form and the Dialectical Method', *Science and Society*, vol. 72, no. 3 (2008), p. 31.

② Itoh, *Basic Theory*, p. 114.

③ Itoh, *Basic Theory*, p. 121.

④ Wolfgang Fritz Haug, *Vorlesungen zur Einführung ins 'Kapital'* (Hamburg 2005), p. 108. 豪格将抽象劳动从生物学上定义为糖分燃烧是恰当的，这点仅仅是就其自然属性而言。另见 Guglielmo Carchedi, 'The Fallacies of "New Dialectics" and Value-Form Theory', *Historical Materialism*, vol. 17, no. 1 (2009), pp. 145-69，该文对抽象劳动粗鄙的生物学定义使得他认为抽象劳动的价值规定性必须跟生产过程中卡路里的消耗联系到一起，这跟用劳动时间来衡量的方式是相悖的——商品中每小时被植入了多少卡路里呢？肌肉燃烧糖分的解释并不能解释任何社会形式。

续燃烧下去,这跟历史进程毫不相干——正因此,身体能量的损耗看似
与各种具体的目的以及各种不同的生产方式毫不相干,所以它是真正
抽象的。对于克谢洛夫和斯塔罗斯塔来说,生理学的规定性是

> 对抽象劳动唯一的有意义的规定;具体来说,这种规定是
> 纯粹的物质形式,当中不存在任何社会或历史的具体性。然
> 而,当其自主而独立地被表现出来以及在劳动产品的自然物
> 质性中被凝固下来时,这种纯粹的物质形式获得其商品价值
> 的形式,即一种"没有一个物质原子"包括在内的纯粹的社会
> 形式。

这就不难理解他们对鲁宾分析方式的批判了。鲁宾并没有发问,
在资本主义中"生理学意义上的"劳动如何"在价值层面变得具体"。他
的错误在于"在显而易见的'事实'面前止步不前,认为不同的具体劳动
之间的一致性包含着一种生理的或者物质的规定"。① 因此,有必要将
抽象劳动的社会形式回溯到它的自然基础上,这种自然基础不包含任
何社会和历史的具体性。

克谢洛夫和斯塔罗斯塔坚持认为,将抽象劳动当作价值实体概念
"无法回应'生产'商品的'劳动的具体社会特征'所提出的问题"。它仅
仅告诉我们"在价值形式中被社会承认的物质规定性"。简而言之,"将
价值还原为实体的分析方式"仅仅揭示了抽象劳动在资本主义当中的
表现②——它没有告诉我们任何有关其"类的物质性"③的内容。在此
二人看来,马克思在《资本论》的开篇便发现了这种物质性,他告诉我们

125

---

① Axel Kicillof and Guido Starosta, 'On Materiality and Social Form', pp. 34 -
5, 22.

② Kicillof and Starosta, 'On Materiality and Social Form', p. 22.

③ Kicillof and Starosta, 'Value Form and Class Struggle', *Capital & Class*,
vol. 31, no. 2 (2007), p. 16.

"在任何社会形式中人类生产性地耗费其物质力量"。① 由此斯塔罗斯塔认为，马克思在《资本论》的开篇并不关心"商品的共同属性"，也不关心具体的资本主义的财富形式。"相反，他在寻找（即还未展开论述）可将商品之潜在属性定义为社会财富之历史形式的具体规定。"②也就是说，马克思不是将资本主义社会关系概念化，而是要找到一般的、超历史的劳动属性。按照斯塔罗斯塔的说法，马克思在抽象劳动中找到了这些属性——工人劳动服从自然规律，劳动的耗费就是人类能量的耗费；其中，人类能量又是在跟自然的交换中耗费的。所以斯塔罗斯塔主张，马克思"（发现了）在《资本论》第一页作为劳动之本质登场的抽象劳动"。③ 斯塔罗斯塔写道，这种"对（被凝固下来的）抽象劳动的分析发现，揭示出……在资本主义社会中，被以价值形式社会地表现出来的东西的物质规定性"。换言之，在发展出资本主义的诸多范畴之前，马克思首先试图"发现"它们的本体论基础；而据说他在"生产性劳动"的"一般特征"中首先找到了，也就是"抽象劳动"。④ 马克思因此被视为发现了资本主义财富的来源在于某些非资本主义特性的东西：显而易见的劳动的超历史物质性，其自然本质，其作为"无差别的人类劳动，即不论其耗费形式的人类劳动"的一般存在。一旦马克思发现抽象劳动超历

---

① Starosta, 'The Commodity-form and the Dialectical Method', p. 31. 无论用什么标准来看，这都是个无用的发现。不同于自然的一般历史法则的抽象物质性，政治经济学的范畴必须从现实的生活关系中抽象出来。历史唯物主义不是社会的形而上学，它不是某种抽象的经济自然的存在和生成。

② Starosta, 'The Commodity-form and the Dialectical Method', p. 25.

③ Starosta, 'The Commodity-form and the Dialectical Method', p. 21. Fred Schrader, *Restauration und Revolution* (Hildesheim 1980) 认为马克思从本雅明·富兰克林那里发展了这些范畴。不同于《大纲》中直接的劳动范畴，后来抽象劳动的范畴指向不同质之间的具体劳动的等价性。这是富兰克林所不能预见的，以及追随施拉德（Schrader）的脚步，正是在其语境下马克思将其早期的一般劳动或者直接劳动的概念搁置一旁，将抽象劳动概念发展为纯粹的社会形式。在同一个地方，普殊同说得很明确，不同于马克思主义的经济学，也不同于在任何情况下经济自然的本体论概念，《资本论》的第一页就提出了马克思资本主义批判理论的显著特征，Postone, *Time, Labor, and Social Domination. A Reinterpretation of Marx's Critical Theory*, p. 56。

④ Starosta, 'The Commodity-form and the Dialectical Method', pp. 16, 28.

史的物质性,他便能将商品形式推导为人类能量之生产性耗费的资本主义"表现"。对于克谢洛夫和斯塔罗斯塔来说,商品形式的推导牵涉到对"特定的工人阶级革命行动的社会规定性"的分析;革命行动看起来是要实现这种人类能量损耗的生活方式的社会主义本质。[1]

与此相较,安戈里和亚瑟都主张:抽象劳动是劳动的特殊社会形式,它没有超历史的有效性。马西莫·德·安戈里强调把抽象劳动视为阶级斗争的一种形式。如同克谢洛夫和斯塔罗斯塔那样,他反对鲁宾那种认为抽象劳动在交换中得以建立的价值批判理论。相反,他认为劳动的抽象特征是"资本主义劳动特征的直接结果"[2]。抽象劳动在生产环节被耗费,并且被"强加于"工人身上。[3] 围绕着抽象劳动之强迫接受而进行的阶级斗争导致了具体劳动日渐同质化的趋势,这是通过去技艺化和用机器替代活劳动的方式实现的。德·安戈里因此将抽象劳动视为在生产中无差别的劳动耗费。同时他也将抽象劳动设想为一种从工人及其主体感受(例如工作的单调)相关联的生活经验中得出的抽象。德·安戈里混淆了特定形式的具体劳动和抽象劳动两个概念。克里斯·亚瑟在他评述布拉维曼(Braverman)将抽象劳动视为单调、重复和无差别劳动的理论时,也提出了类似的批评。亚瑟认为,单调的流水线工作是单调的具体劳动,而非抽象劳动。[4] 德·安戈里所

---

[1] Axel Kicillof and Guido Starosta, 'On Materiality and Social Form', *Historical Materialism*, vol. 15, no. 3 (2007b), p. 41.

[2] de Angelis, 'Social Relations, Commodity-Fetishism and Marx's Critique of Political Economy', *Review of Radical Political Economics*, vol. 28, no. 4 (1996), pp. 18 - 19.

[3] de Angelis, 'Beyond the Technological and the Social Paradigms: A Political Reading of Abstract Labour as the Substance of Value', *Capital & Class*, vol. 19, no. 3 (1995), p. 111.

[4] Chris Arthur, 'Value, Labour, and Negativity', *Capital & Class*, vol. 25, no. 1 (2001), pp. 15 - 39. Braverman, *Labour and Monopoly*. 参见 Geoff Kay and James Mott, 'Concept and Method in Postone's *Time Labour and Social Domination*', *Historical Materialism*, vol. 12, no. 3 (2004), pp. 169 - 87, 这为我们简明地解释了抽象劳动为什么没有具体的存在条件。

讨论的劳动是一般劳动或者直接的劳动（labour *sans phrase*）：这种劳动，是"纯粹机械的，因而是无差别的、同劳动的特殊形式漠不相干的活动；单纯形式的活动"，它使得个体很容易地从这种劳动跳到另一种劳动。① 尽管如此，无论该劳动如何独立于具体的目的，它仍旧是创造使用价值的劳动。②

克谢洛夫和斯塔罗斯塔赞同德·安戈里坚持生产而非交换处于中心位置的看法，并且支持他对鲁宾的批判。但他们批判德·安戈里没有将抽象劳动和阶级斗争恰当地联系到一起。由于德·安戈里将抽象劳动视为阶级斗争的产物，他被指责将阶级斗争本体论化了。③ 按照克谢洛夫和斯塔罗斯塔的看法，阶级斗争存在于"超历史的物质性与其各种社会形式的实体化"④之间的矛盾中。因此，阶级斗争是超历史的生产力和历史的、具体的社会生产关系之间矛盾关系的运动动力（movens）。因为这条思路认为生产力不受社会形式的规定，相反它是生产关系的决定因素，所以阶级斗争并不能像德·安戈里那样推出抽象劳动来。反之，阶级斗争关乎抽象劳动的资本主义形态，以及其向社会主义进一步的发展。

克里斯·亚瑟是在同"体系"辩证法的争论背景中发展其抽象劳动

---

① 《马克思恩格斯全集》第 30 卷，人民出版社，1995 年，第 255 页。

② 参见 Helmut Reichelt, 'Die Marxsche Kritik ökonomischer Kategorien. Überlegungen zum Problem der Geltung in der dialektischen Darstellungsmethode im *Kapital*', in ed. Iring Fetscher and Alfred Schmidt, *Emanzipation und Versöhnung. Zu Adornos Kritik der 'Warentausch'-Gesellschaft und Perpektiven der Transformation* (Frankfurt 2002), p. 173. 相反，巴克豪斯混淆了抽象劳动和一般劳动。他将此当作"这种"劳动，既非此劳动也非彼劳动，而同时是两者。他认为抽象劳动包括所有具体劳动形式的一般属性。见 Hans-Georg Backhaus, 'Der widersprüchliche und monströse Kern der nationalökonomischen Begriffsbilding', in ed. Iring Fetscher and Alfred Schmidt, *Emanzipation und Versöhnung. Zu Adornos Kritik der 'Warentausch'-Gesellschaft und Perpektiven der Transformation* (Frankfurt 2002), pp. 130 - 1. 另见 Chapter 4, fn. 56。

③ Kicillof and Startosta, 'Value Form and Class Struggle', p. 22.

④ Kicillof and Startosta, 'On Materiality', p. 34.

的概念的。他认为:"并非只是形式与内容上的分裂,而是前者变得独立了,于是结构的辩证运动确乎是被形式所规定的。"因此他将价值形式视为资本主义抽象本质的表现,也就是价值。价值就是本质,并且该本质以价值形式表现出来。于是他主张,"资本主义体系的本体论基础"就是在(价值)交换中抽象出来的物质现实性。这个过程产生了"颠倒的现实",在其中商品"只不过是其价值的抽象本质的实例"。① 克谢洛夫和斯塔罗斯塔将亚瑟的解释视作纯粹的形式主义,认为它"忽视了生产价值之劳动的物质现实性,这种物质现实性是一种人类生产主体性的历史发展形式"。② 在他们看来,亚瑟忽视了物质内容,并且把抽象劳动跟生产、阶级和斗争的物质世界割裂开了。对他们来说,亚瑟将抽象劳动视为在交换中表现自身劳动的这种观点缺乏物质性——他们认为亚瑟仅仅在观念中打转。

亚瑟关于价值的本体论概念在这里并没有什么吸引力。③ 但是他将抽象劳动视为特定社会形式的看法却给予了我们极其重要的视角,尤其是这个观点——"资本主义生产将活劳动过程设想为抽象活动,纯粹的时间运动过程"——提出了一种新颖的、时间概念性的抽象劳动概念,克服了生产与交换之间的错误二分法。④ 亚瑟将抽象劳动的物质

---

① Chris Arthur, *The New Dialectic and Marx's Capital* (Leiden 2004a), pp. 81, 80.

② Kicillof and Startosta, 'Value Form and Class Struggle', p. 17.

③ 只有一个现实,而非两个;不管现实看起来如何分裂,内容是形式的内容。并不存在着两个彼此分隔开来的世界,一个是可感的内容的世界,另一个是超感的价值事物的世界。相反,可感的世界贯穿超感的世界并且是其基础,且从属于它。亚瑟的价值本体论概念发展了阿多诺否定本体论的层面,也就是价值自我运动的本质是一个否定性世界的社会必要性。它的必要性看似一种自然力量,然而,它只是一种社会必然性。

④ Arthur, 'Value, Labour, and Negativity', p. 23. 亚瑟的"抽象活动过程"跟德·安戈里对于抽象劳动的解读并不相干。前者将世界运动归诸其背后的生产者,而后者则描述特定的具体劳动。参见亚瑟的文章 'The Practical Truth of Abstract Labour', in ed. Ricardo Bellofiore, Guido Starosta and Peter Thomas, *In Marx's Laboratory* (Leiden 2013)。

性假定为一种资本主义特有的物质性，一种阿多诺称之为"社会必要抽象劳动时间"①的物质性。

马克思在1859年的《政治经济学批判》中进一步阐述了抽象劳动和时间运动过程之间的联系。在《资本论》中这种联系并不明显，但在我看来，《资本论》实际上是以这种联系为前提的。在《资本论》第一卷中，马克思引用了《政治经济学批判》的段落："作为价值，一切商品都只是一定量的凝固的劳动时间。"②在《政治经济学批判》中，他主张："一方面，商品必须作为对象化一般劳动时间进入交换过程，另一方面，个人劳动时间作为一般劳动时间的对象化，本身又只是交换过程的产物。"③本雅明·富兰克林说"时间就是金钱"，有人或许会补充道，所以金钱也是时间。那么接下来，资本将所有事物还原为时间，还原为抽象时间，还原为平均的、无差别的和持续不断的单位（units）；这些单位在彼此之间运动，抽离于具体的人类环境和目的；如此一来，时间就真的成了一切。如果"时间就是一切，人不算什么；人至多不过是时间的体现"④。马克思在《资本论》中表明了同样的观点，认为"工人不过是人格化的劳动时间"⑤。

简而言之，亚瑟的观点指向了抽象劳动的时间概念——一种被抽象的劳动时间，因此表现为"现实抽象"的时间——这个概念作为社会财富看似在自我运动本质的价值概念性中占据支配性地位。⑥ 如同德波所说，这个时间"在其可交换性之外没有现实性"⑦。抽象劳动是价值实体并不是因为它"具有特殊的有用的内容，而是因为他的劳动持续

---

① Theodor Adorno, 'Seminar Mitschrift of 1962', in Appendix to Hans-Georg Backhaus, *Dialektik der Wertform* (Freiburg 1997b), p. 507.

② 《马克思恩格斯全集》第44卷，人民出版社，2001年，第53页。

③ 《马克思恩格斯全集》第31卷，人民出版社，1998年，第438页。

④ 《马克思恩格斯全集》第一版第4卷，人民出版社，1958年，第97页。

⑤ 《马克思恩格斯全集》第44卷，人民出版社，2001年，第281页。

⑥ 我受莱希尔特启发把时间视为现实抽象，见 Reichelt, *Zur logischen Struktur des Kapitalbegriffs bei Marx* (Freiburg 2001), p. 169。

⑦ Guy Debord, *Society of the Spectacle* (New York 1994), p. 87.

了一定的时间"①。这并非具体的耗费肌肉、头脑和神经的时间,相反,这是社会必要劳动的时间,也就是一种社会抽象。它在社会必要劳动时间之内并且是由社会必要劳动时间所衡量的肌肉的耗费。② 下一节将论证,抽象劳动是一种社会劳动的时间范畴。劳动只有随着社会必要劳动时间在生产中耗费,它才能在交换中实现价值有效性。也是在此意义上,资本"使劳动时间成为财富的唯一尺度和源泉"③。

128

价值形式和抽象劳动:劳动二重性

克谢洛夫和斯塔罗斯塔在类的物质性和社会形式之间做出的区分,在经典马克思主义传统中常常是以第一自然和第二自然相分离的角度来讨论的,也就是从历史的、具体的生产关系和超历史的生产力相区分的角度。这个解释预设了资本主义社会形式能够归结为某种自然基础,这作为被历史地决定的自然必然性的形式,贯穿并支撑着各种不同的生产方式。与此不同,批判理论传统主张资本主义经济范畴是被社会地建构起来的。它们表现出以资本主义的方式所建构的社会关系形式中的必然性规律。

这跟劳动有什么关系呢? 对于生产使用价值的具体劳动来说,尽管使用价值"构成财富的物质的内容……不论财富的社会的形式如何",具体劳动的社会构成性还是不难理解的。使用价值是"社会进步的基础","更多的使用价值本身就是更多的物质财富"④。进一步说来,尽管"饥饿总是饥饿,但是用刀叉吃熟肉来解除的饥饿不同于用手、

---

① 《马克思恩格斯全集》第 44 卷,人民出版社,2001 年,第 233 页。
② 丹尼尔·本赛德的《我们时代的马克思》将时间视为资本主义的物质,参见埃里克·埃里兹的《资本时间》。
③ 《马克思恩格斯全集》第 31 卷,人民出版社,1998 年,第 101 页。
④ 《马克思恩格斯全集》第 44 卷,人民出版社,2001 年,第 49,217,59 页。

指甲和牙齿啃生肉来解除的饥饿"①。资本家为了生产商品，他必须为他人生产使用价值，即"社会的使用价值"②。也就是说，使用价值"本身具有特殊的历史性质"③。一般的使用价值是不能被生产出来的，它没有物质存在性并且不能满足人的需求。人仅仅作为具体的人才有需求，而具体的人是特定社会关系中的人。在现实的资本主义生活的关系网中，具体的使用价值生产出来是为了方便价值增殖，即是说，生产使用价值的劳动创造物质财富，而这些物质财富仅仅是交换价值的贮藏手段。

社会必要劳动时间和生产特定商品所耗费的时间并不必然一致。"只有社会必要劳动时间才算是形成价值的劳动时间。"④社会必要劳动时间因此决定了在特定使用价值的生产过程中所耗费的劳动是否在社会中是有效的，以及决定了"社会的使用价值"是不是交换价值的化身。倘若不是，它便没有价值，而没有价值的东西是要被废弃的。因此这个出发点并非基于个体生产，也并非将抽象劳动的概念设想为某些"内在于"商品的实体。价值是一个社会范畴，所以这个出发点是"个人的一定社会性质的生产"⑤，于是马克思这般说道：

> 因为生产者只有通过交换他们的劳动产品才发生社会接触，所以，他们的私人劳动的独特的社会性质也只有在这种交换中才表现出来。换句话说，私人劳动在事实上证实为社会总劳动的一部分，只是由于交换使劳动产品之间、从而使生产者之间发生了关系。因此，在生产者面前，他们的私人劳动的社会关系就表现为现在这个样子，就是说，不是表现为人们在

---

① 《马克思恩格斯全集》第 30 卷，人民出版社，1995 年，第 33 页。
② 《马克思恩格斯全集》第 44 卷，人民出版社，2001 年，第 54 页。
③ 《马克思恩格斯全集》第一版第 19 卷，人民出版社，1963 年，第 413 页。
④ 《马克思恩格斯全集》第 44 卷，人民出版社，2001 年，第 221 页。
⑤ 《马克思恩格斯全集》第 30 卷，人民出版社，1995 年，第 22 页。

自己劳动中的直接的社会关系，而是表现为人们之间的物的
关系和物之间的社会关系。

作为使用价值，商品是"自然物质和劳动这两种要素的结合。如果
把上衣、麻布等等包含的各种不同的有用劳动的总和除外，总还剩有一
种不借人力而天然存在的物质基质"。与此相区别，商品作为交换价值
是抽象劳动的产品，它"纯粹是社会的"。的确，如果我们对耗费在商品
中的有用劳动进行抽象，我们不会发现所谓的抽象劳动的类的物质性。
我们能够发现的是物质，即由自然提供并拿来使用的东西。劳动因此
"并不是……物质财富的唯一源泉"①。自然也生产使用价值。但是，
在资本主义财富和价值生产过程中起决定作用的劳动，是抽象劳动。
它不以具体物的形式生产物质财富。它生产作为被社会所建构的、促
进价值增殖之力量的价值，这是通过回报率所衡量的。

生产社会使用价值的具体劳动，只有作为抽象劳动、作为由时间衡
量的社会必要劳动才是有效的交换价值。与亚当·斯密针锋相对，马
克思强调这种劳动是一种被交换"强制"的抽象。② 马克思这里所谓
"交换"不是"自然变换"而是资本主义社会中的商品交换。③ 抽象劳动
是价值实体，而这个实体不同于其他实体。从根本上说来，它是不可见
的实体，它以"幽灵般的对象性"存在着，"一切可以感觉到的属性都消
失了"。④ 由此，价值包括商品超感觉的存在。它不可能是单个商品的
本质。价值表现出一种商品与商品之间的社会关系，而形成这种关系
的劳动是"社会劳动的特有方式"⑤。有别于超历史的、在任何情况下 130

---

① 《马克思恩格斯全集》第 44 卷，人民出版社，2001 年，第 90,56,61,56 页。

② 《马克思恩格斯全集》第 31 卷，人民出版社，1998 年，第 454 页。

③ Karl Marx, *Ergänzungen und Veränderungen*, MEGA, II. 6 (Berlin 1987)，
p. 41, 此处明确说："将不同的、具体的私人劳动归结为这种相同的抽象劳动，只在交
换中才能表现出来，这使得不同劳动产品之间具有等价性。"

④ 《马克思恩格斯全集》第 44 卷，人民出版社，2001 年，第 51 页。

⑤ 《马克思恩格斯全集》第 31 卷，人民出版社，1998 年，第 422 页。

都适用的经济力量本体论,马克思反对将一般生产过程视为"只是一个幽灵……这只不过是一个抽象,就它本身来说,是根本不存在的"。①作为所有劳动超历史的物质性那种抽象劳动的概念,预设了不同社会中不同的社会形式的可适用性,它将"资产阶级社会的占有规律的真实性"搬到"这种社会本身还不存在的那个时代去"。② 需要分析的是劳动将其自身表现为使用价值的、具体的社会属性。

马克思仍然肯定政治经济学对价值和价值量的分析。"虽然不充分",他接着说:"它甚至从来也没有提出过这样的问题:为什么这一内容采取这种形式呢? 为什么劳动表现为价值,用劳动时间计算的劳动量表现为劳动产品的价值量呢?"③换言之,他要问的是,劳动既然是资本主义社会形式的内容,那么为什么假定的是这种形式呢? 这段话由此认为,劳动必须被从"该形式的内容"来理解。接下来,他严厉批评了政治经济学,尤其是李嘉图:

> 在任何地方也没有明确地和十分有意识地把表现为价值的劳动同表现为产品使用价值的劳动区分开。当然,古典政治经济学事实上是作了这种区分的,因为它有时从量的方面,有时从质的方面来考察劳动。但是,它从来没有意识到,各种劳动的纯粹量的差别是以它们的质的统一或等同为前提的,因而是以它们化为抽象人类劳动为前提的。④

有别于传统的将其自身在被多元决定的(overdetermined)社会形式中表现出来的经济自然的观念,马克思并没有在抽象的"用价值表现

---

① 《马克思恩格斯全集》第 46 卷,人民出版社,2003 年,第 923 页。
② 《马克思恩格斯全集》第 31 卷,人民出版社,1998 年,第 349—350 页。
③ 《马克思恩格斯全集》第 44 卷,人民出版社,2001 年,第 98 页。
④ 《马克思恩格斯全集》第 44 卷,人民出版社,2001 年,第 98 页注释 31。

的劳动"和作为"社会形式之物质内容"的抽象劳动之间作出区分。①
只有一种抽象劳动，那就是单纯作为资本主义财富的社会劳动。较之
马克思将抽象劳动视为具体的资本主义劳动形式，他对抽象劳动的生
理学定义在其概念规定上完全是非批判和传统的。

具体劳动和抽象劳动：差别与等价

　　只存在一种社会劳动，它二重化为具体劳动和抽象劳动。作为使
用价值，产品是具体劳动的自然形式。作为交换价值，商品是抽象劳动
的社会形式。在此，"没有留下任何痕迹"能够将某个商品与其他商品
区分开来。② 一个商品同另外一个商品是一样的。正是这种"不同种
商品的等价表现才使形成价值的劳动的这种特殊性质显示出来"。抽
象劳动由等价关系组成。并非在单个商品背后隐藏着什么本质。在它
背后的是一种"同一的社会单位"，也就是只能在商品之间的交换形式
中才能表现出来。这种交换的"明显特点，正在于抽去商品的使用价
值"。换言之，"只要交换价值相等，一种商品就同另一种商品一样"。
交换是一种物质的等价交换，等价所表现出来的是不同的可消耗的商
品间的等价性。等价也成为不依赖于质、区别、特殊性、目的以及判断
和理性的抽象。"交换价值相等的物是没有任何差别或区别的……价
值100镑的铅或铁与价值100镑的银和金具有相等的交换价值。"这种

131

---

　　① 这部分从 Reichelt, *Neue Marx-Lektüre*, pp. 97 - 8 摘出。从表面上看来，这
个论断看起来与莫瑞（Murray）认为马克思那里有着数种抽象劳动概念的判断有冲
突。莫瑞区分了(1)跟一般自然变换之劳动概念相类似的非历史的劳动；(2)无差别
的一般劳动，也就是德·安戈里讨论的那种抽象化了的具体劳动；(3)"实践上的抽象
劳动"(practically abstract labour)。最后一种劳动等同于生产价值的劳动，也是鲁宾
所说的"抽象劳动"。对于莫瑞来说，第三种劳动是"真正社会性的"。见 Patrick
Murray, 'Marx's "Truly Social" Labour Theory of Value', *Historical Materialism*,
vol. 6 (Summer 2000), pp. 27 - 65。

　　② 《马克思恩格斯全集》第44卷，人民出版社，2001年，第112页。

等价性就是劳动在抽象形式中的等价性，是"同别一个劳动力一样"的劳动的等价性。①

价值等价就其属性来说"纯粹是社会的"。它不表现任何具体的东西。它"不可能是商品的几何的、物理的、化学的或其他的天然属性。商品的物体属性只是就它们使商品有用，从而使商品成为使用价值来说，才加以考虑"。商品共有的是抽象的人类劳动，这种劳动包括一种纯粹的社会现实。

> 直到现在，还没有一个化学家在珍珠或金刚石中发现交换价值。可是那些自以为有深刻的批判力、发现了这种化学物质的经济学家，却发现物的使用价值同它们的物质属性无关，而它们的价值倒是它们作为物所具有的。在这里为他们作证的是这样一种奇怪的情况：物的使用价值对于人来说没有交换就能实现，就是说，在物和人的直接关系中就能实现；相反，物的价值则只能在交换中实现，就是说，只能在一种社会的过程中实现。②

比如说，斯密"把社会过程在不等劳动间强制实行的客观的均等化，误认为是个人劳动的主观的权利平等"。③ 作为价值，商品并没有多大的差别，都是抽象劳动的表现。作为"社会实体的结晶"，它们是"无差别的人类劳动的单纯凝结"。它们由此包含着一种"幽灵般的对象性"，抽象劳动的物质性事实上是不可见的。④

132　　幽灵般的对象性必须与劳动的二重性相结合。劳动的真实存在总是具体的，即劳动的生理耗费包括某个特定的生产性应用，因此它是具

---

① 《马克思恩格斯全集》第 44 卷，人民出版社，2001 年，第 65，61，50，52 页。
② 《马克思恩格斯全集》第 44 卷，人民出版社，2001 年，第 61，50，101—102 页。
③ 《马克思恩格斯全集》第 31 卷，人民出版社，1998 年，第 453—454 页。
④ 《马克思恩格斯全集》第 44 卷，人民出版社，2001 年，第 51 页。

体的。具体劳动是生产性的劳动。"生产力的变化本身丝毫也不会影响表现为价值的劳动。既然生产力属于劳动的具体有用形式,它自然不再能同抽去了具体有用形式的劳动有关。"①肌肉并不抽象地燃烧糖分。劳动总是具体劳动,劳动不能在抽象中进行。对于资本主义来说特定的是具体劳动必须采取其反面的形式——无差别的、同一的、幽灵般的抽象劳动,必须被当作社会必要劳动来衡量,由此获得其价值有效性。

　　抽象劳动不是一个可触碰的、可见、可闻或可吃的实体。作为交换价值,商品"不包含任何一个使用价值的原子"。② 商品作为使用价值并不包含交换价值。"作为交换价值,一切商品都只是一定量的**凝固的劳动时间**",而"生产交换价值因而生产商品的劳动……成为社会劳动的特有方式"。③ 商品是以"使用价值或商品体"的形式出现的,"这是它们的日常的自然形式"。它们之所以是商品,"只是由于它们具有二重的形式,即自然形式和价值形式"。最后,"同商品体的可感觉的粗糙的对象性正好相反,在商品体的价值对象性中连一个自然物质原子也没有"。作为"同一的社会单位即人类劳动"的表现,"那么不言而喻,价值对象性只能在商品同商品的社会关系中表现出来",商品由此获得纯粹的社会现实性。④ 也就是说,单个的商品"其自身没有价值,但是每一个商品都有,因为它是一种共同的客观性。在其相互关系之外——在这种以等价衡量的关系之外——大衣和麻布都不具备作为凝固的人类劳动的价值对象性"。⑤ 马克思在解释价值对象性时遇到了很大的

————————

　　① 《马克思恩格斯全集》第44卷,人民出版社,2001年,第60页。
　　② 《马克思恩格斯全集》第44卷,人民出版社,2001年,第50页。
　　③ 《马克思恩格斯全集》第31卷,人民出版社,1998年,第422页。
　　④ 《马克思恩格斯全集》第44卷,人民出版社,2001年,第61页。
　　⑤ Marx, *Ergänzungen*, p. 30.

困难。[1] 作为一种社会的物，它是可感而又超感觉的，是一种现实的抽象。马克思不仅仅谈论"幽灵般的对象性"[2]，他还说价值是"纯粹幻象的（fantastic）对象性"，在商品中是"不可见的"。[3] 或者如同贝洛菲尔（Bellofiore）所说，严格说来价值就是"一个幽灵"。[4] 正是通过货币"具体劳动成为抽象劳动"。货币形式使得价值幽灵变得可见。[5] 它表现出"转瞬即逝"[6]，一旦价值以货币形式表现出来，它就被反复地固定于这个位置以便保持其不等同于自身的神秘特征，进而将其对"可供剥削的人身材料"的支配扩张到对两种社会财富源泉的损耗——"土地和工人"，以便征服社会财富的世界。[7]

133

幽灵和吸血鬼：时间的原子

说价值像幽灵那样是不可见的，这意味着什么？我们正在谈论的是哪种劳动的耗费？本节认为，抽象劳动是一种现实的时间抽象。时间以抽象单位的方式表现出来，这些单位自我叠加，看似贯穿着不可回

---

① 进一步的解释参见 Michael Heinrich 'Reconstruction or Deconstruction' and 'Enstehungs-und Auflösungsgeschichte des Marxschen "Kapital"', in ed. Werner Bonefeld and Michael Heinrich, *Kapital & Kritik* (Hamburg 2011)。

② 《马克思恩格斯全集》第 44 卷，人民出版社，2001 年，第 51 页。

③ Marx, *Ergänzungen*, pp. 32，820。

④ Ricardo Bellofiore, 'A Ghost Turning into a Vampire', in ed. Riccardo Bellofiore and Roberty Fineschi, *Re-reading Marx. New Perspectives after the Critical Edition* (London 2009)，p. 185. 关于价值的可视性，亦参见 De Vroey, 'On the Obsolescence of the Marxian Theory of Value'，p. 41。

⑤ Geoffrey Kay, 'Why Labour is the Starting Point of *Capital*', in ed. Diane Elson, *Value. The Representation of Labour in Capitalism* (London 1979)，p. 58. 也可参见 Bellofiore, 'A Ghost Turning into a Vampire'; Reichelt, 'Zur Konstitution ökonomischer Gesellschaftlichkeit'; Geoff Kay, 'Abstract Labour and Capital', *Historical Materialism*，vol. 5，no. 1 (1999)，255 – 80。

⑥ 《马克思恩格斯全集》第 30 卷，人民出版社，1995 年，第 161 页。

⑦ 《马克思恩格斯全集》第 44 卷，人民出版社，2001 年，第 729，580 页。

溯的远古时代和没有尽头的未来。时间表现为自己前进的力量,通过时间单位的自我叠加,毫不懈怠地纵步向前,仿佛它是独立于现实事件的时间而滴答运转的自然力量。这种表征是真实的。在资本主义下,"时间被本体化了"。[①] 本体化的时间是价值的时间,价值的时间是抽象劳动的时间。抽象劳动、时间和价值三位一体的公式是不可见的。它们的对象性是幽灵般的。尽管如此,"价值的幽灵"在货币形式中变得可见;回到生产过程,作为价值的"时间框架",这个幽灵就变成了以活劳动为食的吸血鬼。

真实的劳动总是运动中的劳动,也就是说,它"是被耗费的"[②]。"正如运动的量的存在是时间一样,劳动的量的存在是劳动时间……是作为量的存在的劳动的活的存在。"[③]这是抽象、不间断和无差别的时间单位的时间,由钟表的时间予以衡量。"直接劳动时间……财富生产的决定因素。"[④]每种商品代表着一种"对象化的一般劳动时间"的具体的量。[⑤] 在同质的、等价的、可分割的、不间断的时间单位中,钟表的时间与它实际用以衡量的人类事务脱离开来——它耗费了多长时间?然而,无论如何脱离,它都表现为它所衡量的那个活动的实体。因此,"时间同时以一种价值衡量的手段和其实体的面目表现出来"。[⑥] 在滴答声中,钟表时间衡量人类活动,而不顾其具体的内容。在钟表时间里,劳动的耗费并不在时间中(in time)出现,而是以时间的方式(within time)出现。

在传统观念里,时间的概念总被定义为线性时间。在此时间作为一种独立的运动、事件和活动的框架而存在。该框架自身是无内容的。

---

① Adorno, *Negative Dialectics* (London 1990), p. 331.

② 《马克思恩格斯全集》第 44 卷,人民出版社,2001 年,第 66 页。

③ 《马克思恩格斯全集》第 31 卷,人民出版社,1998 年,第 422 页。

④ 《马克思恩格斯全集》第 31 卷,人民出版社,1998 年,第 100 页。

⑤ 《马克思恩格斯全集》第 31 卷,人民出版社,1998 年,第 432 页。

⑥ Bensaid, *Marx for our Time*, p. 80.

其内容仅仅是形式上的，也就是毫不懈怠地"向着时间"①进发。时间衡量活动，却又与它们相分离。"无差别的时间是空无的时间"：它衡量它所不是的东西，它衡量具体的耗费而不论其内容。② 它也是一种具象化的时间，因为它似乎是永恒的，没有起点和终点，内在于自身，纯粹是抽象的和不可抗拒的。作为一种永恒的时间，它什么也不是——但它流逝的滴答声是人类的劳动，衡量着它的价值。劳动时间，总是作为时间中的活动而具体存在着，表现出其反面——作为一种建立在自身基础上又自我运动的抽象时间。③ 并非人们自己在时间中实现自己的需求，而是时间将他们吸纳进去，仿佛它是命运或自然的必然性；根据时间的经济学将其劳动组织起来，这种时间的经济学将时间视为无质的差别的，永不止步地从此时间单位到彼时间单位不间断地运动着，不眠不休，在滴答间用"小时"衡量着劳动时间的生产耗费。④ 不以价值时间完成的产品是没有交换价值的。不管其使用价值能够如何满足人类的需求，没有交换价值的东西就没有价值有效性。无价值的东西被燃烧毁弃。作为对象化的社会劳动时间之贮藏手段的使用价值的同一性，是一种"社会生产过程中每天都在进行的抽象。把一切商品化为劳动时间同把一切有机体化为气体相比，并不是更大的抽象，同时也不是更不现实的抽象"。⑤ 作为有价值的社会劳动时间之贮藏手段的使用价值的同一性是真实的——在被摧毁的苦痛中，具体劳动的确要以"社会必要抽象劳动时间"的方式来完成。⑥ 劳动是劳动时间的现实存在，即

---

① 包括历史的时间，它被视为其自身存在和生成的力量。关于这点，参见第十章。

② Bensaid, *Marx for our Time*, p. 82.

③ 关于这点，参见 Hans-Jürgen Krahl, *Vom Ende der abstrakten Arbeit* (Frankfurt 1984), p. 29。

④ 《马克思恩格斯全集》第 44 卷，人民出版社，2001 年，第 51 页。

⑤ 《马克思恩格斯全集》第 31 卷，人民出版社，1998 年，第 423 页。

⑥ Adorno, 'Seminar Mitschrift', p. 507.

就使用价值说，有意义的只是商品中包含的劳动的质，就
价值量说，有意义的只是商品中包含的劳动的量，不过这种劳
动已经化为没有进一步的质的人类劳动。在前一种情况下，
是怎样劳动，什么劳动的问题；在后一种情况下，是劳动多少，
劳动时间多长的问题。①

它耗费了多少时间？具体劳动在时间中发生，并且有着具体的时
间性。这种劳动要成为社会必要劳动，就必须在交换中获得其价值有
效性。也就是说，它的具体劳动时间必须以一种现实抽象的时间的面
目出现。具体劳动时间不得不以抽象衡量之时间的面目出现。在这里
没有时间被浪费掉。商品必须在价值时间的框架中生产出来，价值时
间就是社会必要劳动时间。倘若劳动的耗费并不以价值时间的面目出
现，它就是无价值的，并带有潜在的破坏性的后果。

　　总而言之，劳动的耗费就是具体劳动的耗费。由于有意义的是生
产社会使用价值的劳动，故而它必须在被社会规定的时间框架中出现，
这也决定了商品的交换价值。具体劳动的有效性以它的对立面即抽象
劳动的面目表现出来。也就是说，它必须在交换中被对象化为抽象劳
动。因此，商品的价值是"它的现实价值不是用生产者在个别场合生产
它所实际花费的劳动时间来计量，而是用生产它所必需的社会劳动时
间来计量"②。具体劳动时间的耗费是否具有价值有效性，取决于它是
不是社会有效的劳动时间；这个劳动时间是不同于它对个人生产过程
的衡量的。马克思对价值尺度广为人知的定义——"社会必要劳动时
间是在现有的社会正常的生产条件下，在社会平均的劳动熟练程度和
劳动强度下制造某种使用价值所需要的劳动时间"③——在抽象化了
的时间的普遍可消耗的形式中，表现出了资本主义劳动形式的社会属

135

---

　　① 《马克思恩格斯全集》第 44 卷，人民出版社，2001 年，第 59 页。
　　② 《马克思恩格斯全集》第 44 卷，人民出版社，2001 年，第 369 页。
　　③ 《马克思恩格斯全集》第 44 卷，人民出版社，2001 年，第 52 页。

性。"只是由于纺工的劳动时间和织工的劳动时间表现为一般劳动时间，从而他们的产品表现为一般等价物……一个人的劳动才成为为了另一个人进行的劳动，也就是说，他们劳动的社会存在才成为为了他们对方的。"在此意义上，劳动者的个人属性就被忽略不计了。如同马克思在《政治经济学批判》中所言："这样用时间来计量的劳动实际上并不表现为不同主体的劳动，相反地，不同的劳动者个人倒表现为这种劳动的简单器官。"不同的劳动因此以相同的社会劳动时间的方式表现出来。对象化的社会劳动是工作的个人的对象化劳动，这些个人"与其他个人没有差别"。① 劳动时间只有一次被对象化，它"是使使用价值成为交换价值因而成为商品的实体，同时又计量商品的一定价值量"②。M……C……M′ 和 M……P……M′ 的循环包含了劳动时间的现实性。它的基本形式，M……M′，作为未来占用的剩余劳动时间的抵押，或者——如我将在第七章里面讲到的——作为当前虚拟的财富，也包含了劳动时间的这种现实性。

　　劳动时间作为衡量价值量的尺度并非是固定的或给定的。劳动时间"昨天还确实是生产一码麻布的社会必要劳动时间，今天就不是了"。③ 时间的具体耗费是否作为有效的社会必要劳动时间，只能在**事后**（post-festum）才能加以判断。所以，具体劳动的耗费"只是某种期望，而非确保它必然是社会所需要的"④。资本家，"过程中的价值、过程中的货币，以及资本"的人格化，由此被驱使着行动，竭力使得具体劳动时间服从于社会必要劳动时间的命令之下。一方面他占有未经偿付的社会劳动时间，另一方面他试图通过出售对象化的社会劳动时间来赚钱。社会必要劳动时间作为财富的尺度也是财富的本质。也就是说，在盈利的形式中，也就是在占有未经偿付的劳动时间的回报率中，

　　① 《马克思恩格斯全集》第 31 卷，人民出版社，1998 年，第 425,423,424 页。

　　② 《马克思恩格斯全集》第 31 卷，人民出版社，1998 年，第 422 页。

　　③ 《马克思恩格斯全集》第 44 卷，人民出版社，2001 年，第 128 页。

　　④ Tony Smith, *The Logic of Marx's Capital* (Albany 1990)，p. 69.

时间作为其本质的衡量手段"自身也必须被衡量"。①

　　对于劳动者来说，该结果是无比可怕的。在出卖劳动力的过程里，劳动者与时间赛跑，为了应对劳动生产力的提高而表现自身。这是一场没有赢家的赛跑。这是一场为了经济发展、避免经济滑坡的赛跑。也就是说，"劳动时间是劳动的活的存在"②。作为劳动时间的人格化，它以资本的形式生产社会财富。财富根据时间的"指挥"而表现自身。有多少劳动注入其中？它耗费了多少时间？时间就是金钱。不可浪费时间，拼命挤出时间。这便是将"吃饭时间的啃咬"当作"利润的要素"。按照德·安戈里的说法，抽象劳动被强加其上：工作不是在合理的时间（good time）内进行，而是在价值有效时间的框架里进行，也就是社会必要劳动时间的有效性中进行。不在该框架里的工作是被浪费掉的、无意义的，而不管注入了多少劳动时间，不管为此生产付出多少汗水与泪水，不管其创造的物质财富的有用性，也不管它能满足何种需求。从无酬劳动时间的分配，到围绕着必要劳动时间和剩余劳动时间所展开的无止境的斗争，从时间窃贼对劳动时间的强征——"偷占几分钟时间""夺走几分钟时间"——到通过更强的劳动灵活性"对工人在劳动时的生活条件系统的掠夺"，对工人额外的无酬的时间单位的原子加以窃取，工人的生活时间被压缩为无休止的价值时间的滴答前行。工人，于是表现为"人格化的劳动时间"。③ 换言之，价值有效性是将劳动时间变得抽象的有效性。

136

---

①　Bensaid, *Marx for our Time*, p. 75.
②　《马克思恩格斯全集》第 31 卷，人民出版社，1998 年，第 422 页。
③　《马克思恩格斯全集》第 44 卷，人民出版社，2001 年，第 281，491，281 页。

结　论

马克思对抽象劳动的解释并不清楚。一方面他从生理学的角度来界定抽象劳动，认为价值是人类肌肉之耗费的结晶和凝固，等等。另一方面他将此视为劳动具体的资本主义形式，认为商品是结晶仅仅在于它们对象化了社会必要劳动时间。经典马克思主义理论非常清楚地发展了第一个方面，这跟强调第二个方面的真实性的批判方法相对立，批判方法认为第二个方面是第一个方面的资本主义对象化形式。在这种情况下，前者将抽象劳动视为一般经济规律的本体论条件，表现为"纯粹的物质形式，没有任何历史具体性"。① 而在批判理论看来，抽象劳动是劳动的资本主义的具体形式。其物质性是被社会必要劳动时间的现实抽象所建构起来的。这个时间是价值的时间。它以货币形式取得价值有效性，在其中劳动的物质性变为可见的——作为为了保存其价值而追逐更多货币的货币——有效性。通过将抽象劳动界定为超历史的范畴，经典马克思主义传统将其神秘化了。②

对待抽象劳动的超历史态度，使得认为劳动二重性是资本主义的特殊表现的批判视角颠倒了过来。超历史地看来，抽象劳动成为所有社会生活的基础。在这个迂回过程里，具体劳动将会被视为一种劳动的具体的资本主义形式！反对这种荒谬的观点，将意味着具体劳动也会被视为独立于所有社会形式的条件。劳动的二重性将因此不再成为资本主义的决定性特征，而类似于李嘉图那种不加区分的劳动范畴，生产方式的差异将由此被归结为社会组织和技术分工的差别，也就是说，

---

① Kicillof and Startosta, 'On Materiality', pp. 34 – 5. 亦见 Itoh, *Basic Theory*, pp. 113 – 21, 363。

② 该公式摘自 Chris Arthur, 'Arbeit, Zeit und Negativität', in ed. Werner Bonefeld and Michael Heinrich, *Kapital & Kritik* (Hamburg 2011)。

从渔猎社会的劳动者物质力量的组织方式，经过资本主义社会，到社会主义的理性化。伊藤诚明确地表达了这个观点：抽象劳动"能够根据不同的目的以各种有用劳动的形式耗费掉，它们能够灵活地在同人类智力活动相结合的领域里改变和扩展自身"。他接着说道："这个过程，跟抽象劳动和具体劳动是在社会主义计划体制中有意识地实施，还是在资本主义商品经济中无意识地实施，都没有关系。"①克谢洛夫和斯塔罗斯塔对待抽象劳动超历史的态度也导致了类似的结论，即"资本主义的物质特殊性，就在于人类生产能力发展为完全有意识地组织社会劳动的过程"②。鲁宾向价值批判理论的转变与这种超历史的自然化相对立，他赞同把抽象劳动的概念视为资本主义特定的劳动形式的观点。③ 在政治上，这种转变放弃了将社会主义视为合理有序的劳动共和国的观点，而这个观点——如果仔细考察的话——完全是与资本主义现实紧密联系的，从劳动的物质性再到进步哲学。④

　　抽象劳动时间是社会劳动以价值形式而幽灵般地存在的时间，一旦它以货币形式变得可见，便揭示出理性背后货殖的非理性。霍洛威（Holloway）认为，对抽象劳动的批判只在扬弃抽象劳动时才能找到积极的解决方案。这个观点明确地把握住对抽象劳动之批判理论的政治意味。⑤ 人类解放的时间是人类目的的时间。自由把握的时间是生活的内容。这个时间提出了一种完全异质于"时间就是金钱"的人类财富形式。

---

① Itoh, *Basic Theory*, pp. 363，121.

② Kicillof and Startosta，'On Materiality'，p. 36.

③ 鲁宾《马克思的价值理论》（*Essays on Marx's Theory of Value*）在 1924 年首次出版。

④ 参见马克思《哥达纲领批判》,《马克思恩格斯全集》第一版第 19 卷；Walter Benjamin, 'Theses on the Philosophy of History', in *Illuminations* (London 1999).

⑤ John Holloway, *Crack Capitalism* (London 2010)，p. 143.

第三部分

资本、世界市场与国家

第七章　国家、世界市场与社会

导　言

世界市场是资本主义财富的绝对要求。价值的有效性必然包含着世界市场的价值有效性。因此,生产价值的抽象劳动包含着一种时间的匀质化过程,即把时间转化为形成世界市场的社会必要抽象时间。价值规律通过时间来消灭空间。在资本主义社会,个人受到他们自身产品的控制,这一批判性的洞见如今在世界市场这一"客观的强制性力量"($Sachzwang\ Weltmarkt$[①])身上得到证实。无论多么坚固的城墙,在世界市场价格这一重炮面前也不免崩塌。

在当今政治经济学领域,从 20 世纪 90 年代早期以来,世界市场这一问题就在"全球化"的标题之下被讨论到。在这场讨论中,世界市场被认为是资本主义的一个最新发展。直到 1980 年代后期为止,全球经济一直都被看作一个国际体系,其中包括国际贸易关系和国际劳动分工体系。后者完全是在美国这一帝国主义权力之下组织和维系,它以

---

① 该术语见于 Elmar Altvater's, $Sachzwang\ Weltmarkt$（Hamburg 1987）。

前就是根据自己的形象建立了西方世界内部的国际体系。作为新自由
主义战略——与撒切尔主义和里根主义有关，表面上以民族的面貌出
现——的一个后果，战后政治经济学经历了一个"划时代的转变"①。
具体来说，我们看到似乎出现了一种全新的资本主义形态，旧有的以国
家为中心的体系被"世界市场的创造"所取代。这是一种超越国际体系
的独立力量。② 斯蒂芬·吉尔(Stephen Gill)说道，在这种全新的形态
中，"资本的权力达到一种霸权的地位"。③ 在这一政治经济学话语中，
对资本主义社会关系的概念和动力，对资本主义财富及其生产、流通和
再生产的具体形式的讨论都被置于一旁，当作两种表面上截然不同的
社会组织结构，即国家与经济之间的关系的争论。于是，分析中反复涉
及的问题便成为国家是否具有相对于经济的自主性，即抑制资本的力
量；或者，经济是否具有超国家的力量，从而建立资本自己的霸权。这
里，国家与经济分别被看作独立的结构性领域，伴随着社会力量的变
动，从而实现自身的具体现实性。在这一分析框架中，"国家的力量就
是在国家之内或通过国家而行动的诸多因素的力量"④。与此同时，
2008 年经济危机被认为是给民族国家重新支配经济打开了一个出
口。⑤ 然而，这一复活被看作新自由主义霸权地位的继续，因为金融损

---

① William I. Robinson, *A Theory of Global Capitalism*: *Production*, *Class and State in a Transnational World* (Baltimore, MD 2004), p. 2. Leo Panitch and Sam Gindin, *The Making of Global Capitalism* (London 2012)，该书认为全球化是美国帝国主义的产物。

② Stephen Gill, *Power and Resistance in the New World Order* (London 2003), p. xii.

③ Gill, *Power and Resistance*, p. 105.

④ Bob Jessop, *State Power*: *A Strategic-Relational Approach* (Cambridge 2008), p. 270. 对这一观点的理论前提的批判，见于该书第二章。

⑤ 比如，参见 Elmar Altvater, *Die Rückkehr des Staates? Nach der Finanzkrise* (Hamburg 2010); Bob Jessop, 'The Return of the National State in the Current Crisis of the World Market', *Capital & Class*, vol. 34, no. 1(2010), pp. 38–43。

失被民族化了，而紧缩政策的实施则进一步社会化了救助方面的开支。[1]

　　本章将论证，马克思对世界市场的批判必然包含了将世界市场看作资本主义财富形式及其生产的绝对要求的思想。罗伯特·科克斯（Robert Cox）把全球经济体描述成一团星云，并把它作为分析的起点。[2] 科克斯认为，资本在世界范围内的竞争必然导致

> 　　国内经济依附于全球经济的任何突变。不管愿意与否，国家将对全球经济体这团星云承担起更为直接的责任；通过全球化、相互依存和竞争力这些新词汇，它们不得不将这一责任神秘化，以混淆国内视听。[3]

　　科克斯认为，全球的贸易、生产和金融关系将建立起一个世界经济体。他把这一经济体描述为不可见的一团星云，民族国家对之负有直接责任。本章将分三个部分来讨论科克斯这一有趣的比喻，即把全球经济体看作一团星云。第一部分将介绍马克思对世界市场的论述，第二部分考察作为资本的世界市场社会的商品拜物教批判，第三部分则将讨论世界市场与危机之间的关系。结论部分将论证，世界市场并不是某种民族性的东西，但民族国家的生存依赖于世界市场。本章将指出，从根本上来说，资本主义社会就是一个世界市场的社会，民族国家

---

　　① Alex Callinicos, 'Contradictions of Austerity', *Cambridge Journal of Economics*, vol. 36, no. 1 (2012), pp. 65 – 77.

　　② 科克斯为批判性国际政治经济学的发展作出的努力，十分重要。他的"全球改革"（Global Perestroika），见于 *The Social Register 1992*（London 1992），对他的方法和批判性国际政治经济学都提供了一份简要的一般说明。关于科克斯的工作，见于 Adrian Budd, *Class, States and International Relations*（London 2013）。Peter Burnham, 'Open Marxism and Vulgar International Political Economy', *Review of International Political Economy*, vol. 1, no. 2 (1994), pp. 121 – 32 提供了一份较早的尖锐批判。

　　③ Cox, 'Global Perestroika', p. 27.

正是这一社会的政治形式。

世界市场与社会

马克思从未写出计划中的、讨论国家和世界市场的书。尽管如此，粗略去看其著述和各个手稿的话，还是可以发现，国家和世界市场一直是在场的。在 1857 年的经济学手稿中，世界市场是他的研究中最后的总结性部分，在国际生产关系和"资产阶级社会在国家形式上的概括"之后出现。① 而且，对"危机"的提前考察是与计划中对世界市场的研究联系在一起的。因此，主题才成为"世界市场与危机"。此外，根据手稿中的计划大纲，世界市场显然不同于国际生产关系。马克思的手稿表明，资本主义危机概念只有在世界市场的维度上才是完全充分的。所以，资本关系不等于国家之间的国家间关系。相反，手稿表明，世界市场是国际关系体系的前提条件。国际关系通过世界市场而得以维系。世界市场将独特的社会历史压缩成一个单一的世界市场的历史。资本主义社会的历史就是世界市场的历史。世界市场不仅形成了"这个生产方式的基础"②，而且它也是"已经直接包含在资本的概念本身中"③。

将世界市场看作资本主义社会关系的"基础"这一观念，必然使其区别于经济上相互依存的"国际关系"。没有对外贸易，资本主义生产是不可想象的。④ 这似乎表明，"世界市场"是与国际体系紧密相连的。然而，"每个国家内的工业和贸易关系都依赖该国和其他国家的交往，

① 《马克思恩格斯全集》第 30 卷，人民出版社，1995 年，第 8 页。
② 《马克思恩格斯全集》第 46 卷，人民出版社，2003 年，第 371 页。
③ 《马克思恩格斯全集》第 30 卷，人民出版社，1995 年，第 388 页。
④ 《马克思恩格斯全集》第 45 卷，人民出版社，2003 年，第 527 页。

都受该国和世界市场的关系的制约"。① 因此,世界市场并不等同于各个民族经济体的总和。② 相反,它包含着资本主义社会的再生产关系,这一关系既存在于各个民族内部,又存在于它们之间。由此,各个民族内部、民族之间的贸易和工业转变为世界市场的贸易和工业。"国内"劳动力也被投入世界市场关系中,成为处于过程中的价值、过程中的货币,从而也就成了资本;只有在这里,它们才能获得自身的再生产。地方性同时也变为世界市场的地方性。正是通过世界市场,"国内"社会劳动的价格得以确立,并且发生矛盾。换言之,正是在世界市场之中,并且通过世界市场,消耗的劳动——作为社会必要劳动时间的一定支出——获得它的价值有效性。因此,"各国人民日益被卷入世界市场网,从而资本主义制度日益具有国际的性质"必然导致,任何想要谈论劳动分工的人,都不得不去谈论世界市场。③ 国内劳动分工必然蕴含着世界市场的劳动分工,离开后者去单独地思考前者是不可能的。

马克思讨论的全球劳动分工并没有进一步发展李嘉图的"相对优势"理论。④ 李嘉图试图提供一项论证,能够将国际生产关系的"复杂性"与理性组织统一起来。马克思没有把国际比较优势视为一个互惠贸易体系的基础。相反,他对价值的概念进行了解释。价值的效用产生出更多价值的效用,它们以利润率这种形式进行衡量。利润率从而转变为世界市场的利润率。类似地,劳动生产力也转变为世界市场的劳动生产力,并以世界市场价格的形式出现。这就必然造成运用低价这一"重炮"来打开民族国家的大门,从而价值的标准,即在其管辖范围

150

---

① 《马克思恩格斯全集》第一版第 6 卷,人民出版社,1961 年,第 175 页。

② Claudia von Braunmühl, 'On the Analysis of the Bourgeois Nation State within the World Market Context', in ed. John Holloway and Sol Picciotto, *State and Capital* (London 1978),本文在关于德国起源的争论中提出了这一富有洞见的观点。关于这一争论,见第八章导言部分。

③ 《马克思恩格斯全集》第 44 卷,人民出版社,2001 年,第 874 页。也可参见《马克思恩格斯全集》第 47 卷,人民出版社,2004 年,第 442 页。

④ David Ricardo, *Principles of the Political Economy of Taxation* (Cambridge 1995).

内对剩余价值的榨取，将进一步降低到世界市场的平均利润率之下。这又导致使用更多的劳动生产力来抵御竞争的压力。[1] 这一剥夺额外剩余劳动时间的重炮是通过下面几个措施体现出来的：外汇汇率、国际收支逆差的积累和国家储蓄的外流。正是通过资本的运作，积累的国际环境对"民族经济体"施加影响，迫使其"为了生存而压低工资，变革生产力"。[2] 世界货币并不仅仅是一种兑换工具，或者支付方式；究其根本，它获得了世界市场的价值形式。换言之，世界货币要想成为资本，它就必须具有一种"获得创造价值的奇能"。它就必须会下"金蛋"；为此，它减少工人的必要劳动时间，以延长剩余劳动时间，从而生产剩余价值。[3] 也就是说，"围绕剩余价值的生产和占有的日常斗争发生在每一个生产场所之中"，并且以世界市场的形式显现自身，即价格竞争力、投资（或撤资）和就业（或失业）。[4]

利润率在世界市场的平均化，在这种情况下明显的地方性条件转化为了世界市场的条件。"民族工业""国家就业"和"国民财富"的有效性属于世界市场。无论其具体特征是什么，无论发生于何地，社会劳动都是资本主义财富的基石。但是，这一命题唯一的前提条件在于，它不仅生产价值，而且更为重要的是，生产剩余价值，后者以全球范围内的利润形式出现。[5] 在这一背景下，"世界贸易"的唯一驱动力才是"需求"的满足，即"货币的似乎先验的权力"的自我增殖的需求。[6] 资产阶级社会受到抽象财富持续扩大，即利用货币追逐更多货币这一规律的

---

[1]　作为一种集中力量，国家是对世界市场环境的竞争性调整，这一点见第八章。

[2]　Simon Clarke, 'Class Struggle and the Gobal Overaccumulation of Capital', in ed. Robert Albritton, Makato Itoh, Richard Westra and Alan Zeuge, *Phases of Capitalist Development. Booms, Crisis and Globalizations* (London 2001), p. 90.

[3]　《马克思恩格斯全集》第 44 卷，人民出版社，2001 年，第 180 页。

[4]　Clarke, 'Class Struggle', pp. 90‐1. 也可参见 John Holloway, 'Zapata in Wall Street', in ed. Werner Bonefeld and Kosmas Psychopedis, *The Politics of Change* (London 2000).

[5]　参见《马克思恩格斯全集》第 31 卷，人民出版社，1998 年，第 546—547 页。

[6]　《马克思恩格斯全集》第 30 卷，人民出版社，1995 年，第 96 页。

控制。货币要想成为资本,它就必须产生更多的货币。为此,它压榨工人的生活时间,并视之为生产剩余价值的主要源泉。货币是"劳动的普遍形式"。① 它超越国家界限,并将其自身建立在按一定区域分配的作为抽象财富的力量的劳动关系的基础之上,把对更多劳动生产力的需求看作一种防御竞争的方式。"低廉的必需品价格"是全球财富的一个必然要求。②

就其自身而言,商品必然超出宗教、政治、民族和语言的每个界限。它的语言是"利润",它的共同体是抽象财富的共同体,而它的社会利益就是资本的不断积累。因此,无论是商品资本、货币资本,还是生产资本,资本既不具有任何民族特征,也与爱国主义没有任何关系。它的爱国精神就是金钱。换言之,"每个民族的私人利益把每个民族有多少成年人就分成多少个民族"③。因此,"资产阶级社会"这一术语并不代表也从未代表过任何一个"民族的"社会。"民族的"这一属性只不过表示某些利益、共同价值的同质性。在全球化的进程开始之前,为了界定民族社会的团结和平等特征,罗伯特·赖希(Robert Reich)曾使用了"民族船"这一隐喻。可以说,这一隐喻唤起的含义正是上面提到的那种同质性。这样看来,全球化导致了"民族船"的解体,正如约阿希姆·赫希(Joachim Hirsch)所言,使一个社会"在社会经济的道路上逐渐走向毁灭"。④ 与之相反,"资产阶级社会"这一术语从一开始,就不仅仅代表了一个阶级分化的社会,而且代表着资本的全球阶段。正如货币变成世界货币,一般交换变成全球交换一样,商品的所有者,即资本家,也是

---

① 《马克思恩格斯全集》第 31 卷,人民出版社,1998 年,第 422 页。

② Adam Smith, *Lectures on Jurisprudence* (Oxford 1978),p. 6. 对于斯密来说,必需品的便宜必然导致国家成为财富的政治力量,见第八章。

③ 《马克思恩格斯全集》第 30 卷,人民出版社,1995 年,第 109 页。

④ Robert Reich, *The Work of Nations* (New York 1991). Joachim Hirsch, 'Globalisation of Capital, Nation-States and Democracy', *Studies in Political Economy*, 54 (1997), p. 46.

一个世界主义者。① 在《共产党宣言》中，资产阶级的生活被描绘成资本在全球范围内的存在：旧的工业被摧毁，被新的工业所取代。在全球生产和劳动分工体系中，新的工业的引入是对生存的质疑。它使得"一切国家的生产和消费都成为世界性的了"。② 因而，"民族经济体"的概念不再适用；它是一个倒退的概念，充其量只能运用于与经济民族主义的理论和实践联系在一起的民族发展方式。③ 或者，在最坏的情况下，正如第九章提出的一样，它只能运用于民族主义这一理念和实践。作为对世界市场的反动，后者将想象的民族共同体的落后平等视为一个向内部敌人发起战斗的口号。保护主义显然是保护"民族经济体"的一个有力手段。然而，民族经济体既不独立于世界市场，也并不只是存在于与世界市场的关系之中。相反，民族经济体存在于世界市场之中，而且通过世界市场而存在。因此，保护主义相等于"贸易自由范围内的防卫手段"。④

152　　不同于全球化问题上的争论，资本不是一种国内的经济力量，通过将其自身"全球化"的方式来对民族界限做出回应。相反，"世界市场、国际资本主义，以及在历史上第一次成长起来的社会关系的全球体系"与民族国家一起出现在同一时期。⑤ 因此，"民族国家的一体化问题不能脱离于国际体系的一体化单独进行考虑"⑥。这一国际关系"体系"建立在"生产的国际关系。国际分工。国际交换。输出和输入。汇

---

① 参见《马克思恩格斯全集》第31卷，人民出版社，1998年，第547页。马克思简明扼要地总结了斯密的如下观点："资本的所有者适合成为一个世界公民。"Adam Smith, *An Inquiry into the Nature and Causes of the Wealth of Nations* (Indianapolis 1981), p. 848.

② 《马克思恩格斯选集》第1卷，人民出版社，2012年，第404页。

③ 例如，参见 Friedrich List, *The National System of Political Economy* (New York 1904)。

④ 《马克思恩格斯选集》第1卷，人民出版社，2012年，第194页。

⑤ Colin Barker, 'A Note on the Theory of the Capitalist State', in ed. Simon Clarke, *The State Debate* (London 1991), p. 205.

⑥ Clarke, *The State Debate*, p. 179.

率"①的基础之上。而且,从一开始,这一国际体系就嵌入"生产和交换的全球背景之中,在这一过程中,资本将自身建构为具有历史意义的、真实的世界资本"。换言之,世界市场融入民族经济体之中。② 因此,世界市场不是不同民族经济体或民族资本主义的总和。相反,世界市场是资本主义财富和生产形式的前提条件。它的概念在民族国家中占据着统治地位。而民族国家形成国际体系,后者包含了政治竞争和相互依存、对抗和依赖、民族主张和帝国权力、战争和贸易等等这些关系。民族国家的概念必然蕴含着国际关系,而这些国际关系又建立在世界市场的价格和利润关系之中。这也就是说,资本的全球流动遍及每一个民族国家和国际体系,相反地,民族国家和国际体系又构成了资本全球流动的节点。③

世界市场与拜物教

我已经论证过,社会劳动,作为以货币形式出现的抽象劳动,只有在交换中才显现自身。人类合作通过货币关系而存在。通过不断创造更多的、以价值形式出现的社会财富,货币关系建立或破坏"单个人与一切人发生联系"的相互关联。④ 世界市场是这一抽象联系的最高形式。因此,它不仅包括"每一单个人的活动",而且"不以单个人为转移"。资本的概念不仅造成个人之间的彻底分离,而且造成他们完全依赖表面上非人格化的世界市场关系。因此,个人的独立是一种"错觉,

---

① 《马克思恩格斯全集》第 30 卷,人民出版社,1995 年,第 50 页。

② Claudia von Braunmühl, 'On the Analysis', pp. 163, 168.

③ 关于这一点,见于 Clarke, 'Class Struggle'; John Holloway, 'Global Capital and the National State' and Peter Burnham, 'Capital, Crisis and the International State System' both in ed. Werner Bonefeld and John Holloway, *Global Capital, National Sate and the Politics of Money* (London 1995)。

④ 《马克思恩格斯全集》第 30 卷,人民出版社,1995 年,第 111 页。

确切些说，可叫作——在彼此关系冷漠的意义上——彼此漠不关心"。
他们的独立地位反映了原子化的市场主体，他们"自由地互相接触并在
153 这种自由中互相交换"。他们彼此之间的同一是人类进行生产的因素
之一，因为出卖劳动力以换取工资这一持续的能力依赖于他们的剩余
劳动时间在世界市场中以利润的形式获得实现。[①] 工人对连续雇佣的
依赖性——这是他们不断获取生活资料的条件——是一个有利可图的
劳动消耗问题，这一劳动与其他剩余价值生产者在全球范围内进行竞
争。通过这一进程，社会个人被卷入世界市场之中。这一对资本主义
社会的现实抽象就处于那些相同的社会个人背后，后者通过他们的双
手生产并维系着这一社会。

　　对世界市场这一非人格化关系的依赖看上去似乎是一种"自发的、
不以个人的知识和意志为转移的、恰恰以个人互相独立和漠不关心为
前提的联系"。[②] 以货币形式出现的价值在表面上"世界市场的独立
化"下获得实现，后者是资本主义社会关系的"客观强制力量"。"个人
现在受抽象统治"，这些抽象以世界市场之条件的形式出现，"这些条件
又不依赖于个人而存在，它们尽管由社会产生出来，却表现为似乎是自
然条件"。因此，存在一种持续的压力，它们保证了劳动实现其价值，然
而，这一压力是他"自己创造出来的东西"。因此，"如果把这种单纯物
的联系理解为自然发生的、同个性的自然……不可分割的、而且是个性
内在的联系，那是荒谬的。这种联系是各个人的产物。它是历史的产
物"[③]。因此，认为世界市场是一种迫使个人适应它的运动的客观力量
既是对现状的一种认识，但也是一种误导。的确，这一建构起来的世界
与个人相互对立。然而，把世界市场看作一种"客观的强制力量"，一种
外在强制（Sachzwang），就是把人类社会实践的起源追溯为一种假定

---

① 《马克思恩格斯全集》第 30 卷，人民出版社，1995 年，第 110，111，113 页。
② 《马克思恩格斯全集》第 30 卷，人民出版社，1995 年，第 111 页。
③ 《马克思恩格斯全集》第 30 卷，人民出版社，1995 年，第 110，114，113，541，
111—112 页。

的社会结构,其社会构成仍然是一个谜、一团星云。换言之,这一由不可见的规律控制着的世界将人类赋予它的东西返还给了人类自身。①

就其本身来说,把世界市场看作一个客观的强制力量,只会进一步模糊而不是揭示其社会结构。它并不包括"人类自然力"。② 这一力量就是劳动的生产力。"劳动形成价值"③,"劳动的独特的社会性质也只有在这种交换中才表现出来"④。正如马克思所强调的一样,资本"只是在事后,在它已经作为资本被当作前提以后,才表现为——这是恶性循环——对他人劳动的支配权"⑤。资本总是在事后出现,这是因为通过交换,具体劳动才得以实现,它作为社会必要劳动时间的抽象劳动获得价值有效性。资本既不是一个经济层面的东西,也不能等同于单个的企业,它们代表的是资本这个或那个的一部分。同样,它也不是来自资本家的愿望,无论这些资本家是跨国资本家,或者力量多么强大。资本是"一定历史社会形态的生产关系"。它的概念包含着这一假定,即社会劳动是其经济本性的隐秘前提。因此,每一个资本都是资本,即"剩余劳动的直接吸取者"。⑥ 价值是活劳动的一个产品,而活劳动则消失在了"货币主体"的形式当中。这一主体抽掉了"每一个生产部门脚下的自然形成的基础",并将"生产条件转移到它外部的普遍联系中去"。换言之,"一切生产部门的共同基础是普遍交换本身,是世界市场,因而也是普遍交换所包含的全部活动、交易、需要等等"。劳动的耗费获得相应的价值补偿,因而也就是一个世界市场的活动。换言之,价值的贬值、结算和实现都是世界市场的现实。这由此导致"支配"活劳动的一个"恶性循环",后者建立在这一实用主义的观点之上,即对额外剩余劳动时间的剥夺不仅仅是"利润的组成部分",而且是价值贬值与

154

---

① 人并不是一个抽象的人,而是处于他的社会关系中的社会个人。
② 《马克思恩格斯全集》第 30 卷,人民出版社,1995 年,第 291 页。
③ 《马克思恩格斯全集》第 46 卷,人民出版社,2003 年,第 932 页。
④ 《马克思恩格斯全集》第 44 卷,人民出版社,2001 年,第 90 页。
⑤ 《马克思恩格斯全集》第 30 卷,人民出版社,1995 年,第 291 页。
⑥ 《马克思恩格斯全集》第 46 卷,人民出版社,2003 年,第 922,930 页。

价值实现、破产与经济成功、失业与就业之间的差异。[1]

　　为了实现自身的价值，劳动必须以价值的形式出现。在货币这一形式中，价值变得可见；在这一外观下，创造价值的劳动"消失"不见了。[2] 在平等交换的形式下，剥削变得不再可见。交换变成了货币之间的关系，其中，创造货币的方式消失不见了。比如，"现在英国和美国之间也有类似的情形。今天出现在美国的许多身世不明的资本，仅仅在昨天还是英国的资本化了的儿童血液"。正是通过它，这一情形才可以创造出更多的货币、商业、国民财富和文明，等等。简而言之，它表现为经济的增长。[3] 劳动的消失与自我增殖的货币的出现是同一过程的两个方面。通过被转化为"社会的象形文字"，社会劳动实现了自身的价值。这一转化发生于世界市场之中。"只有在世界市场上，货币才充分地作为这样一种商品执行职能……就是抽象人类劳动的直接的社会实现形式。"[4]价值是人们之间的一种社会关系，并且以物的形式出现。这样的一个物，它在运动过程中将自身表现为一个"自动的"主体，并且"以天然的自然过程的威力"发挥作用。[5] 价值在世界市场的运动完全符合自身的概念：它把空间确定为一个价值时间的范畴，因而主要表现为"无酬劳动"时间的一个强制力量。[6]

155　　总之，世界市场不仅仅是资本主义社会在空间上的最大扩张，更为重要的是，它也是资本主义财富的绝对律令。它包含了"普遍交换所包

---

　　① 《马克思恩格斯全集》第 30 卷，人民出版社，1995 年，第 117，525，291 页。

　　② 《马克思恩格斯全集》第 31 卷，人民出版社，1998 年，第 388 页。

　　③ 《马克思恩格斯全集》第 44 卷，人民出版社，2001 年，第 866 页。或者正如功利主义之父杰里米·边沁指出的一样，当建议儿童应该在 4 岁而不是 14 岁送往进入工厂工作时，他说："在这宝贵的十年里，什么也没有做！没有为工业、改善、道德或知识作出任何贡献！" Bentham, quoted in Michael Perelman, *The Invention of Capitalism* (Durham, NC 2000), p. 22. 十年就这样浪费了，为了进步，为了文明，为了利润！

　　④ 《马克思恩格斯全集》第 44 卷，人民出版社，2001 年，第 91，166 页。

　　⑤ 《马克思恩格斯全集》第 45 卷，人民出版社，2003 年，第 122 页。

　　⑥ 《马克思恩格斯全集》第 44 卷，人民出版社，2001 年，第 611 页。

含的全部活动、交易、需要等等"。① 因此，世界市场这一范畴与其他范畴完全不同，它"既是资本主义生产的前提，又是它的结果"。② 由此，可以得出这一结论，即"生产以及它的每一个要素都被设定为总体，但是同时一切矛盾都展开了。于是，世界市场又构成整体的前提和承担者"。③ 它反映了一个颠倒了的世界的基础，其中，资本先生和土地太太如同幽灵一般行走，不仅仅是为了追逐利润，更为重要的是，追逐更多的利润，即为了不断积累，无休止地占有剩余价值。危机就是破产和血腥暴力。

世界市场与危机

每个资本家"总是面对着世界市场，并且把他自己的成本价格不仅同国内的市场价格相比较，而且同全世界的市场价格相比较，同时必须经常这样做"④。这一不断的比较与试图寻求"更低廉的"、更有效的价值衡量方式的努力包含着内在的重重危机。资本主义危机并不是某种特殊的东西，无论对于劳动力的出卖者来说，它的后果是多么令人痛苦。危机是资本主义再生产的必要形式。这本身就是它的题中之义，并且在现实中占据着统治地位。在毁灭的痛苦中，资本家们"不断扩大自己的资本来维持自己的资本，而他扩大资本只能靠累进的积累"⑤。因此，为了避免竞争的破坏与既有价值的清算，每个资本家都被迫活动起来，通过剥削更多的剩余价值以保持自身与抽象财富的联系。这就导致他们通过提高劳动生产力的方式，压缩必要劳动，以增加生产剩余

---

① 《马克思恩格斯全集》第 30 卷，人民出版社，1995 年，第 525 页。
② 《马克思恩格斯全集》第一版第 26 卷第 3 册，人民出版社，1974 年，第 278 页。
③ 《马克思恩格斯全集》第 30 卷，人民出版社，1995 年，第 181 页。
④ 《马克思恩格斯全集》第 46 卷，人民出版社，2003 年，第 375 页。
⑤ 《马克思恩格斯全集》第 44 卷，人民出版社，2001 年，第 683 页。

价值的剩余劳动时间。因此,伴随着资本的不断积累,劳动产品越来越便宜。资本主义再生产的危机不仅仅是生产过剩或消费不足的问题。从根本上说,它表现了抽象财富的过度积累,而这些财富又不能保持自我增殖的货币的价值,从而抑制了积累率,或者用经济理论的术语来说,即经济增长率。

不断提高劳动生产力的努力导致了与生产方式有关的活劳动的退化,这一生产方式压缩了不断增长的资本支出。因此,在特定时期,更少的活劳动创造出更多的物质财富,后者表现为使用价值。同一时期,随着资本积累的不断增长,商品的价值降低,因为生产它的社会必要劳动时间下降了。[①] 所以,危机表现了"无限制地发展生产力的资本主义趋势与把积累限制在社会生产关系的范围之内的要求之间的矛盾"。[②]因此,物质财富,即使用价值增加了,其中每一个使用价值都反映了所包含的交换价值量的减少。换言之,"资本"积累太多了,因为每个资本家都在努力保存资本。为此,他们强迫剩余价值生产者提供更大的生产力,并且为了防御竞争的压力,将现有利润重新投入生产过程,以便在更广的范围内剥夺剩余价值。每个资本家都试图占有更多的剩余价值,以防止货币贬值。他们努力实现劳动产品的价值,并且在这样做时不得不面对利润率的下降,因为随着劳动生产力的提高,剩余价值的剥削越来越困难。[③] 利润率下降的重要性在于,它降低了积累率。换言之,相对于不断积累的再生产要求,交换中实现的剩余价值变得更少,资本不得不进行积累以保护现有价值不受竞争的侵蚀。

---

① 对于普殊同的《时间、劳动与社会统治：马克思的批判理论再阐释》(Postone, *Time, Labor, and Social Domination. A Reinterpretation of Marx's Critical Theory*, Cambridge 1996)来说,在更多的物质财富与每一个使用价值中社会必要劳动时间的缩短之间的这一矛盾,是资本主义危机的基本条件。

② Simon Clarke, 'M. Itoh's "Basic Understanding of Capitalism"', *Capital & Class*, vol. 13, no. 1 (1989), p. 142.

③ 关于这一点,见于 Simon Clarke, *Marx's Theory of Crisis* (London 1994)。

资本主义社会就是一个"活生生的矛盾"。① 虽然活劳动在自我增殖的货币（M …… M′）这一形式中消失不见，但它"仍然是"整个资本主义财富体系的"前提条件"。换言之，资本主义财富在货币这一形式中表现出来。只有作为无酬劳动的表现形式，即利润，货币才是资本。人格化的资本因而

> 迫使工人超出必要劳动来做剩余劳动。只有这样，资本才能增殖自己的价值，创造出剩余价值。但是另一方面，资本确立必要劳动，是**因为**并且仅仅**由于**劳动是剩余劳动，而且剩余劳动**可以实现**为**剩余价值**。可见，资本把剩余劳动作为必要劳动的条件，把剩余价值作为对象化劳动即价值本身的界限。如果资本不能确立剩余劳动，它也就不能确立必要劳动，而在资本主义的基础上只有资本才能确立必要劳动。

避免破产这一威胁的企图使得资本家——资本的人格化存在——"既要使人的劳动过剩（相对来说），又要使人的劳动无限增加"。② 因此，资本是必要劳动的对立面，与此同时，它只有通过占有必要劳动才能够存在下去。为了获取剩余劳动，它不得不假定必要劳动的存在。在毁灭的痛苦中，它必须通过减少社会再生产的必要劳动来获取剩余价值，但如果没有必要劳动，它就不能积累剩余价值。资本主义再生产引发危机，这不仅仅是以资本贬值、现有价值清算、破产和清算等形式出现；而且重要的是，它以社会再生产的危机形式出现。在这里，剩余价值的生产者似乎突然一下子被断绝了生活资料的供给。就业率受制于资本主义的积累率，它的下降将造成一般工资的下行压力，以及工人劳动强度的增加与其他人强制性的"失业"和工资收入的消亡。

157

---

① 《马克思恩格斯全集》第30卷，人民出版社，1995年，第405页。
② 《马克思恩格斯全集》第30卷，人民出版社，1995年，第404—405,377页。

在资本主义社会，"人的生产力的发展即财富的发展……这一切发展都是对立地进行的"。① 它以一种危机重重的方式将生产力彻底改变，由于拖欠工资、企业破产，大量工人失业并失去生活资料的来源。换句话说，它"用人为的障碍来限制劳动和价值的创造，而资本这样做，正是由于并且仅仅由于它确立剩余劳动和剩余价值的同一理由。因此，资本按照自己的本性来说，会为劳动和价值的创造确立界限，这种界限是和资本要无限度地扩大劳动和价值创造的趋势相矛盾的"②。对资本构成限制的这道真实的障碍就是资本本身：通过"迫使工人超出必要劳动来做剩余劳动"，它倾向于创造出更多的物质财富，它们远远超出利润率能够实现的范围，通过不断积累的方式，后者构成了价值增殖的必要条件。③ 钱必须能够生钱，从而保存抽象财富关系，而危机恰恰反映了这一做法面临的困难。于是，随着积累率下降，破产和失业率增加，竞争强化，以及劳动生产力进一步提高，"价值增殖"的危机产生了。如何尽可能快地以更少的代价来完成一件事情呢？④

资本主义危机表现为工人的失业与资本的闲置。这些未被利用的资本脱离了直接的生产过程，于是便进入投机渠道，通过以钱生钱的方式来寻求可图的利益，亦即在事物从过去到现在可能如何发展上，进行对冲投资。⑤

> 所谓的资本过剩，实质上总是指利润率的下降不能由利润量的增加来抵消的那种资本——新形成的资本嫩芽总是这样——的过剩，或者是指那种自己不能独立行动而以信用形

---

① 《马克思恩格斯全集》第 30 卷，人民出版社，1995 年，第 539—540 页。

② 《马克思恩格斯全集》第 30 卷，人民出版社，1995 年，第 405 页。

③ 《马克思恩格斯全集》第 30 卷，人民出版社，1995 年，第 404 页。

④ 《马克思恩格斯全集》第 30 卷，人民出版社，1995 年，第 612 页。

⑤ 参见 Paul Mattick Jr., *Business as Usual* (London 2011) and Sergio Bologna, 'Money and Crisis', *Common Sense*, no. 14 (1993), pp. 63-89, 也可参见：http://commonsensejournal.org.uk/issue-14/。

式交给大经营部门的指挥者去支配的资本的过剩。①

对于苏珊·斯特兰奇(Susan Strange)和其他人来说,正是这些以金融资本的形式出现的过剩资本建立起了新的全球资本主义。② 金融资本追求即时性的自我扩张,并把自己的赌注压在一个令人目眩的未来上,后者看起来就像庞氏骗局所许诺的未来一样真实。通过金融这种方式,货币作为"资本的神秘化取得了最显眼的形式",因为通过自我投资,消除与劳动之间的关系,它看上去假定了财富的增长。③ 然而,金融资本的所谓支配地位其实反映了资本的积累不能转化为直接的生产力。由此我们才看到,"一方面是失业的资本,另一方面是失业的工人人口",这些都是过剩的人类物质资料。④ 通过信贷扩张和债务积累来维持的过度积累造成了一场极具灾难性的、不确定的经济危机的延迟。这是因为,货币资本以对未来剩余价值的一个空洞许诺来进行积累。就资本(以货币这种典型形式出现)可能变得"没有意义"而言,货币资本的稳固性和生存都遭到了威胁,因为它看上去就是一场无法兑现的积累,后者建立在剥夺未来的剩余价值的许诺之基础上。⑤ 换句话说,脱离生产积累的货币积累造成了抵押贷款的出现,因而它是一场对未来劳动剥削的赌博。它反映了资本与劳动之间的纽带已经松节,

---

① 《马克思恩格斯全集》第 46 卷,人民出版社,2003 年,第 279 页。

② 斯特兰奇提供了一个经典术语来分析金融的全球化,即"赌场资本主义"。Susanne Strange, *Casino Capitalism* (Manchester 1997). 也可参见 John Bellamy Foster and Robert W. McChesney, *The Endless Crisis* (New York 2012)。

③ 《马克思恩格斯全集》第 46 卷,人民出版社,2003 年,第 442 页。

④ 《马克思恩格斯全集》第 46 卷,人民出版社,2003 年,第 279 页。

⑤ 《马克思恩格斯全集》第 46 卷,人民出版社,2003 年,第 441 页。在德文原著中,马克思使用了 *begriffslose* 这一术语。在英文版中,*begriffslos* 被翻译成"无意义或空洞的"(meaningless)。这一翻译具有误导性。我仅仅在这一意义上使用这一术语,即失去对劳动的控制,这一失去导致作为价值形式的货币成为虚幻的。关于这一点,见于 Werner Bonefeld, 'Money, Equality and Exploitation: An Interpretation of Marx's Treatment of Money', in ed. Werner Bonefeld and John Holloway, *Global Capital*, *National State and the Politics of Money* (London 1995)。

信贷得到的剩余价值生产的支撑越少，整个"信贷这个上层建筑"就越是可能失去对来源的控制，它对财富的许诺就建立在这个基础之上。①

因此，毫无疑问，资本可以与劳动相分离，并假定自身是"一个可出售的物"。② 作为金融资本，财富以 M … M' 这一公式的形式出现："我们看到了资本的没有概念的形式，看到了生产关系的最高度的颠倒和物化：资本的生息形态，资本的这样一种简单形态，在这种形态中资本是它本身再生产过程的前提。"于是，看上去，"社会关系最终成为一种物即货币同它自身的关系"。虽然在生息资本中，我们看到的不过是一种"没有内容的形式"，但是，它只是"利润即执行职能的资本家从工人身上榨取的剩余价值的一部分"。因此，在金融资本中，资本与劳动的关系只不过是在表面上消除了，因为货币积累的扩张声称自己"对劳动的所有权要求"，即拥有一部分未来的剩余价值。因此，苏珊·斯特兰奇所说的赌场资本主义（casino capitalism）其实就是一种通过抵押未来的剩余价值来进行财富积累的资本主义。③ 没有活劳动的增殖，货币的积累无异于一种虚幻财富的积累。金融恐慌和经济衰退是活劳动增殖危机同一块硬币的两面，后者是货币自我增殖的前提条件。

结　论

"民族的"和"全球的"并不是某种外部关联的东西。显然，民族范围与全球范围并不一致，它们也不是作为某种偶尔发生冲突的外部实体相互关联在一起。二者是一个差异共同体：它们都是社会生产关系的部分，正是这些社会生产关系建构起它们不同的存在形式、相互关系和对立。因此，资本关系的全球维度即是它的非空间特征（aspatial

---

① 《马克思恩格斯全集》第 46 卷，人民出版社，2003 年，第 498 页。
② 《马克思恩格斯全集》第 46 卷，人民出版社，2003 年，第 442 页。
③ 《马克思恩格斯全集》第 46 卷，人民出版社，2003 年，第 441—442，539 页。

character)——并不是说没有"空间"。非空间正是通过政治权力空间的民族划分这种矛盾的方式而存在。[1]

民族国家与资本主义社会的世界市场之间的关系似乎就是一个固定在一定民族范围内的国家与在全球范围内流动的资本之间的关系。然而,正如克拉克指出的一样,"虽然国家是以政治的方式建立在一个民族的基础之上,它的阶级性质却不是通过民族形式加以界定的,资本主义的财产和契约法规已经超出民族范围内的法律体系,世界货币也同样超出民族货币"。民族国家处于相互的竞争关系之中,每一个国家都试图把资本的流动转向特定区域,它们同样作为特定的节点存在于资本的全球流动网络之中。民族国家通过资本主义社会的世界市场而存在,并被限制在"一定的界限之内,这一界限是由资本在全球范围内从事积累的矛盾方式造成的"。[2] 在这一背景下,民族经济体这一概念具有误导性。首先,它以这一思想为前提,即在一定的民族空间内——正如民族船这一隐喻所暗示的一样——劳动的资本主义有效性建立在某种利益的"民族和谐体",即"民族利益"之上。其次,它以这一思想为前提,即在资本主义的财富概念中,对"民族和谐体"或"国民财富"的限制不会起多大作用。相反,对"国民财富"的限制被看作来自一种外部力量,它将干扰"民族经济体"和"国家"劳动市场的统一性。因此,"不和谐"似乎是从外部"输入"的一种现象,就好像它来自某种无形的世界市场力量,来自全球衰退和危机所带来的世界市场价格的突然崩溃。在对凯里的经济民族主义思想的批判中,马克思强有力地争论道:"这

160

---

① 关于作为一种社会形式的空间的批判理论,见于 Greig Charnock, 'Challenging New State Spatialities: The Open Marxism of Henri Lefebvre', *Antipode*, vol. 42, no. 5(2010), pp. 1279 – 303, 以及 'Lost in Space? Lefebvre, Harvey and the Spatiality of Negation', forthcoming in *South Atlantic Quarterly*, vol. 113, no. 2。

② Simon Clarke, 'The Global Accumulation of Capital and the Periodisation of the Capitalist State', in ed. Werner Bonefeld, Richard Gunn and Kosmas Psychopedis, *Open Marxism*, vol. I (London 1992), p. 136. Holloway, 'Global Capital and the National State'.

种世界市场的不和谐只是那种作为抽象关系在经济范畴中被确定下来，或者在最小的规模上取得某种局部存在的不和谐的最后的、恰如其分的表现。"①换句话说，全球的"不和谐"通过"国内关系"而存在，反之亦然。在这一背景下，马克思说道，国家是"和谐的最后避难所"。价值规律的和谐把国家设想为价值的政治力量。② 正如下一章所言，它集中了资产阶级社会的政治力量，并建立起一个由法律统治的社会秩序，以保证竞争社会中的非社会利益之社会化，并使得社会对抗被束缚在法律统治的基础之上，受到合法化暴力的控制。自由劳动的经济必然使得国家成为这种自由的政治形式。③

总之，资本主义社会关系不会以两类独立的关系形式存在，即民族范围内的和谐关系与世界市场的不和谐关系。"民族"关系通过资本主义社会的世界市场而存在，而世界市场又是资本主义财富的前提条件。科克斯的这一观点，即国家"对作为一团星云的全球经济负有一定的责任"，需要进一步的阐释。④ 认为资本是一种无形的全球"事物"，而且国家对它负有相应的责任，这种观点是不加批判的。国家不对资本负有任何责任。它是资本主义社会关系的政治形式。因此，科克斯把全球经济看作一个无形的抽象力量、一团星云，这只会进一步加强资本的拜物教。不过，这已经超出了本章所要讨论的内容。

---

① 《马克思恩格斯全集》第 30 卷，人民出版社，1995 年，第 9 页。
② 《马克思恩格斯全集》第 30 卷，人民出版社，1995 年，第 8 页。
③ 关于"自由劳动的经济"的含义，见第四章。
④ Cox, 'Global Perestroika', p. 27.

第八章 政治经济学的国家:政治形式与法律力量

导 言

在马克思主义传统中,国家通常要么是被看作一个由经济所决定的实体,要么是被看作一个代表社会统治力量之利益的权力,这些力量通过国家把自己的利益说成是公共权威。在后一种视角之下,国家似乎是一个推进霸权计划的战略舞台。[①] 而在前一视角下,国家似乎是由经济所决定的上层建筑。[②] 二者都没有把国家视为资产阶级社会的政治形式。在布劳恩施泰因之后,阿多诺的批判理论中几乎没有关于

---

① 例如,参见 Bob Jessop, *State Power*: *A Strategic-Relational Approach* (Cambridge 2008)。开创性的作品见于 Nicos Poulantzas, *Political Power and Social Classes* (London 1973)。对普兰查斯观点的简要批判,见于 Simon Clarke, 'Marxism, Sociology and Poulantzas' Theory of the State', *Capital & Class*, vol. 1, no. 2 (1977), pp. 1 - 31。

② Ernest Mandel, *The Formation of the Economic Thought of Karl Marx* (London 1971).

国家概念的论述。[1] 新马克思阅读与 1970 年代德国关于国家起源的争论相互重合，但是莱希尔特与前面两者并不相同。当中一方讨论价值的概念，另一方则试图从资本主义经济范畴的运动中推导出国家的角色和功能。[2] "推导"这一术语就简明扼要地概括了这一争论的主要内容。与把国家视为社会的政治形式这一做法不同，它把国家推导为资本主义积累过程中的政治补充物。[3] 这些讨论都没有从现实的、既定的生活关系中引申出国家，因此都没有提供这样一种批判，即把国家

---

① Dirk Braunstein, *Adornos Kritik der politischen Ökonomie* (Bielefeld 2011). 霍克海默和马尔库塞确实写过关于魏玛共和国向独裁主义转变的文章，但这些工作都只是初步的。Max Horkheimer, 'Authoritarian State', *Telos*, no. 15 (Spring 1973), pp. 3 - 20. Herbert Marcuse, 'The Struggle Against Liberalism in the Totalitarian View of the State', in *Negations* (London 1988). 诺依曼《巨兽》和索恩-雷特尔 (《德国法西斯主义的经济和阶级结构》)对于纳粹国家作了深刻的分析，但是并没有发展成为一套将国家看作社会的政治形式的批判理论，参见 Franz Neumann, *Behemoth* (New York 2009) 和 Alfred Sohn Rethel, *Economy and Class Structrure of German Fascism* (London 1978)。

② 德国 1970 年代关于国家衍生的争论试图将"国家"这一范畴从马克思《资本论》中的经济范畴中"推导"出来。对于这一争论的主要贡献(包括莱希尔特的著作)收录于 John Holloway and Sol Picciotto in *State and Capital* (London 1978)。关于国家衍生的争论是 1970 年代德国学者试图打破马克思国家理论的经济决定论这一更加普遍的思潮的发展产物。它从意大利自治主义(见 Steve Wright, *Storming Heaven*, London 2002)一直延伸到英国社会主义经济学家大会内部的国家争论，见于 Simon Clarke (ed.), *The State Debate* (London 1991)。同样见于普兰查斯早期的国家理论，它试图用马克思主义的政治理论来补充马克思主义的经济理论。在试图从资本主义社会关系中追溯国家的起源这一方面，普兰查斯关于国家的最后一部著作《国家、权力与社会主义》很接近德国的国家争论。

③ Elmar Altvater, 'Some Problems of State Intervention', Joachim Hirsch 'The State Apparatus and Social Reproduction', 两文均收录于 John Holloway and Sol Picciotto, *State and Capital. A Marxist Debate* (London 1978)。赫希的贡献与普兰查斯有重合。

看作一定社会关系的神化形式。①

　　虽然以片段的形式出现,但马克思对国家的批判表明,除了关于经济基础与上层建筑的论述,他同样也把国家看作资本主义社会关系的政治形式。正如我下面将要论证的那样,国家是起源于社会经济基础的政治上层建筑,这一观念衍生于古典政治经济学。② 在马克思的政治经济学批判中,这是一个矛盾的思想。马克思的工作目的是要批判客观的经济关系,而如果认真看待的话,这恰恰削弱了国家来源于经济基础这一思想。只存在一种社会现实,这一现实就是按照资本主义方式组织起来的社会生产关系。"除了我们生活于其中的世界,不存在任何其他的世界。"③于是,同认为国家是衍生于某些假定的社会经济范畴的额外经济力量的观点——不管认为它是来源于霸权战略的多元化竞争策略,还是认为它是一个不可抗拒的经济逻辑,又或者把它看作资

166

<hr/>

①　参见 Bernhard Blanke, Ulrich Jürgens and Hans Kastendiek, 'On the Current Marxist Discussion on the Analysis of Form and Function of the Bourgeoise State', in John Holloway and Sol Picciotto, *State and Capital. A Marxist Debate* (London 1978)。这篇文章试图从劳动力的买者和卖者之间的交换关系中推论出国家出现的必然性。同样也可参见 Robert Fine, *Democracy and the Rule of Law* (Caldwell, NJ 2002)。帕舒卡尼斯的作品对于这一争论也颇有助益,参见 Evgeny Pashukanis's *Law and Marxism* (London 1987)。与上述思想不同,*Johannes Agnoli*, *Der Staat des Kapitals* (Freiburg 1995)和*Fascismus ohne Revision* (1997)是从社会经济形式中推演出"政治"形式,认识到政治经济学的政治特征,作者是在对法西斯主义和战后发展的分析语境中得出这一结论的。同样见于 Johannes Agnoli, 'The Market, the State, and the End of History', in ed. Werner Bonefeld and Kosmas Psychopedis, *The Politics of Change* (London 2000); Simon Clarke, *Keynesianism, Monetarism and the Crisis of the State* (Cheltenham 1988)。霍洛威认为国家是资本主义阶级关系和阶级斗争采取的形式,参见 John Holloway, 'The State and Everyday Struggle', in ed. Simon Clarke, *The State Debate* (London 1991)。同样见于 John Holloway and Sol Picciotto, 'Introduction', in *State and Capital: A Marxist Debate* (London 1978)。

②　马克思宣称自己的研究让他发现了这一思想。这一论断具有误导性。见于 Werner Bonefeld, 'Free economy and strong state', *Capital & Class*, vol. 34, no. 1 (2010), pp. 15 - 24。

③　Theodor Adorno, *Lectures on History and Freedom* (Cambridge 2008a), p. 47.

本主义积累过程的必然要求——相反，本章将论证，国家概念最好被看作资本主义社会的政治形式。

　　本章使用的研究方法将发生巨大的改变。我不再使用马克思著述中涉及国家问题的片段，也不使用马克思主义文献中既有的国家批判的理论，相反，我的起点将是黑格尔的政治哲学、斯密的政治经济学和新自由主义的国家理论，尤其是德国新自由主义思想（它把资本主义经济看作一种政府活动，并建立起一个连贯的理论体系）。最后一节会讨论作为国家政治神学的新自由主义，这种政治神学提供了对现代波拿巴主义的一个理论阐述。① 我认为，这一研究方法以一种直截了当的方式点出了本章的论点，即政治世界是以政治形式表现出来的社会世界。在结论部分，我将回到马克思的讨论，证明把国家看作"资产阶级社会在国家形式上的概括"这一观点的批判性力量。② 按照这一观点，社会将其自身二重化为社会和国家，换言之，"就它本身来考察"，国家是社会的政治形式。③ 因此，我认为，国家与社会的分野并没有赋予国家一种独立的自我建构和发展的政治逻辑。相反，政治国家是劳动力购买者与剩余价值生产者之间非强制性的、非政治化的交换关系的前提。尽管两者存在着明显的不平等，但作为平等的法律主体，后者仍然追求自由的利益。这一追求反映了阶级斗争的历史。因此，本章将论证：国家并不是某种经济以外的力量。相反，它是"集中的、有组织的社会暴力"。④

---

　　① "波拿巴主义"这一术语涉及马克思谈论的路易·波拿巴政变。后者在面对大众反叛和革命的时候，建立起一个民粹主义的军事独裁政体，用以保卫现有的社会关系。本质上，它是一场军事反革命，用选择性的改革收编底层民众的激进主义。在现代，这一术语涉及法西斯主义和其他独裁主义政体。它们通过立法暴力取代自由法治，在一个自由的紧急状态中，通过悬置法律来维持法律的统治。见于卡尔·马克思的《路易·波拿巴的雾月十八日》。

　　② 《马克思恩格斯全集》第30卷，人民出版社，1995年，第50页。

　　③ 《马克思恩格斯全集》第30卷，人民出版社，1995年，第50页。

　　④ 《马克思恩格斯全集》第44卷，人民出版社，2001年，第861页。

社会的政治形式

黑格尔认为,资产阶级社会包含着对抗的性质。[①] 也正是因为这一对抗性质,导致它需要某种政治形式。他从资产阶级社会的内在性质引申出国家的必然性。在《法哲学》中,黑格尔第一次提出了普遍依赖的思想:某个特殊的个人与另一特殊的个人本质上是相关的,每一个人都通过对方获得满足。这一相互的关系意味着,需求的满足包含着一个互相依赖的普遍体系。因此,劳动分工出现了,通过交换来满足需求的行为也出现了。就国家而言,它的目的在于"通过执行法律来保护财产权"。然而,重要的是,"这一无比复杂的、相互的生产和交换活动,以及同样复杂的雇佣方式"把社会分化为独立的个人,或者用今天的话来说,即所谓的市场个人。紧接着,黑格尔说道,劳动分工形成"制度,其中,每一个人都被指定到相应的位置,换句话说,即阶级分化"。当资产阶级社会的阶级关系走向两极分化的时候,这些分工便具有了一种对抗的性质。按照黑格尔的说法,社会分化为两大对立阶级,这是资产阶级社会内在的必然趋势。它属于资产阶级社会构成性的动力。正如他所看到的一样,资产阶级社会"造成了工人阶级的依赖和痛苦"。这一依赖和痛苦之所以产生,同样是因为人们"无法感觉和享受到更多的自由,尤其是市民社会带来的文化成果"。[②] 而且,资产阶级社会的扩

167

---

① 一些人可能反对在这一语境中使用"资产阶级社会"(bourgeois society),而坚持使用"市民社会"(civil society)。但是,可以想一下黑格尔的名言:"在这个社会中,个人并不是公民,而是资产者。"Georg W. F. Hegel, *Die Philosophie des Rechts 1817/18* (Stuttgart 1983), art. 89. "市民社会"一词的德语原文是 Zivilgesellschaft 或者 zivile Gesellschaft, 而不是 bürgerliche Gesellschaft, 后者才翻译为"资产阶级社会"。

② Georg W. F. Hegel, *Philosophy of Right*, trans. T. M. Knox (Oxford 1967), pp. 126, 130 - 1, 150, 149 - 50.

大再生产导致了"贫民阶级的产生"，以及"财富不平等地分配到少数几个人手里"。"当大众陷入贫困的境况"，并开始起来反抗的时候，应该怎么办？黑格尔拒绝了财富再分配这一方案，因为这"将违反市民社会的原则"。他同样拒绝了今天我们称之为充分就业的政策，因为这与市民社会的逻辑相互矛盾。这一政策不仅不能解决问题，相反还会加剧这一问题。因此，"尽管出现过多的财富，但是，市民社会依旧不够富裕，也就是说，它自身的资源不足以抑制过度贫困和贫民阶级的产生"。对于社会两极分化的问题，经济方法是无力解决的。经济并不会产生出秩序，它也不能控制"贫民阶级"的产生。事实上，"市民社会内在的辩证法会推动它超出自身的限制之外"。如何把阶级对抗约束在资产阶级社会的范围之内？对于黑格尔来说，答案只能是采用政治的解决办法。他把国家看作资产阶级社会的政治力量，并指认国家能够控制阶级对抗。①

　　黑格尔认为，在其社会特征方面，资产阶级社会还是一个完全未开化的社会。他描述道，这个社会充满了利己主义、竞争和对抗。它允许少数人积累巨大的财富，并以大多数民众陷入贫困为代价。对于资产阶级社会，黑格尔这样描述道：

　　　　个人经受着整体的混乱与危害的影响。大多数人身陷工厂、制造厂、矿井等等这些劳动场所带来的痴呆、不健康和风险之中。因为生产方式的变化，或者因为其他国家的新发明导致他们生产的价值下跌，或者由于其他原因，这些维持着大多数人的生计的整个工业部门突然垮掉。于是，整个民众都被抛入令人绝望的贫困之中。由于穷人无法改善他们自身的生存条件，巨大财富与巨大贫困之间的斗争由此进一步激化。

----

　　① Hegel，*Philosophy of Right*，pp. 150，151.

财富成为一种主宰力量,它不断培植着怨气和憎恨。①

因此,黑格尔把资产阶级社会描述为"死人的活动生命。这一制度以一种盲目的简单方式,四处移动,就像是一头呼唤强有力的、永久的控制力量的野兽"。② 简而言之,它要求国家的权威介入,通过把工人阶级束缚在资产阶级社会的界限之内,以使自己的行为"文明化"。的确,维持社会的统一或许可以通过"成功的战争"来进行。这些战争"已经抑制了国内的动荡,并且巩固了国家权力"。③ 如果没有政治国家,资产阶级社会自身就会内爆。保障其生存、社会秩序和文明行为,正是国家的职能。

政治经济学的国家:警察、司法与道德情操

马克思之所以引入基础/上层建筑这一隐喻,是为了说明这一研究结论:生产关系的"总和构成社会的经济结构,即有法律的和政治的上层建筑竖立其上并有一定的社会意识形式与之相适应的现实基础"。④ 马克思把自己的工作看作对经济范畴的批判,以及对从中产生上层建筑的经济客观性的批判。如果把这一理解置于一边,他的这一隐喻其实说的是,国家作为资产阶级社会的政治形式,属于它本身从中诞生出来的社会。⑤ 大致来讲,资本的目的在于剩余价值的积累,而国家正是

---

① Georg W. F. Hegel, *Jenenser Realphilosophie* (Leipzig 1932), p. 232.

② Hegel, *Jenenser Realphilosophie*, p. 240.

③ Hegel, *Philosophy of Right*, p. 210.

④ 《马克思恩格斯全集》第31卷,人民出版社,1998年,第412页。德文原版是'Basis',而英文版为'foundation'。

⑤ 这一隐喻说,"上层建筑是对基础的表达"。Walter Benjamin, *Das Passagen Werk* (Frankfurt 1983), pp. 495 – 6. 也可参见 Werner Bonefeld, 'Adam Smith and Ordoliberalism: On the Political Form of Market Freedom', *Review of International Studies*, vol. 39, no. 2 (2013), pp. 233 – 50。

实现这一目的的政治形式。基础/上层建筑这一隐喻来源于古典政治
经济学。威廉·罗伯森(William Robertson)很好地概括了古典政治经
济学的这一观点："当我们追问，团结在一定社会之中的人如何行动时，
首先应该关注的是他们的生活方式。与之相应，随着这一生活方式的
变化，他们的法律和政策通常也是不同的。"①亚当·斯密对此提供了
一个经典的阐述。他的历史理论由于十分强调经济动力而非常著名。
斯密认为，这一经济动力贯穿整个历史，最终通向"商业社会"。他说
道，在每一个历史阶段上，社会的政治形式（通过政府和司法体现出来）
必然产生于所有权的形式。对于斯密来说，私人所有权是劳动分工发
展的结果。后者"并不是人类智慧的产物，而是物物交换这一倾向逐渐
而缓慢发展的结果"。② 由于这一内在动力，交换的倾向促进了劳动的
进一步分工，分工的扩大导致了社会剩余产品的产生，并使社会分化为
不同的阶级，最终造成私人所有权的建立，以及商业社会分化为市民社
会和政治国家。

对于亚当·斯密来说，政治经济学并不是一门经济科学。相反，它
是"一门政治家或立法者的科学"。③ 他也认为所谓的"商业社会"是一
个阶级社会，并且对于维持这一完美的自由制度来说，国家是不可或缺
的。这种维持的手段不仅包括法律，同样还包括社会行为的"秩序化"，
即将竞争的激情约束在道德情操和法律的框架之内，抑制阶级冲突。
看不见的手无法保障社会的统一和完整。它既不能克服影响自身运作
的社会障碍，也不能孕育出可以引导私人利益的道德情操，与此同时，
它也不能解决阶级之间的利益冲突。换句话说，看不见的手并不是一
个独立的实体。究其根本而言，它是一种政府活动。经济学本身就是

---

① William Robertson, *A General History of North and South America*
(London 1834), p. 79.

② Adam Smith, *An Inquiry into the Nature and Causes of the Wealth of
Nations* (Indianapolis 1981), p. 25.

③ Smith, *Inquiry*, p. 428.

政治经济学。

　　按照斯密的看法,生产与分配由竞争性的交换所控制,并且通过货币这一媒介连接起来。在拥有"完美自由"的地方,我们都可以看到这一规律的作用。价格机制(它使得价格在"自然价格"的水平线上下浮动)受到看不见的手的操控,正是它引导人们在什么地方投资和出售什么商品。看不见的手是一种经济调节的非政治手段。个人遵循着价格信号活动,仿佛这是他们自己的选择,是为了追求他们自己的利益。政府或个人不会告诉任何人应该在何时、何地做什么。尽管如此,它的魔力仍然需要政府的帮助。影响其运行的障碍必须通过国家的方式予以消除。经济自由要求采取相应的自由秩序,以维持其社会性,并防止失序。这一斯密主义的国家因而并不是一个弱政府,而是一个强政府。它不会向社会利益妥协。相反,它凌驾于后者之上进行统治,并且正如我后面将论述的一样,通过后者来保障那个完美的自由制度。换言之,对于斯密来说,国家不会与看不见的手相互对抗,仿佛它是经济规律的某种替代性方案。相反,国家只会促进它通畅无阻地运行。因此,它是以保障完美的自由制度这一名义进行统治。它的目的在于保护、维持和促进私有产权制度,从而保障商业社会的进一步发展。斯密列举了一系列不可或缺的国家职能。除了保卫国家抵御外来的威胁,它还必须提供一个法律机关,以解决私有财产所有者之间的利益冲突。在公共物品的供给方面,国家同样是不可或缺的,因为这一物品对于市场的运行来说是必不可少的,但是由于无利可图,市场本身不会提供这一物品。① 对于商业社会的这一责任,同样使得国家必须努力实现"必需品价格的下降",从而在提高劳动生产力的基础上,促进国民财富的不断增加。② 因此,国家对完善私有产权制度——或者用马克思的话来说,就是价值规律——承担着不可推卸的职责。为了达到这一目的,国家

170

----

① 　Smith, *Inquiry*, p. 723.
② 　Adam Smith, *Lectures on Jurisprudence* (Indianapolis 1978), p. 6.

将消除各种各样的制度和法律障碍，并且通过促进利己主义个人的利益或者阶级利益，以对抗那些妨碍完美市场自由的私人利益。

对于斯密来说，"司法是撑起商业社会整个大厦的主要支柱"。[1] 司法不仅仅是一个法律和法治的问题（它是两个表面上平等的交换主体之间自由地签订契约的调节力量）[2]，而且更为基本的是，司法还是一个秩序井然的"共同体"的问题。秩序是法律的前提条件。法治并不适用于一个"混乱和流血"的社会，法律也不能保障秩序。警察（police，亦即治安）是建立秩序的必要条件，因此，警察是法治的前提条件。警察保障秩序，并且通过这种方式使法治发挥作用。此外，司法系统依赖于一条让个人遵守法律规范以及私有产权制度的道德准则。因此，消除阻碍市场自由的障碍同样包含着市场主体以遵守道德规范的方式参与其中。这也就是说，完美的自由制度意味着，通过法律准则来抑制竞争与追逐利益的激情。这同样意味着，对于按照阶级划分的社会个人来说，必须努力促进竞争的"意识"和进取精神。因此，有必要在个人"意志"之内促进这一完美的自由制度的道德情操，并且推动劳动生产力的进一步发展，以维持共同体的进步。

171   按照斯密的看法，商业社会的道德情操建立在对井然有序的整体之美的"适宜"感之上。这一整体给予私人以目标和利益，这些私人既仅对他们自身感兴趣，同时也对彼此负有责任。因此，道德情操表达了一种道德的社会性质，对于斯密来说，后者建立在"同情"的基础之上。同情是一种能够使个人采取"不偏不倚的、明白透彻的旁观者"立场的能力。然而，对于商业社会包含的基本精神，即"自爱"来说，同情并不是一个充分条件。一个建立在追逐私利的基础之上的社会需要一个道德基础、一个社会道德组织和伦理框架来维系自身。就利己主义的个人来说，道德情操首先表现了商业社会的慈善方面，或者正如马克思在

---

① Adam Smith, *The Theory of Moral Sentiments* (Oxford 1976), p. 86.

② 对于这一点，见 Pashukanis, *Law and Marxism*。

《神圣家族》中所说的一样，表现了它的多愁善感。① 由于"在自由工人的概念里已经包含着这样的意思：他是赤贫"，私有财产的性质将自由竞争与工厂车间里的劳动规训结合起来，这一规训以榨取额外劳动时间为目的，从而表现出一种关怀穷人和被压迫者的慈善精神。② 其次，对于斯密来说，道德情操反映了自由制度的品性。因此，它们的规定来源于国家，这使得道德情操成为商业社会无处不在的权力。换言之，对于斯密来说，政治国家事实上并不是一个公正的、无所不知的旁观者。相反，它承担着使这一完美的自由制度在社会精神领域发挥作用的责任。③ 总之，斯密式的国家负有让这一完美的自由制度生效的职责。对于斯密来说，国家支配着共同体的真正利益，它呼吁并且连接着利己主义个人的社会属性，将他们直接的个人利益和阶级利益限制在某一道德框架之内。这一框架不仅将司法体系合法化，而且把私有财产的德性，即同情与竞争嵌入行动中的个人内心深处，从而保障资产阶级社会的外壳。

因此，为了自由，利用"共同体即国家的权力来执行法律"是必要的。因为"如果没有这一防范措施，商业社会就会陷入流血和混乱之中。每一个人一旦认为自己受到伤害，他就会运用自己的力量进行报复"。惩罚是正义的条件。"所有人都乐于"看到非正义的行为"受到制裁"，而非正义行为必须"基于对社会秩序的考虑受到制裁"。④ 只有那些不违反法律的人才能够"以他们自己的方式完全自由地追求个人的利益，将他们的行业与资本带到竞争世界中去"。⑤ 于是，斯密说道，国

---

① Karl Marx, *The Holy Family*, *Collected Works*, vol. 4 (London 1975).

② 《马克思恩格斯全集》第 30 卷，人民出版社，1995 年，第 607 页。

③ Michel Foucault, 'Governmentality', in ed. Graham Burchell, Colin Gordon and Peter Miller, *The Foucault Effect*: *Studies in Governmentality* (Chicago 1991). 福柯的这篇文章很好地把握了道德情操的位置。治理关注的是，如何将政府的功能内化为行动个体的心智。

④ Smith, *Moral Sentiments*, pp. 340, 89, 91.

⑤ Smith, *Inquiry*, p. 687.

家负有保障合理地使用自由的义务，这是通过警察来实现的：它惩罚自
由的滥用，维系自由的秩序，并保障私有财产制度。换句话说，"富人的
财富激起穷人的愤怒，后者被自己的欲望所驱使，在嫉妒心理的作用下
起而侵犯前者的财产"。拥有私有财产的自由因此"必然要求建立一个
公民政府"，以抑制"多数人的愤怒"。换言之，"就其建立目的在于保护
财产而言，公民政府的建立事实上是为了保护拥有财产的富人，反对一
无所有的穷人"[1]。然而，对于斯密来说，保护私有财产，反对贫困，这
一职能表面上是符合穷人的利益的，因为它只能通过完美的自由制度
来进行，而这一制度将会使穷人从私有财产制度中受益，因为财富会向
下滴流。

　　斯密发现了资本家和劳动工人两大阶级之间的斗争，并论证道，
"工资取决于利益不一致的双方缔结的合同"。换句话说，"工人希望获
取更多，而资本家则希望尽可能少给。前者倾向于联合起来要求提高，
而后者则倾向于降低劳动的工资"。在这一斗争中，资本家占据优势地
位，因为他们"人数少，因而联合起来更加容易；即使没有利润，他们也
可以活得很长，但工人只能饿死"。考虑到工人的"绝望处境"，他们起
来造反无可厚非。尽管如此，他们的行动仍然是愚蠢的。因为"资本家
可以做出有目的的反应，强迫工人让步，也就是说，工人从他们争吵不
断的联合中几乎不会获得任何优势"。[2] 提高工资、改善条件的唯一方
式就是不断的积累，因为这会导致对劳动的更大需求，从而提高工人的
市场地位。要想解决工人的绝望处境和争吵不断的状况，答案并不在
于资本和劳动之间明显不平等的交换关系，而是在于工资的不断提高，
这取决于对劳动需求的迅速增加，这一情况又来源于市场的增长，即贸
易和商业的发展。后者建立在劳动分工的基础之上，而劳动分工反过
来得益于劳动生产力的进一步提高。因此，"工人最好不要起来斗争，

---

[1]　Smith, *Inquiry*, pp. 710, 715.

[2]　Smith, *Inquiry*, pp. 83, 84, 85.

因为随着剩余品的增加,资本不断积累,工人数量也由此不断增加。税收和资本的增加就是国民财富的增加。伴随着国民财富的增长,对工薪阶层的需求也会增加"。这就是著名的滴流效应。斯密说道,资本的积累导致国民财富的增长,并造成"劳动的工资的提高"。斯密称之为"劳动的自由报酬"。显然,他的论证的一个后果便是,如果存在贫困,那么这就表示"事情陷入了僵局",因此国家就必须采取行动,通过提高劳动生产力来促进"各类消费品价格的下降",这一方法是资本盈利的基础,将确保劳动产品在一个由看不见的手操控的残酷现实世界中保持价格的竞争力。①

173

一些国家的资本所有者可能比另一些国家的资本所有者获得更高的投资回报率,"这无疑证明了他们手中资本的过剩"。要想保持他们的资本,竞争性的调节十分必要。调节既不是自动的,也不是确定的。它要求获得来自国家的推动。国家对共同财富的增长负有一定的责任。事实上,在面对无知和好斗的工人与追求利润的资本所有者时,警察在保障完美的自由制度这一方面十分重要。对于斯密来说,虽然"国民财富"和"工人"会在不断积累中获得一定的益处,但是资本的所有者可能不会。因为"资本的增加虽然可以提高工资,但是会降低利润"。②他说道,资本家只会追逐他们狭隘的阶级利益,因而可能人为地维持利润率,这就会妨碍市场的自由本性,比如垄断、固定价格和保护主义。在这一背景下,国家同样会出场,以保障完美的自由制度。也就是说,"无论制定了与这个国家的贸易、商业、农业、制造业相关的什么法令,它们均被视为属于治安(Police)的范围"③。有效的监管(Police)将产生一个强有力的国家。这个国家超越于利己主义的个人利益和阶级斗争之上,表面上不代表任何一方的利益,而代表着自由制度那一井然有序的整体美的利益,并使之控制在合宜的范围之内。因此,国家是为了

---

① Smith, *Inquiry*, pp. 86 – 7, 87, 91, 333.
② Smith, *Inquiry*, pp. 109, 105.
③ Smith, *Lectures*, p. 5.

商业社会的"共同善"（bonum comune）进行统治的。它干预个人的行为，并约束他们的被"自爱"与眼前的阶级利益所支配的激情，以此保障自身的长远发展。至于穷人，警察之所以必要，是因为他们必须使穷人接受这一观念，即"如果他勤勉而且节约，那么他就可以享用到更多的生活必需品，而这远远超出任何残酷斗争能够获得的东西"。因此，"教导人民"同样成为必要，而这主要是通过教育和公共娱乐来实现的。①对于斯密来说，政府应该竭尽全力以消除积累所带来的社会和道德破坏，为此，它必须在道德情操、经济行为和社会关系这些方面，向社会提供一定的教化活动。

　　司法体系保障了私有财产制度，并且"为一个国家的居民提供了自由和安全"。用斯密的话来说，它反映了一个良好政府的秩序。后者将完美的自由制度强加到资本所有者身上，用以将他们的激情约束在法律、秩序、道德和社会性的框架之内。为了社会中每一个人——包括那些将他们生存环境的改善奠基在财富增长的基础之上的穷人——的利益，政治国家强制实行种种规训方式（它们来自一个以法律为基础的竞争制度），以保证劳动分工的进一步扩大，后者建立在劳动生产力的提高的基础之上。因此，国家的目的在于为看不见的手护航，为其提供一个完美的秩序，整个商业社会的进步就建立在后者的基础之上。为了进步，商业社会的动力必须得以维持。因此，在这一语境下，"人类财富的不平等"事实上是"有益的"。②

　　总之，国家保证"富人拥有自己的财富，并反对穷人的暴力和抢夺"。而它这样做完全符合穷人的利益。③ 财富将会向下滴流，从而带来条件的改善，而这只有经济增长才能够提供。由此，斯密把国家看作一个赤裸裸的阶级国家，表面上符合工人的真正利益，即促进经济增长，保证就业、工资收入和工作条件。对于斯密来说，工人不会抵制资

---

①　Smith, *Inquiry*, pp. 10, 723.
②　Smith, *Lectures*, p. 338.
③　Smith, *Lectures*, p. 338.

本的不断积累,因为他们的生存条件恰恰依赖于后者。马克思从古典政治经济学那里得来的基础/上层建筑这一隐喻将国家看作价值规律的政治动力。[①] 作为一个税收国家,它完全依赖于国民财富的不断积累,因此同样依赖于"资本"的国际竞争力。然而,国家的阶级性质决不会约束在民族形式之下。它通过世界市场关系而得以维系。正如斯密指出的一样,

> 资本的所有者正是一个世界公民,并不必然从属于任何特定的国家。他倾向于抛弃这样一个国家,在那里,为了让他背上繁重的税赋,纠缠不休的审查接踵而至。因此,他会把自己的资本转移到其他国家。在那里,他要么能够顺畅地从事商业活动,要么能够更轻松地享受自己的财富。[②]

在一个井然有序的共同体中,私有财产制度将以价格机制的重炮形式呈现出来,后者依赖于"必需品价格的下降",因而导致被迫地不断提高劳动生产力,正是在它的推动下,"产生了我们称之为监管(Police)的东西"。[③]

新自由主义与国家理论:自由经济和市场警察

传统观点认为,新自由主义与国家的虚弱有关。其实,这一观点与新自由主义关于自由经济的看法几乎没有任何关系。对于新自由主义

175

---

① 不同于 Backhaus, 'Between Philosophy and Science', in ed. Werner Bonefeld, Richard Gunn and Kosmas Psychopedis, *Open Marxism*, vol. I (London 1992),马克思的隐喻没有超出古典政治经济学的范围。Werner Bonefeld, 'The Capitalist State: Illusion and Critique', in *Revolutionary Writing* (New York 2003).

② Smith, *Inquiry*, pp. 848 - 9.

③ Smith, *Lectures*, p. 5.

者来说，国家同样是一个不可或缺的政治力量，它对于保障一个自由劳动的社会起着重要作用。① 自由放任政策不是"骚乱的解决方法"。② 对于新自由主义者来说，问题不在于国家是否应该进行干预，而是在于国家干预的目的和方法。在经济领域，来自看不见的手的管理至关重要。如果完全由它自己来管理，自由市场将会"堕落为贪婪的利己主义者之间庸俗的争吵"（洛普克），而且在面对无产阶级的破坏性力量时，它将不可避免地炸裂（吕斯托）。③ 它"不会产生社会团结"，也不会创造维系资产阶级社会的道德情操和企业家的责任感。④ 自由经济是一种政府活动。用哈耶克的话来说，作为"竞争的经济规划者"，国家的角

①　"新自由主义"这一术语由亚历山大·吕斯托（Alexander Rüstow）1938 年在沃尔特·李普曼（Walter Lippmann）研讨会上首次提出。对于市场自由主义者来说，这一概念总结了 20 世纪 20 年代末 30 年代初的政治经验。他们询问的是，为了让资本主义运转起来，必须做什么，以及如何重新界定资本主义的经济理性。他们将新自由主义与一个强有力的国家———一个保障自由经济的国家———等同起来。这一术语显然不同于自由放任主义，后者在那时是奥地利经济学派尤其是冯·米塞斯（Von Mises）的目标。虽然分析上截然不同，但是在现实政治中，自由放任主义和新自由主义之间的不同是无足轻重的。比如，冯·米塞斯认为，无拘束的市场力量是解决经济危机的唯一补救方法，同时又认为，"法西斯主义以及类似的运动……拯救了欧洲文明"。Ludwig von Mises, *The Free and Prosperous Commonwealth* （Irvington，NY 2000），p. 51. 吕斯托将新自由主义看作对（奥地利）自由放任主义的一个拒斥。我将对这一点的发现归功于 Ralf Ptak, 'Neoliberalism in Germany', in ed. Philip Mirowski and Dieter Plehwe, *The Road from Mont Pelerin* （Cambridge，MA 2009）。对于米歇尔·福柯（《生命政治》）来说，德国新自由主义是新自由主义思想的基础。对于这一方面的介绍，见于 Werner Bonefeld, 'Freedom and the Strong State', *New Political Economy*, vol. 17, no. 5 (2012), pp. 633 – 56。

②　Hans Willgerodt and Alan Peacock, 'German Liberalism and Economic Revival', in ed. Alan Peacock and Hans Willgerodt, *German Neo-Liberals and the Social Market Economy* (London 1989), p. 6.

③　Wilhelm Röpke, 'The Guiding Principles of the Liberal Programme', in ed. Friedrich Wünsche, *Standard Texts on the Social Market Economy* (Stuttgart 1982), p. 188. Alexander Rüstow, 'Die Staatspolitschen Vorraussetzngen des wirtschaftspolitischen Liberalismus', in *Rede und Antwort* (Ludwigsburg 1963), p. 255.

④　Werner Eucken, *Grundsätze der Wirtschaftspolitik* (Tübingen 2004), p. 360.

色不可或缺。① 作为一种政治秩序自由(它远远超出司法体系和法治的范围之外),它推动着自由经济的发展。从根本上来说,经济自由依赖于追求经济自由的"意志"(博姆),这要求"把竞争变为一种整体的生活方式"。正如米勒-阿尔马克(Müller-Armack)所言,它将减轻工人对资本主义自由的恐惧感,并促使他们接受对于这一自由的自我责任。②因此,资本主义国家必须促使形成一种受资本主义社会支配的"心理道德力量",从而将反叛的无产阶级转变为对自己负责的劳动力。③

在新自由主义看来,自由经济并不是某种自发的、会在行动中的个人身上客观地呈现出来的过程。资本主义经济并不包含"绝对有效的经济规律"。资本主义不受看不见的手这个神学上的怪癖所支配,处于从属地位的大众也不会接受自己作为一无所有的、剩余价值的生产者这一角色,而不作任何斗争。④ 劳动者被经济需求的无聊冲动所"控制",这一情况既不会像我们认为的那样发生,也不会这样自我维持。这一现实并不是既定的。相反,它是人为塑造的。也就是说,看不见的手的魔力依赖于无拘束的市场力量,而后者反过来又依赖于制定和维持秩序的国家成功地将妨碍自由经济的因素排除出去。自由放任政策是对理想的经济环境的描述,它并没有延伸到政治领域。事实上,哈耶克说道,自由放任政策是一个"对自由政策建立其上的经济原则的十分含糊的、误导性的表述"。⑤ 防止私人力量——主要来自劳动组织和自

① Friedrich Hayek, *The Road to Serfdom* (London 1944), p. 31.

② Franz Böhm, *Ordnung der Wirtschaft* (Berlin 1937), p. 52. Alfred Müller Armack, 'The Social Market Economy as an Economic and Social Order', *Review of Social Economy*, vol. 36, no. 3 (1978), p. 328. Alfred Müller Armack, *Genealogie der Sozialen Marktwirtschaft* (Stuttgart 1981), p. 92.

③ Wilhelm Röpke, *International Economic Disintegration* (London 1942), p. 68.

④ Alexander Rüstow, 'General Social Laws of the Economic Disintegration and Possibilities of Reconstruction', Afterword to Wilhelm Röpke, *International Economic Disintegration* (London 1942), pp. 272 - 3, 270.

⑤ Hayek, *The Road to Serfdom*, p. 84.

我组织起来的无产阶级——的"威胁和暴力"是资本主义国家的一项政治任务。[①] 它的目标在于"根除市场中的无序和消灭经济中的私人力量"[②]，并保证社会个人成为经济价值的理性行动者，即仅仅成为价值增殖过程中的物质资料。国家与经济这一由来已久的分离并不只是经济自由和社会自由的条件，即商品所有者之间非政治化的交换关系的条件。相反，经济自由是一种政府活动。社会关系的去政治化并不是经济自由的产物，总的来说，这相当于一种政府的实践活动。自由经济以排除直接的强制为条件；劳动力的买者与剩余价值的生产者作为自由和平等的公民相互缔结契约。因此，自由经济必然导致非政治化的关系，后者建立在对自己负责的经济主体相互缔结的契约关系之上。直接的强制和暴力被经济偏好所取代，事实上后者就是经济强制的无声力量。这一交换关系的组织形式必然要求国家权力成为社会经济的非政治化进程的推动力。劳动力之间的交换关系以及它可以创造更多的财富这一实际功用，其实相当于社会经济关系非政治化进程中的一项政治实践。也就是说，自由经济"是一个**明显的政治决断**"，这一决断需要一次又一次地做出，以抑制自由的狭隘运用，并阻止社会劳动关系的政治化。[③] 政治国家是看不见的手的内在组成部分，这一斯密式的观点对于新自由主义来说至关重要。它把国家看作看不见的手的公共权威，后者是要素竞争力和劳动效用之间非政治性关系的调节手段。因此，集中和有组织的强制力量是自由经济的前提。平等交换的法律以秩序为前提，而秩序的建立是一项政治举措。也就是说，正如斯密所指出的那样，看不见的手既不是解决"贪婪的特权阶级"的方法，也不是解决贫民阶级反叛的方法。[④] 看不见的手建立在作为"市场警察"的国

----

① Friedrich Hayek, *A Tiger by the Tail* (London 1972), pp. 66, 87.

② Böhm, *Ordnung der Wirtschaft*, p. 150.

③ Franz Böhm, 'Die Kampfansage an Ordnungstheorie und Ordnungspolitik', *Ordo*, no. 2 (1973), p. 39.

④ Wilhelm Röpke, *The Social Crisis of Our Time* (New Brunswick, NJ 2009), p. 181.

家的基础之上。① 所谓的市场警察,也就是说国家必须持续不断地为
经济自由提供社会和道德条件。换言之,由看不见的手进行的经济调
节,完全是一项政治实践。

因此,自由主义并不要求"国家弱化,而是在国家的保护之下,拥有
经济发展所必需的自由"。② 在这个意义上,自由经济所要求的国家其
实并不在社会之上进行统治。相反,它通过个人进行统治。如果没有
自由秩序,就不可能存在自由。而秩序并不只是一个关于法律的问题。
它同样是一个关于道德的问题。自由秩序必然要求把监视作为实现自
由的一个手段。政府的前提便是,经济上的"安全只有在下列代价下才
有可能实现,即持续不断的警觉性和适应力,以及每个人都准备好勇敢
地生活,并且忍受生命的风险"。③ 事实上只有一种自由,这就是对自
己负责的经济主体的自由。他们在企业精神——一方是劳动力的买
者,追求利润;另一方是劳动力的卖者,作为一无所有的剩余价值生产
者,试图靠微薄的收入维持生计——的作用下,不断调整以适应价格信
号。换言之,贫困既不是奴役,也不是一种主要的物质状况。④ 相反,
贫困反映了一种以缺乏抱负为特征的、道德层面的剥夺,这就要求国家
行动起来,将作为劳动力的出卖者的无产阶级转变为拥有私有财产的
公民。作为这样一个公民,工人是将其拿到市场上进行出卖以获取工
资的劳动力的人格化。因此,他是占有劳动力的企业家,并时刻准备着
为签订雇佣合同而竞争。贫困由此被视为进步的一个刺激因素,而失
业也被看作重新就业的机会。工人主动给自己明码标价,从而进入工
作场所;他们成为自己生活的主人,勇敢地生活着,并且承受着其中的
种种动荡和风险。对于新自由主义者来说,失业工人基本上都是占有

177

---

① Rüstow, 'General Social Laws', p. 289.

② Hayek, A Tiger by the Tail, p. 66.

③ Wilhelm Röpke, The Moral Foundation of Civil Society (New Brunswick,
NJ 2002), p. 198.

④ Sir Keith Joseph and Jonathan Sumption, Equality (London 1979).

劳动力的企业家，他们从一种形式的雇佣"漂浮到"另一种形式的雇佣
之下。然而，工人的社会学身份建立在"将劳动力转化为商品"这一基
础之上，后者"源自工人与生产资料的分离"。① 因此，存在一个"无产
阶级化的自然趋势"，而资产阶级政府的作用就在于一次又一次地抵消
这一趋势，以保障自由秩序。② 超越于社会之上的政府，就是在社会之
中并且通过社会进行治理的政府，它的作用在于保障企业"精神"和劳
动市场的竞争，将自由的劳动者整合进"创 造 的 自 由"（coined
freedom）——雇佣劳动力的自由——这一资本主义关系之中。③

　　总之，新自由主义关于政治经济学的看法进一步发展了斯密的这
一见解，即经济范畴的真实性是一个政治问题。换言之，"游戏中的参
与者"必须接受自由经济，尤其是那些"在其中可能系统性地陷入贫
困"④，因而起来反抗自由概念的人们。对于他们来说，这种自由包含
着两个层面：他们在生产资料的占有上自由得一无所有，因而成为自由
的剩余价值生产者，以此换得工资来满足他们的生存需要。在新自由
主义者看来，在私有财产制度和制定并维持秩序的国家力量之间存在
着固有的联系。处于政治经济学核心的正是国家。作为"企业的守护
者"⑤，国家制定并执行着这些法规，它们规定了商品的买者与卖者之
间自由和平等的交换关系，其中一方作为生产资料的所有者，因而成为
劳动力的购买者；而另一方作为剩余价值的生产者，因而成为劳动力的

　　① Alexander Rüstow, *Freiheit und Herrschaft* (Münster 2005), p. 365. 吕斯
托进一步发展了自由国家的目的，后者建立在这样一个清晰的认识之上，即双重意义
上的自由劳动者是自由经济的条件。具体阐述见第四章。

　　② Röpke, *The Social Crisis*, p. 128.

　　③ Wilhelm Röpke, *Maß und Mitte* (Zürich 1950), p. 252.

　　④ Victor Vanberg, '"Ordnungstheorie" as Constitutional Economics. The
German Conception of a "Social Market Economy"', *Ordo*, vol. 39 (1988), p. 26.

　　⑤ Victor Vanberg, *The Constitution of Markets* (London 2001), p. 50.

出卖者。经济并不具有任何独立的现实性。它本身就是政治经济学。①

政治神学:自由与专政 178

按照卡尔·弗里德里希(Carl Friedrich)的说法,"军事政府"的目的"在于保护被统治者的利益"。它"为人道主义动机所驱使"。② 无论多么讽刺,他的这一看法,即军事政府具有人道主义性质,表达了一个明显的事实:作为资产阶级社会的政治形式,国家负有维持现存的社会关系的责任。弗里德里希认为,国家与社会这一由来已久的分离对于这一任务来说至关重要。它使国家作为"一个强大而中立的公共利益的守护者"发挥作用,并且"在面对向政府施压、为了他们自己的特殊需要而大吵大闹的利益集团时,保持自身的权威性"。③ 他的论述很好地阐释了马克思的这一批判,即国家是资产阶级社会的事务委员会。

在我们这个时代,米尔顿·弗里德曼(Milton Friedman)提供了一个令人信服的定义:

---

① 米歇尔·福柯不同意这一点。他将自己的论点建立在两种虽然互相依赖但是仍然不同的逻辑之上,即市场逻辑和反市场逻辑。福柯认为市场逻辑是一种竞争性的市场经济,它由完美的自由法律统治,包括自由竞争、对经济价值的追求与通过自由的价格机制调节的企业家偏好和创新。而反市场逻辑反映了,社会政策的原则是生命政治。对于福柯来说,它是对无情的经济规律的一个补充。Foucault, *Biopolitics*, p. 242. 与此不同,政治经济学关注的是国家对于市场的促进和嵌入功能。它包括维系道德情操和经济自由的社会学前提,以此保障劳动的自由经济。这一点同样见于 Keith Tribe, 'The Political Economy of Modernity: Foucault's Collége de France Lectures of 1978 and 1979', *Economy and Society*, vol. 38, no. 4 (2009), pp. 679 - 98。

② Carl Friedrich, *Constitutional Government and Democracy*: *Theory and Practice in Europe and America* (London 1968), p. 547.

③ Carl Friedrich, 'The Political Thought of Neo-Liberalism', *The American Political Science Review*, vol. 49, no. 2 (1955), p. 512.

通过自愿交换来进行的经济活动的组织方式是以这一假
定为前提的,即为了保护法律和秩序,防止个人之间的强迫行
为,政府必须保障自由契约的履行,赋予财产权以明晰的定
义,并且为这些权利提供解释和保障,同时规定货币政策的基
本框架。

国家必须"促进竞争",为市场提供"它本身不能提供"的东西。因
此,国家既是"确定'游戏规则'的场所",同时也是解释和执行这些规则
的裁判法庭"。"就那些不愿遵守游戏规则的少数人来说",强有力的执
行是必不可少的。弗里德曼说道,国家正是"我们"制定和修改这些规
则的手段。① 然而,当"他们"未能适应市场需求,并且开始反叛时,那
时会发生什么? 反叛决不能通过"司法禁令"②来加以平息。镇压必然
要求运用集中的力量,"在自由的名义下",这些力量被说成为了保护被
统治者的利益。当出现威胁自由的紧急状况时,"为了维护它本身,法
律就必须被打破"③。法律不会悬置自身。悬置明显是一种政治决断。
　　在卡尔·施密特(Carl Schmitt)的这一定义——政治就是敌人和
反对者之间的关系——中,国家是这样一个国家,它以承认阶级敌人,
并在这一认同的基础上来表述和施行自己的政策作为条件。施密特把
国家看作"最后决断的垄断者",它决断着基于法治基础进行遏制敌人
的方式是否有效,以及是否需要暂时悬置法律,从而在法律的基础上重
新恢复秩序,以保障经济的健康发展。④ 他论证道:"不存在任何可以
应用于混乱状况的法律规范。为了让法律规范起作用,秩序必须建立

179

---

① Milton Friedman, *Capitalism and Freedom* (Chicago 1962), pp. 27, 34, 15, 25, 23.
② Clinton L. Rossiter, *Constitutional Dictatorship. Crisis Government in the Modern Democracies* (Princeton, NJ 1948), p. 303.
③ Rossiter, *Constitutional Dictatorship*, pp. 7, 12.
④ 关于这一点,见 Carl Schmitt, 'Sound Economy—Strong State', Appendix to Renato Cristi, *Carl Schmitt and Authoritarian Liberalism* (Cardiff 1998)。

起来。"①秩序还是混乱? 法治是否有效? 是否需要法律力量(制法暴力)重新肯定法律的统治? 这些问题都是决断的问题。不是法律的决断,而是主权者的决断。这一决断是有效的,因为它已经被做出。这一决断要想是有效的,就必须消除对这一行为的真实性的任何怀疑。正如施密特指出的一样,所有的法律都是"情境中的"(situational)法律。也就是说,它不是对社会诸力量之间的动态平衡的一个表达。在杰索普看来,这些社会力量通过国家发挥作用,并决定了它的目的和性质。② 在这里,法治反映了阶级力量之间的平衡这一"情境"。对于施密特来说,就其特征而言,法治是"情境性的"。因为它的真实性完全依赖于主权者对于社会秩序状况的决断。社会要么处于法律的统治之下,要么不是。在每一种情形下,想要恢复法治自由的真实性,通过制法暴力上台的政府都是必需的。因此,法治是情境性的,因为它是否有效完全取决于主权者的决断。施密特因而贬斥了传统的政治多元主义和法律实证主义,认为它们是建立在相对真理的基础之上的教条。他争论道,规范性的价值要么是绝对的,要么就根本不存在。因此,"相对真理从不会让一个人鼓起勇气使用暴力,或者流血"③。法治是否有效? 是否需要进行悬置? 这些问题因而都不是一个法律问题,而是在面对(阶级)敌人时主权者的决断问题。在迫不得已的时候,是不需要遵守任何法律的。迫不得已的法律就是暴力的法律。"主权者就是决断紧急状态的人。"④

　　在施密特之前,罗莎·卢森堡的国家批判就已经清楚地看到施密特所提出的东西。在德国社会民主党的革命主义者与改良主义者之间的争论中,卢森堡宣称,国家"本身就是资产阶级社会的代理人。它是

---

　　① 　Carl Schmitt, *Politische Theologie* (Berlin 1990), p. 20.

　　② 　Jessop, *State Power*.

　　③ 　Carl Schmitt, *The Crisis of Parliamentary Democracy* (Cambridge, MA 1988), p. 64.

　　④ 　Schmitt, *Politische Theologie*, p. 11.

一个阶级国家"①。它把资产阶级的利益看作普遍的人类利益，并进行与之相应的统治。

> 在这个社会中，民主形式的代议机构就其内容来说，是实现统治阶级利益的工具。它以一种具体的方式表现在这一事实上，即只要民主表现出否定自身阶级属性的趋势并且转化为体现民众利益的一个工具的时候，资产阶级及其国家代理人就会牺牲掉这一民主形式。②

熊彼特（Schumpeter）因而说道，就其最好的情况来说，自由民主是一种最有效的政府形式。因为它允许通过竞争选举的方式来保证精英阶层的平稳流动。③ 对于资产阶级民主国家来说，最大的危险在于社会的民主化。④ 通过把它的权力直接组织成为社会权力，社会的民主化对国家与社会的分离构成了一个挑战，它把社会关系政治化，并导致无法治理的状况（如果不是无法抑制的话）。为了自由，国家因此就必须从社会中退回，重新加强国家与社会的分离，并保障政治国家成为非政治化的社会的前提条件，而这个非政治化的进程完全是受自由的法治、企业的道德情操与竞争所支配。

---

① Rosa Luxemburg, *Reform or Revolution* (London 1989), p. 41. 一些评论家已经拒斥了新左派对于国家的批判，比如 Johannes Agnoli, *Die Transformation der Demokratie* (Freiburg 1990)，尤其拒斥了他们采取的一种左派施密特主义立场，因为后者具有反议会制的性质。比如《时代》1983 年在施密特 95 岁诞辰时的评论，见于 http://www. zeit. de/1983/28/carl-schmitt-und-die-linke/seite － 3（accessed 1 February 2013）。如果存在一种左派施密特主义，那么，这就是一种这样的主张，即国家是一个暴力工具，必须以能够辨认出来的阶级朋友的名义来夺取和行使。

② Luxemburg, *Reform or Revolution*, p. 47.

③ Joseph Schumpeter, *Capitalism, Socialism & Democracy* (London 1992), p. 246.

④ 例如，见于 Wilhelm Hennis, *Die missverstandene Demokratie* (Freiburg 1973)。该书提出这一论点，即社会以民主的方式进行自我决定，这是对民主政府的最大威胁。

重申国家与社会的分离,这显然是一个带有潜在深远后果的政治决断。① 罗西特(Rossiter)因而说道:"为了我们的民主,没有什么牺牲可以说是太大的,尤其是民主本身的暂时性牺牲。"②罗西特的论点涉及波拿巴主义的存在原因。波拿巴主义是反动政治的神学。它询问的是,在一个明显的政治危机时刻,应该如何保障资产阶级的利益,并使其成为社会的普遍利益。当"立宪政府必须暂时改变其性质,以克服危机并恢复常态"的时候,这种政治力量就会走上舞台。③ 也就是说,正如弗里德里希所指出的一样,社会的民主化制造了"紧急状态,这种状态呼吁建立宪政独裁"。④ 在迫不得已的时候,不需要遵守任何法律。这就要求运用这种力量以恢复共同体的秩序。因此,对于施密特来说,一个有效的民主制依赖于统治者和被统治者之间基本的同质性。而这只有在这一情况下才是可能的,即这种民主制是一种"朋友间"的民主制。⑤

施密特的目标——"健康的经济和强有力的国家"——正是新自由

---

① 在当代,发生于智利的皮诺切特专政最具典型性。见于 Renato Cristi, *Carl Schmitt and Authoritarian Liberalism* (Cardiff 1998).

② Rossiter, *Constitutional Dictatorship*, p. 314.

③ Rossiter, *Constitutional Dictatorship*, p. 5.

④ Friedrich, *Constitutional Government*, p. 580.

⑤ 在 20 世纪 20 年代末 30 年代初,施密特与德国新自由主义互相引用彼此的分析。他们使用的词汇和概念都是可以互换的。二战后,人们与施密特的关系存在很大的模糊性,撇清与他的联系频繁发生。比如,哈耶克完全拒斥施密特,直接称之为"拥护极权主义的主要纳粹理论家";而仅仅承认这一点,即施密特"可能比大多数人更好地认识到政体演变的性质"。Hayek, *The Road to Serfdom*, p. 187; Friedrich Hayek, *Law, Legislation and Liberty* (London 1979), p. 194. 哈耶克同样接受了施密特在民主与自由主义之间做出的区分,并且说道,施密特的分析是"博学而深刻的"。Friedrich Hayek, *The Constitution of Liberty* (London 1960), p. 485. 关于施密特与哈耶克之间的关系,见于 Cristi, *Carl Schmitt* 和 William E. Scheuermann, *Carl Schmitt. The End of Law* (Boulder, CO 1999)。

主义的要求。① 为了获得一种自由劳动的经济，"为了国家"，自由主义不得不将自身置于"斗争的最前线"。因为只有国家才能保证"共同财富"，而且自由主义不应该为了保护某种特殊利益而卷入其中。它应该一直关注"整体"，这一整体"就是国家"。② "在民主的范围内实行专政"这一目标，从根本上说就是一个社会和道德的目标。因为社会动荡只有通过一个强有力的国家才能消除，只有这个国家才能压制阶级斗争。③ 洛普克将这一"在民主的范围内实行的专政"正确地称为一种委托专政（commissarial dictatorship）。④ 它暂时悬置了法律的统治，这是为了在面对一个"极端的紧急状态"时，重新恢复合法权威。对于这一状态，洛普克认为，那些缺乏"道德耐力"因而不能承受经济动荡的人们负有主要责任。⑤ 新自由主义对强大国家的呼吁同时也是对最小国家的呼吁，即把自己严格约束在使自由劳动的经济充满效率这一职能之上。在面对失序和政治化的劳动关系时，国家必须发挥作用，当它不得不发挥作用时，"自由社会这一最基本的原则就不得不被暂时牺牲，以维护长远的自由"。⑥ 按照哈耶克的看法，"专政可能会自我约束，与根

----

① Schmitt，'Sound Economy'. Rüstow，'Die Staatspolitischen Vorraussetzungen'. 吕斯托的论文 1932 年首次发表。法哲学家赫尔曼·赫勒［Herman Heller，'Autoritärer Liberalismus?' *Die Neue Rundschau*，vol. 44，no. 1 (1933)，pp. 289 - 98］将对强大国家的这一需要称为一种"独裁自由主义"。在保守派冯·巴本（Von Papen）主持的政府规划（1 June 1932 to 17 November 1932）中，海伦看到了这种政体的表现。关于这一点，见于 Dieter Haselbach，*Autoritärer Liberalismus und Soziale Marktwirtschaft* (Baden-Baden 1991)。

② Wilhelm Röpke，*International Order and Economic Integration* (Dodrecht 1959)，pp. 44，45.

③ Alexander Rüstow，'Diktatur innerhalb der Grenzen der Demokratie'，*Vierteljahreshefte für Zeitgeschichte*，vol. 7 (1959)，pp. 110 - 11. 这篇文章首次出现是在 1932 年。

④ Röpke，*International Economic Disintegration*，pp. 246，247.

⑤ Röpke，*The Social Crisis*，p. 52.

⑥ Hayek，*The Constitution of Liberty*，p. 217.

本不知道这些限制的民主议会相比，这一自我约束的专政可能更加自由"①。毫不意外的是，哈耶克竟然也接受了施密特的主权学说——"主权者就是决断例外的人"②。一种自我约束、因而为了经济自由进行统治的专政就是这样一种专政，它"应该没有理由惊慌"，因为它本身就是"宪政的"。③ 也就是说，一种宪政独裁"在术语上并不矛盾"，相反，它是"宪政主义的考验"。在面对自由的紧急时刻时，它通过法律的力量来保护法律的统治。④ 当罗西特说"法律是为国家而制定的，而不是相反"时，他简明扼要地提出这一观点。假设出现"二选一"这样一种情形时，"法律就必须为了国家而牺牲掉"⑤。

运用"有组织的力量"——按照弗里德里希的看法，这是为了保护被统治者的利益——并不会减少自由。恰恰相反，它是自由的条件。通过"行政行为"，它将保护并且维系自由的前景。"保卫国家的这些特殊方法"⑥——从战争法到紧急状态，从对公民自由的限制到成熟的立宪或委托专政——并不只是暂时加强国家的力量，从而导致**政府拥有更多权力，而人民拥有更少权利**。⑦ 从根本上来说，它是一种实现"自由"的方法。⑧ 尽管如此，仍然存在从专政演变为"极权主义"的危险。或者用施密特的话来说，它并非导致期望中的委托专政，而是具有主权者专政的特征。那么，该怎么办？正如弗里德里希指出的一样，"我们如何获得富有成效的政府行为，并且同时约束政府的权力，从而防止权力集中在一个暴君身上？"⑨对于弗里德里希来说，这是一个只能在实

① Friedrich Hayek, cited in Cristi, *Carl Schmitt*, p. 168. 哈耶克关于专政的自由性质的思考，是对 1973 年智利政变的反应。
② Friedrich Hayek, *Wissenschaft und Sozialismus* (Tübingen 1978), p. 125.
③ Rossiter, *Constitutional Dictatorship*, p. 4.
④ Friedrich, *Constitutional Government*, pp. 580,581.
⑤ Rossiter, *Constitutional Dictatorship*, p. 11.
⑥ Friedrich, *Constitutional Government*, pp. 563, 560.
⑦ Rossiter, *Constitutional Dictatorship*, p. 5.
⑧ Friedrich, *Constitutional Government*, p. 581.
⑨ Friedrich, *Constitutional Government*, p. 581.

践中加以解决的"逻辑悖论"。也就是说，"无论危机形势迫使一个立宪政府的领导人在禁止自由方面走得多远，他都必须走下去"①。

总之，政治神学的目的并不在于提供一套关于国家的政治理论，更不用说一套国家批判理论（它认为国家是资本主义社会关系的政治形式）。它的目的在于询问，为了维系现有的社会关系，什么东西是必要的。可以说，它从讲台走向了军营。它追问的是，在面对一场明显的社会危机、阶级斗争和政治冲突时，我们如何维持自由劳动的经济体。它建立在这一认识的基础之上，即经济自由就是"市场警察"的一项政治实践。

结论：政治经济学批判

182

传统的政治经济学认为，国家是自由经济的政治形式。它把国家看作看不见的手的政治力量。如果没有政府，社会就会陷入"动荡和血腥暴力"之中。政府是资产阶级社会的条件和前提，使其对抗性质变得文明。它保持着分裂的社会关系的统一，并且通过暴力将阶级对抗控制在法律和道德的基础之上。政治国家是自由、平等和功利等关系的有力前提。新自由主义者与斯密之间的区分在于，不同于后者，前者并没有提供一套关于资本主义社会关系的社会理论。他们要求强有力的国家行为，并视之为保护和维持自由经济的手段。通过自由的价格机制来进行的经济调节反映了这样一种持续的政治努力，即在社会结构和社会道德组织中促进经济自由。一个自由劳动的经济体的前提便是，国家成为保障这种自由的政治权威。作为市场警察，国家本质上是一个安全国家，随时保持警惕，监视社会的一举一动，以保证自由的合理运用。它不仅促使人们服从于法律的统治，而且培养企业精神。秩

----

① Rossiter, *Constitutional Dictatorship*, p. 290.

序还是混乱,这不是一个法律问题,而是一个政治决断的问题。新自由
主义者的这一政治立场表达了"波拿巴主义者"关于国家权力的神学观
念。根据这一神学观念,强大国家的真实性不是相对的。在追求一个
自由劳动的经济体的过程中,这一点是绝对的。与之相反,斯密甚至都
没有讲过"自由主义"这个词语。在他那里,不存在这样的体系要去捍
卫。斯密写作他的作品是为了批判重商主义。在 19 世纪初,自由主义
已经成为每一个逐渐自由化的国家的正统意识形态。① 正是在这一背
景下,马克思(和恩格斯一起)创作了《共产党宣言》,在其中描述了资产
阶级的世界主义性质,并把民族国家界定为资产阶级的事务委员会。

　　经济构成了一个独立的现实,这一思想表达了一个神学信仰。资
本主义国家既不独立于经济之外,也不是诞生于经济之中。同时,经济
也不包含一个由独立的经济法律建构的体系。资本主义经济是人类再
生产的社会体系,从一开始就包含着对抗性质。它的凝聚力、组织、整
合和再生产都是国家事务。它提供了"经济活动的组织"。② 因此,传
统政治经济学既不根据它与市场的关系来界定国家,也不根据其与国
家的关系来界定经济。后者包含着这样一种观念,即市场与国家是两
类不同的社会组织方式。这样一种观念的问题在于,市场是否具有相
对于国家的自主性,或者相反地,国家是否具有相对于市场的自主性,
并且将它的撤退或复兴看作权力相对于经济的撤退或复兴。对于政治
经济学来说,经济与国家之间的关系是内在统一的,而且在二者的"内
在联系"中,国家占据着基础性的地位。它反映了自由劳动的经济是一
项政府活动。

　　因此,可能不存在经济危机。经济危机就是政治经济学的危机。
在洛普克看来,我们不应该"说什么资本主义危机,而应该说国家干预
的危机"。③ 也就是说,国家"从整体到部分都是经济的情妇⋯⋯国家

183

---

① Clarke, *Keynesianism*, Chap. 1.
② Friedman, *Capitalism and Freedom*, p. 15.
③ Wilhelm Röpke, *Crisis and Cycles* (London 1936), p. 160.

必须在知识和物质两个方面同时掌控经济发展的整体"；它必须为自由和竞争进行规划。① 经济危机因而反映了政府的失败，后者对所有经济、社会和道德问题视而不见。国家既不能移除任何阻止市场自由的障碍，也不能限制竞争或贪婪的激情。它既不能保障必需品价格的下降，也不能激发企业精神的必要社会心理因素。它既不能将企业精神嵌入整个社会之中，也不能通过一个有限的福利国家来减少欲望，或者对穷人的困境视而不见（这或许可以通过福利措施、就业计划等等来加以抑制）。国家的"失败"就是资产阶级事务委员会的失败。马克思把国家——"就它本身来考察"——看作集中的、组织起来的社会的力量。这一看法就是把政治经济学看作一项政治实践。作为建立在自由劳动基础上的福利制度的组织性力量，国家维系着经济自由的秩序、资本主义的生产和交换关系，并且希望通过"必需品价格的下降"，促进自由劳动制度的进一步发展。②

马克思的观点阐明了这一自由悖论，即国家总是管得太多，同时又管得太少。无拘束的市场力量应该成为解决经济危机的唯一补救方法，这一市场自由观念带有欺骗性质。无拘束的市场其实描述的是那一消除妨碍自由经济的障碍的政治实践。类似地，市场失灵是管得太多或太少的一个后果，这一观点同样带有欺骗性质。因为它将危机的原因指认为已经运用的经济调节措施，就好像危机的解决方法只是一个技术上的调整。尽管如此，无论在哪一情形下，国家都被看作资本主义社会再生产的必要保障。为了财富的资本主义形式，即运动中的价值、货币和资本，国家就不能拥有足够的权力——价值规律是以这一点为先决条件的，即"政治国家"（马克思语）成为保障资产阶级自由关系的集中力量。在《德意志意识形态》中，马克思这样描述资本主义的再生产关系：每一个人都是互相依存的，每一个人都只能再生产他们自

184

---

① Böhm, *Ordnung*, p. 10. Hayek, *The Road*, p. 31.

② 《马克思恩格斯全集》第 30 卷，人民出版社，1995 年，第 50 页。Smith, *Lectures on Jurisprudence*, p. 6.

身,因为一切其他人都成为他的手段。此外,只有当他的再生产条件——与其他人相同——为其他人所接受、尊重和认可的时候,每个个体才能实现自己的特殊利益。因此,通过一个将所有个体统一起来的意志——作为价值的人格化,就像共同的善一样具有普适性——个人的特殊意志才成为可能。"资产阶级道德就是资产者对其存在条件的这种关系的普遍形式之一",而这些形式又"以国家的形式",必须以"国家意志即法律的一般表现形式"表达出来。也就是说,正是"这些互不依赖的个人的自我肯定以及他们自己意志的确立(在这个基础上这种相互关系必然是利己的),才使自我舍弃在法律、法中成为必要",并且采取一种国家的形式。①

法治把生产资料的所有者和自由劳动者看作处于同一地位上的主体,即拥有相同的法律权利和义务的公民。法律无视特权。它是一种平等的法律。契约关系反映了这样一种关系,根据法律,自由是对私人关系的承认,并且获得一种具有法律约束力的形式。劳动合同是资产阶级劳动自由的法律形式。它把劳动市场上的自由交换与迫使工人超出必要劳动时间、占有他的无酬劳动即利润的权利结合起来。这就导致国家成为一个"虚幻的共同体"。② 在这一平等的共同体中,"双方都只顾自己。使他们连在一起并发生关系的唯一力量,是他们的利己心,是他们的特殊利益,是他们的私人利益。正因为人人只顾自己,谁也不管别人,所以大家都是在事物的前定和谐下,或者说,在全能的神的保佑下,完成着互惠互利、共同有益、全体有利的事业"③。看不见的手成为资产阶级自由的调节原则,马克思对于这一点的讽刺包含着这样一个认识,即在这个社会中,个人受到真实的经济抽象的统治。然而,这些抽象并不构成独立的现实。它们是社会地建构起来的抽象。同样

<hr>

① 《马克思恩格斯全集》第一版第 3 卷,人民出版社,1960 年,第 196,378 页。
② 《马克思恩格斯全集》第一版第 3 卷,人民出版社,1960 年,第 38 页。
③ 《马克思恩格斯全集》第 44 卷,人民出版社,2001 年,第 204—205 页。

地,国家也不是一种独立的权力。相反,它是"社会的独立权力"。[①] 国家因此并不具有"精神的、道德的、自由的基础"。[②] 相反,社会将其自身二重化为社会和国家。与专制不同,资本主义社会的国家在秩序的基础上实施法律;它是社会秩序的集中力量。它通过制法暴力来创造秩序。它将社会经济关系去政治化,因而保障着社会交往的契约关系,同时维系着自由、平等的市场关系,将社会关系建立在平等、自由和功利的基础之上。

社会的非政治化必然导致将社会的"政治性质集中体现在"国家的身上。这一独立的制度形式正是集中起来的社会力量。政治形式并非起源于资产阶级社会,相反,它内在于自身的概念之中。为了自由,它禁止劳动力的出卖者和生产资料的所有者平等地分享面包。政治国家就是资产阶级社会的国家。

---

① 《马克思恩格斯全集》第 31 卷,人民出版社,1998 年,第 325 页。
② 《马克思恩格斯全集》第一版第 19 卷,人民出版社,1963 年,第 30 页。

第四部分

反资本主义：
神学与否定实践

第九章 反资本主义与反犹主义
要素:神学与现实抽象

资本的人格化批判

本书是以如下的观点开始的:感性的社会实践存在于超感觉的经济事物的运动之中,并通过这种运动得以维系,超感觉世界就是人类感性实践的颠倒形式。因此,根据马克思的说法,批判的观点认为个人不应该对关系负责,因为"不管个人在主观上怎样超脱各种关系,他在社会意义上总是这些关系的产物"①。仅仅批评资本家过度追求利润,或者批评银行家一味地挣更多的钱是不够的。这些行为体现了资本主义社会关系的"客观必然性",并伴随着毁灭的痛苦。无论是资本家、银行家还是工人,都无法从他们所生活的现实当中脱离出来,现实不仅作用于他们,而且也通过他们、借助他们表现自身。

在这种条件下,"批判的是什么?"成了一个重要问题。正如我在导

---

① 《马克思恩格斯全集》第 44 卷,人民出版社,2001 年,第 10 页。海因里希提出了相似的目标,参见 Michael Heinrich, *An Introduction to the Three Volumes of Karl Marx's Capital* (New York 2012), Chapter 10, Section 2。

论中提出的那样，人们如何反抗货币的宿命般的运动？显然，对银行家
进行批判，或对任何社会经济系统——它作为作用于社会个人的独立
力量表现自己——的运作者进行批评，都没有抓住批判的对象。作为
批判理论，政治经济学批判不是对经济范畴化身的批判。它不是要指
出劳动经济是被资本家和他的政治同伙——这些政治人物将私人利益
打扮成全人类的利益以满足这个需要——的私人利益给破坏了。相
反，它是对人类再生产的资本主义社会关系的批判，这些社会关系以经
济事物运动的形式为前提，将自己对象化在人的身上。

尽管每个人都"被抽象所统治"，但是巨额财富的拥有者们却把这
个统治经验为财富和权力的源泉。在这个条件下，霍克海默和阿多诺
认为，只要"被统治者"还是在颠倒的世界——这颠倒的世界中，金融危
机、经济衰退和通货紧缩的原因都被归结为可见的个别人的贪婪行
为——中进行斗争，那么"统治者"就依旧是安全的。① 对资本主义神
秘性的批评要求多做这个，少做那个。它给出谴责并宣称知道"如何纠
正错误"。资本家们的逐利意识和投机者的贪婪——而不是资本主义
社会关系的再生产——受到了批评、否定和谴责。这就是说，对资本家
们的批评表现为对另一个更好的、为"工人"利益服务的资本主义的追
求。马克思正是在这一点上批判了蒲鲁东。② 蒲鲁东将对资本主义的
批判变成了对资本家的批判，他试图从资本主义中解放出资本，利用资
本的经济力量来投资社会，为良序社会谋福利。

对资本家的批判，不仅完全没有触及资本范畴本身，而且将"资本"
范畴提升为某种超越批判的东西。它不是对资本主义生产关系的批
判，而是要找出有罪的一方，谴责它，并寻求国家采取行动去解决问题。
所以它把资本主义条件归结为某些可辨识的人的意识活动，这些人不
再表现为经济范畴的人格化，而是相反，成了苦难化身的主体。这种经

---

① Theodor Adorno and Max Horkheimer, *Dialectics of Enlightenment* (London 1979)，p. 179.

② 参见马克思《哲学的贫困》，以及《政治经济学批判大纲》。

济范畴的人格化包含了一系列的区分,其中最重要的是区分了两种资本家:一种是雇佣勤奋的、具有创造性的人,继而作为"现实"财富"生产者"的具有生产力和创造力的资本家;另一种是通过投机取巧,损害工业和工人利益而获利的金融或寄生性的资本家。在这里,一边是使用价值和具体劳动,另一边是交换价值和抽象劳动(包括以货币形式出现的价值),双方都以不同的人格化出现——这是创造性的实业家与寄生性的银行投机者之间的较量。于是,关于资本主义的观念被金融利益所破坏。金融把资本主义变成了一个赌场,它以国家工业、国家财富、国家工人和国家和谐为代价转动着世界财富之轮。

在这种视角下,资本拜物教——在作为财富"最无意义、最难捉摸的形式"的货币形式中表现自身——体现了银行家、金融家和投机者们的意识活动和意愿。[①] 也就是说,一定形式的社会关系以货币运动的形式表现自身,并在这个货币运动形式之下,反抗着货币所统治的世界的人格化。对资本人格化的批判,明确了社会中的"不法之徒",并将其称作贪婪的商人。为了就业和工业,人们需要做一些事情。人们可以去做一些事情! 对资本主义生产关系的人格化批判,从一开始就容易被滥用。它的想法几乎完全就是责怪,谴责特定政党是一股藏在经济现象背后、将活生生的人从由勤劳者组成的民族共同体中抽离走的力量。这种对苦难主体的认同,导致了对世界市场的资本社会的谴责,认为它是一个由金钱和权力构成的网络,把自己的破坏性力量强加给一个民族,使这些民族成为全世界商贩的受害者。当下的观点认为,新自由主义资本主义是在华盛顿达成的货币与权力协议,即所谓的"华盛顿共识"的结果,这个看法认同(至少是暗示了)在美国政治和军事力量的支持下,受金融驱动而阴谋建设的世界经济剥削了世界各国。[②]

对金融帝国主义的批判,要求将反帝国主义理解为一种进步的、解

197

---

① 《马克思恩格斯全集》第 31 卷,人民出版社,1998 年,第 377 页。
② 彼得·高恩(Peter Gowan)的《全球赌博》(*Global Gamble*,London 1999)是这个观点最具代表性的论述。

放的力量。反帝国主义的反面是民族解放,通过民族解放,被支配的民族共同体在反抗金融全球化和帝国权力的分裂力量中捍卫自身的身份。因此,迈克尔·哈特和安东尼奥·奈格里声称"最好不要被理解为前现代,而是作为一项后现代计划"。他们所认可的国家主义"进步"形式完全是退步的。① 这纯粹是意识形态:

> 从病态的民族主义中区分出健康的民族情绪……从被看作健康的民族情绪到它被高估的状态,其动力是不可阻挡的,因为它的不真实性植根于人们认同自己与自然和社会的非理性联系行为当中,在这过程当中人们只是偶然地发现自己。②

把民族国家当作解放的主体,就像盲目相信民族命运和民族目标——从民族工业到民族利益再到民族历史——完全一致那样,是非理性的。把民族看作存在与发展的基础的观点,意识到"世界主义"成
198 了一个被滥用的术语。它将自己的信念建立在一个假想的、作为自然的活动之物——被偶像化为"人民精神"的东西——的民族概念之上。如果真的可以谈论人们的民族精神的话,那么这种民族精神不是自然,而是历史形成的结果。通过把历史还原成自然,或者用自然去阅读历史,民族解放的斗争变成了一种妄想,因为人们必须把自己当作创造民族历史和命运的自然力量去行动。人们想象的本质依赖着某些无法定义的他者(Other)的存在,这些他者成了戴罪民族(the wronged nation)的虚假的具体抽象焦点。③

识别"有罪方"、投机者、银行家和美国帝国主义的做法,将经济客

---

① Michael Hardt and Antonio Negri, *Empire* (Cambridge, MA 2000), pp. 149, 105.

② Theodor Adorno, *Critical Models: Interventions and Catchwords* (New York 1998), p. 118.

③ 这部分运用了阿多诺的观点,参见 Adorno, *Lectures on History and Freedom* (Cambridge 2008a), pp. 100 - 2。

观世界人格化了，并指认它们是破坏民族利益和谐的敌人。根据阿多诺和霍克海默的观点，对现实经济抽象运动的人格化包含了反犹主义要素。① 资本主义的人格化批判不是资本主义批判，而是在有罪方中辨别出了资本主义的令人憎恶的形式。因此，它在身份认同的魔力下谴责可被识别的罪犯，但这种辨识一度被极端化为盲目的怨恨，并在寻求拯救的过程中表现出非常大的蛊惑性。投机者的名字是什么？银行家的特征是什么？犯错的人（wrongdoer）住在哪里？如何使得他们无所遁形？尽管看似捉摸不到，但这些做错事的人可以被发现和命名。他们无处不在，并被谣传是隐藏在世界表象背后，以毁灭性的力量强加在民族的和谐关系之上。当纳粹理论家阿尔弗雷德·罗森博格（Alfred Rosenberg）将现代反犹主义描述为对共产主义、布尔什维克和"犹太资本主义"——即一种不是由生产性劳动和工业构成，而是由货币与金融、投机者和银行家构成的资本主义——的攻击时，他实际上准确地道出了现代反犹主义的本质。② 反犹主义表达了一种对现实情况的毫无意义的、野蛮的不满，却完全不触及资本主义，它体现为一种极权主义。它之所以是极权主义，是因为它"竭力用受压迫的自然对统治的反叛来直接为统治服务"，甚至到了彻底毁灭的地步。③ 奥斯维辛就是这种毁灭。④ 对阿多诺而言，奥斯维辛不仅仅体现了资产阶级抽象平等和抽象同一性关系的暴力，而且也证实了资产阶级的纯粹同一性

---

① Adorno and Horkheimer, *Dialectics*.

② Alfred Rosenberg, *Der staatsfeindliche Zionismus* (Munich 1938).

③ Adorno and Horkheimer, *Dialectics*, p. 185.

④ 当然，盛行于奥斯维辛的反犹主义与 1945 年之后的反犹主义之间是存在着差别的。然而，反犹主义是否会因为奥斯维辛或除去奥斯维辛而继续存在，这是一个没有意义的问题。"因为"和"除去"这两个词使人们看到，奥斯维辛这个杀人工厂实际上在摧毁反犹主义这一点上是成功的。这一观点同意，反犹主义与社会没有多大的关系，而是与犹太人有某种联系。这一观点的历史，以及它在当代社会中的痕迹，请参考 Detlev Claussen, 'The Dialectic of Social Science and Worldview. On Antisemitism in Sociology', in ed. Marcel Stoetzler, *Antisemitism and the Invention of Sociology* (Lincoln, NB 2014)。奥斯维辛在资产阶级社会的史实性中不是一个事件，正如我在第四章中指出的，过去并不会揭示当下，相反，是当下揭示着过去。

关系就是死亡。[①] 这就是说，每个人都可以被编号，成为一个数字，那些被编号的人都按照数学的精确性进行加总，以便完成对既定数量的人类材料的最佳计算。大写的人（Man）的形象是形而上学的干扰。主体并不存在。每一个数字都是资源。那些被认定毫无价值的人类材料，将被毫不迟疑地用毒气杀死。时间最为宝贵。没有时间可以被浪费。

本章认为，现代反犹主义作为资本主义令人憎恶的形式的化身，是"关于犹太人的谣言"。[②] 这个谣言意味着，反犹主义表达了对资本主义的抵抗。本章将重点阐述这个重要观点。下一部分将介绍反犹主义的诸要素，揭示它们在现代反帝国主义的存在条件，指出反帝国主义所认为的"敌人的敌人就是朋友"这一想法完全是一种倒退。最后两个部分将探讨阿多诺和霍克海默的纳粹反犹主义概念。[③] 结论将指出，反犹主义表达的是一种反资本主义的神学。

反犹主义要素：寄生虫与民族解放

种族主义和反犹主义是"统一中的差异"。几乎所有形式的种族主义，都会把某个"他者"指作瓦解（假想的）国家统一的力量。种族主义把"他者"视为次要的或"下等人"。这种"他者"可以在经济上被剥削，在政治上被当作替罪羊。相比较反犹主义，这里被种族化的"他者"被看作一股根深蒂固的力量——它有自己的民族根基和传统，它从属于不同的民族共同体。种族主义要求"他者"毫无保留地接受自己的不平等地位。它不是要"排斥"这些人，而是要"把他们作为下等人留在体系

---

① 我在后面第二部分将回到这一点。
② Theodor Adorno, *Minima Moralia* (London 1974), p. 141.
③ 参见他们在《启蒙辩证法》中提到的"反犹主义要素"这部分。

内"①。对于种族主义者而言，"他者"是潜在的奴隶，应该服从社会的需要而被管制。这种管制是通过制度性种族主义、驱逐威胁、种族隔离、种族定性、诽谤纵火、谋杀和暗示移民身份不稳定本性的强制转移等措施完成。种族主义将封建主义的社会等级关系、地位和特权向资产阶级转化，就像它曾经做过的那样，将"有机"社会中的主人与奴隶关系向现代化过渡。在这个"有机"社会中，每个人清楚自己的社会地位，"他者"的出现为生活的破败找到了借口，从而成为被仇恨和嘲笑的对象，他们唯有安静地工作、不被看见，才会被勉强接受。

与之相反，反犹主义把"他者"看作无根的、全能的。对于反犹主义者而言，犹太人来自各个地方，是漂浮不定的世界主义者，被描述为永远不知疲倦地从一处地方流浪到另一处地方，兜售着金钱与苦难。作为报复，"流浪的犹太人"是不被允许休息的，甚至在死后也是如此。亵渎犹太人墓地是反犹主义的缩影。② 反犹主义者认为犹太人是无根的，因此犹太人试图寻根——即使是死亡之后——是一种挑衅和具有煽动性的行为。也就是说，"犹太人"就是"无根的""非自然的"：他们的根在书中，在理性、狡猾、争论、理念、抽象思维之中，他们人格化了抽象财富——货币与金融。理性是属于不同政见者、异端人士和危险分子们的强大破坏性力量。反犹主义者将这种理性的力量归之于狡猾的"犹太人"。③ "犹太人"拥有着无根的智慧，这是一种破坏有机社会的力量。然而，他们的力量无法被具体界定，它是抽象的、无形的隐形力量。反犹主义不涉及具体的人，它是"关于犹太人的谣言"④，所有犹太人无一例外——因为没有特别的人能被指出来是罪魁祸首——都是有

200

---

① Immanuel Wallerstein, *After Liberalism* (New York 1995), p. 78.

② 这个观点源自阿多诺和霍克海默的《启蒙辩证法》。

③ 正如帕特·布坎南(Pat Buchanan)看到的，美国价值观的危机是受"批判理论"影响的结果，因此他坚持认为"共产主义犹太人要为那些麻烦"负责。Pat Buchanan, *The Death of the West* (New York 2002). 布坎南是美国总统尼克松、福特和里根的前高级顾问。他是一位保守主义思想家。

④ Adorno, *Minima Moralia*, p. 141.

罪的。因而，所有人都可以是犹太人。犹太人被认为是藏在现象背后的那个人。反犹主义将犹太人当作"无根的、不可见的"破坏性力量、邪恶的化身，这与种族主义将他者当作现实或潜在的奴隶形成了对比。邪恶是无法被驯服的，因为假如它能够被驯服的话，那它就不再是邪恶的了。邪恶应当被消灭。犹太人使不可见的力量人格化了，这种力量需要非人化才能显现；一旦被简化为可以追踪的、好像是真的隐形了的暗号，那被投射为破坏国家和谐关系的敌人则消失得无影无踪。①

现代反犹主义将金融和投机者称之为贪婪的商人，相应地，它信奉一种民族共同体，这个共同体以假设的祖辈代代相传的传统和想象的民族道德与统一形式的联系为基础。民族性格的形成被认为源自民族（作为平等的有机共同体）的自然纽带，这些自然纽带以血缘和祖先们对土地的占有为基础。民族"遵从血缘，产生于土地，为家园提供了坚不可摧的力量和永恒，它由'种族'的特征团结起来，保持'种族'的纯洁是（民族）'健康'的前提条件"。②反犹主义认为，先前的民族是与由宿命式的抽象——特别是作为资本主义财富卓越形式的货币与金融——统治的世界相对的。追求更多货币的货币包括了财富和毁灭的自由，它将财富视为一种独立的力量，并且是在生产者背后显示自己的独立力量，所以生产者受到的似乎是一种无形力量的控制。反犹主义将对财富状况的不满，转变为对货币的"犹太资本主义"的集体愤怒和怨恨。犹太人被描述为"内在的外部敌人"——为了赚更多钱在民族工业之中做着投机牟利的勾当，这一描述假设了民族国家作为单一"民族船"的守门人的存在，它借由民族团结、民族斗争、民族共同目标和民族工业与经济所界定。

201　　　这种对民族团结和经济奋斗的界定将物质财富的生产归结为民族的具体劳动，这是与资本主义财富作为世界市场条件的抽象概念不同

---

① 或者像让-保罗·萨特在《反犹主义与犹太人》(*Anti-Semite and Jew*, New York 1976)中指出的，一旦暴民聚集起来，犹太人就可以被毫不顾忌地踢开。

② Herbert Marcuse, *Negations* (London 1988), p. 23.

的,在后者那里,只有少数人能在货币和金融的形式下积累起这种财富。民族用汗水和泪水创造出物质财富,而货币和金融财富似乎什么都没做。它依赖着货币买卖,依赖着对一个勤劳民族的国家财富进行投机,造成灾难性后果。资本主义生产关系不见了,取而代之的是辛勤劳动的民族;社会阶级分化不见了,取而代之的是从属国与帝国之间的界限;接着,犹太人作为抽象财富的人格化,成了凌驾于世界各国(包括帝国主义和垄断资本主义)的一股无形但具有破坏性的力量。

批判帝国主义要求作为革命解放实践的民族自决。放弃作为革命思想关键范畴的阶级概念,用统治民族的范畴取而代之,这一做法在对待以色列时依旧强势。根据佩里·安德森——最具批判性和独创性的反帝国主义左派思想家之一——的论述,"由于在商业、政府和媒体等领域根深蒂固,美国的犹太复国主义在 60 年代就已经牢牢掌握了有关以色列的公共舆论和官方政策,只有在很少的情况下受到削弱"。[①] 对于安德森而言,以色列是犹太国家,它的民族胜利,就是犹太人的胜利,它的经济就是犹太人的经济,以色列成了"食利国家",作为美国在中东的帝国主义桥头堡被保留了下来。所以,犹太人不仅征服了巴勒斯坦,而且他们也控制了美国,或者像詹姆斯·佩德拉斯(James Petras)认为的那样,当前"美国的帝国大厦"是由"犹太复国主义的帝国建设者们"塑造的。[②] 在佩德拉斯看来,犹太复国主义是现代美国帝国主义维护资本主义利润和财富、权力和寄生性繁荣的意识形态和影响深远的组织体系,以及政治实践。[③]

在反帝国主义团结联盟的旗帜下,最令人厌恶的政治力量可以追

202

---

① Perry Anderson, 'Scurrying Towards Bethlehem', *New Left Review*, 2nd series, no. 10 (2001), pp. 5 - 30, 15.

② James Petras, 'Empire Building and Rule: U. S. and Latin America', in ed. Pratyush Chandra, Anuradha Ghosh and Ravi Kumar, *The Politics of Imperialism and Counterstrategies* (Delhi 2004), p. 210.

③ James Petras, *The Power of Israel in the United States* (Atlanta, GA 2006).

求看似进步的目标，但如果仔细去看的话，这些目标完全是退步的。按照亚历克斯·卡利尼克斯的说法，反帝国主义必须"（至少）满足正义、有效、民主和可持续的要求"。[①] 为了使反资本主义运动更为激进，他要求给予反帝国主义"抵抗"团体以道义上的支持，而后者公开敌视他所拥护的反资本主义运动提出的最终目标。[②] 他敦促左派与"受人尊敬的伊斯兰神职人员"结成同盟，以便"用反帝国主义的锋芒使反资本主义激进化"。[③] 也就是说，"我们必须在（巴勒斯坦或伊拉克）具体问题上同穆斯林兄弟会合作"。[④] 朱迪斯·巴特勒以同样不假思索的方式认为，反帝国主义抵抗本身是一件好事。当《妇女在线杂志》要求澄清她为什么认为哈马斯和真主党是进步社会运动时，她指出："诸如哈马斯和真主党等社会运动，应当被描述为左派运动……它们之所以是左派，因为它们反对殖民主义和帝国主义。"[⑤] 由于她不能容忍使用暴力的手段，她反对两者的斗争策略，不过还是接受了它们作为全球左派阵营的一员，因为它们拒绝帝国主义，寻求民族解放。巴特勒对"左派"的定义不涉及社会目标，把历史上和当代的许多令人无法忍受的同伴都囊括了进来。除了想象的民族存在和将它浪漫化，提及民族解放到

---

① Alex Callinicos，*An Anti-Capitalist Manifesto* (Cambridge 2003)，p. 107.

② Alex Callinicos and Chris Nineham, 'At an impasse? Anti-Capitalism and the Social Forums Today', *International Socialism* (online) no. 115 (2007)；http://www. isj. org. uk/index. php4? id＝337&issue＝115 (accessed 31 May 2013). 也可参见 Chris Harman, 'Hizbollah and the War Israel Lost', *International Socialism* (online), no. 112 (2006)；http://www. isj. org. uk/index. php4? id＝243&issue＝112 (accessed 31 May 2013)。

③ Alex Callinicos, 'The Grand Strategy of the American Empire', *International Socialism Journal* (online), no. 97 (2002)；pubs. socialistreviewindex. org. uk/isj97/callinicos (accessed 29 July 2010).

④ International Socialism, 'Egypt: The Pressure Builds Up', *International Socialism* (online), no. 106 (2005), p. 31；http://www. isj. org. uk/index. php4? id ＝90&issue＝106 (accessed 29 July 2010).

⑤ 参见 http://radicalarchives. org/ 2010/03/28/jbutler-on-hamas-hezbollah-israel-lobby/，她引用的评论参见 http://www. aviva-berlin. de/aviva/Found. php? id ＝1427323(accessed 8 April 2013)。

底意味着什么？

斯拉沃热·齐泽克提供了一个更为谨慎的观点。他说，在面对反犹主义时，人们不应该"鼓吹自由主义的宽容"，而是要"以一种直接的方式表达潜在的反资本主义动机"。[①] 然而，反资本主义并不必然意味着要为人类的无阶级社会目标而斗争。齐泽克对潜在的反资本主义动机的观察，似乎赞同一种目的论的历史观，相信资本主义是向共产主义过渡的一个阶段，如果是必然的话。但假如不是必然呢？存不存在着其他的反资本主义形式的可能？以直接的方式表达又究竟意味着什么？为反资本主义而支持反资本主义完全是一种误解。亚历克斯·卡利尼克斯反对将基地组织描述为法西斯主义而进行的强力辩护，就是一个典型的例子。被贴上的法西斯主义标签是否适用无关紧要，这种对社会事物进行标签化、不做进一步思考它们究竟是什么的处理方式，更加值得我们注意。

反资本主义并不是反对当前社会主流劳动方式的单一形式，"非替代的"反资本主义与这种反资本主义之间存在着天壤之别。[②] 在最好的情况下，与虚假朋友团结可以看作反抗的激进姿态；在最差的情况下，受怨恨造成的愤怒和盲动影响，它则会"自讨苦吃"[③]。反帝国主义者认为敌人的敌人就是朋友，这个观点缺乏可靠的社会内容。它引入的是某种想象的民族或跨民族的"倒退的平等"。[④] "如果'差异'已经是理论上反理性的标志，那么'他者'就成了实践上反理性的标志。"[⑤] 因此，齐泽克认为，我们不应该尝试把阿拉伯反犹主义"理解"为对巴勒斯坦悲惨处境的一种"自然"反应，这是正确的。它应当被"无条件地"

---

①　Slavoj Žižek, *Welcome to the Desert of the Real* (London 2002), p. 130.

②　参见 Marcel Stoetzler, 'On the Possibility That the Revolution That Will End Capitalism might Fail to Usher in Communism', *Journal of Classical Sociology*, vol. 12, no. 2 (2012), pp. 191–204。

③　参见 Adorno, *Minima Moralia*, pp. 73–4。

④　Adorno, *Minima Moralia*, p. 56.

⑤　Gillian Rose, *Judaism & Modernity* (Oxford 1993), p. 5.

抵制。要将伊斯兰反犹主义"理解"为反对帝国主义的一种"合理"表达的愤怒，这就是在暗示说，反犹主义是对资本主义的有价值的抵抗。类似地，不应当试图去"理解"以色列"在大屠杀背景下作为'自然'反应"的各种措施①。这种"理解"接受了纳粹将军事化国家行动合法化的做法。每个国家都是记忆的创造者，以国家和民族利益的名义使自己以及所施行的政策合法、正义。这种对过去的使用无法拯救死者。在本雅明之后，救赎包含了在当代人类解放斗争——这场斗争既是特殊的，又是普遍的、不可分割和无价的——中对过去的再发现。② 它与异教徒、反对派和不同政见者相关，而不是与好的国家公职人员有关。因此，如果想要在抽象民族的欺骗宣传之外批判以色列，就必须集合起不同政见者和反对者的勇气，对民族复杂问题进行思考。它必须看到被同一民族国家的政策形式所遮蔽的社会差异。以色列在同巴勒斯坦打交道时采取的卑鄙暴力与犹太性没有关系。国家暴力不是犹太人的特征。在理解资本主义社会关系时，暴力占有支配性地位，其中国家被描述为这个社会的集中力量。

"犹太人"究竟指的是什么？什么是犹太国家？伟大的国家自治理论家托马斯·霍布斯将它理解为社会契约的结果，社会契约允许在相互保护的基础之上进行利益的斗争。他的国家看上去就像是凡人的上帝一样。亚当·斯密将国家定义为市场赋予的权力：它监管着私人利益的守法情况，保护理想的自由状态。为了经济自由，国家——作为市场警察——应当足够强大。卡尔·马克思认为国家是资产阶级社会的集中力量，是资本主义社会关系的政治形式。马克斯·韦伯指出，国家不应当从它的职能方面去界定，更不用说想象的民族特征方面，而只能从它的手段——合法的暴力——去下定义，他将现代国家理解为一个机器。列宁则是把国家描绘成阶级统治的工具，强调无产阶级专政。

---

① Žižek, *Welcome to the Desert*, p. 129.

② Walter Benjamin, 'Theses on the Philosophy of History', in *Illuminations* (London 1999).

所有这些论述都没有从大众假设的或想象的民族特征这一角度来定义国家。塑造民族身份是一项政治任务，所以佩里·安德森认为民族主义内在地就是对"他者"——不管是谁——的潜在暴力的看法是完全正确的。①

"犹太人"不是指社会关系中具体的某一类人，不是指某个具体的个人，像阿里尔·沙龙（Ariel Sharon）或卡尔·马克思、阿尔伯特·爱因斯坦或艾玛·古德曼、罗莎·卢森堡或里昂·托洛茨基、米夏埃尔·诺依曼或伊斯特·罗森博格。它无视人类的差别，反对资本主义社会是由各种对立的社会关系构成的观点。它的谴责是总体的，因为它把所有人都当作某种固定不变类型的代理人，不论他是无政府主义者、共产主义者、反对派、资本家或是工人、保守派、宗教狂热分子、战争贩子、爱好和平者、乞丐或是普通而乏味的一般人。② 它将那些抽象的、无视理性的、想象的"品质"——不是矛盾、区别、对立、斗争和冲突——投射到反犹主义依存的民族身上，用作对作为现存社会关系集中力量的国家形式的批判，取代关于民族朋友和敌人的极权主义概念。在这个关系中，理性是被悬置的，思维进一步被引向非理性的信仰：敌人的敌人（从哈马斯、真主党到穆斯林兄弟会）就是朋友。

反犹主义并没有以其他的方式阐述反资本主义，它批评资本主义是一个犹太权力体系。德国"红军派"（German Red Army Faction）的联合创始人之一乌尔丽克·迈因霍夫（Ulrike Meinhof）简明扼要地将这种反犹主义合理化表述与对资本主义的仇恨结合起来，她说：

> 奥斯维辛意味着六百万犹太人被杀死，被扔进欧洲的垃圾堆，因为他们当初是货币犹太人。金融资本和银行家——

---

① Anderson, 'Scurrying Towards Bethlehem'.
② 的确，对爱国的反帝国主义抵抗运动的轻率支持，没有接受女权主义者、社会主义者、共产主义者和无政府主义者。它承认了反帝国主义的抵抗，比如说，真主党的运动，而没有被承认的则可能在地球表面被抹除。

帝国主义和资本主义体系的坚硬内核——将人们引向对货币和剥削的憎恶，对犹太人的仇恨……反犹主义实际上是对资本主义的仇恨。①

犹太人之于资本主义是什么？当反犹主义攻击资本主义时，他们攻击的是什么？衡量成功的标准又是什么？接下来的部分将参考纳粹的反犹主义去探讨这个问题。

抽象时间

反犹主义并不"需要"犹太人。它所说的"犹太人"无法被具体界定，它是一个不排斥任何人的抽象。任何人都有可能被当作犹太人。"犹太人"概念不包含任何个性，不可能是一个男人或女人，也不能被视为工人或乞讨者；"犹太人"这个词关系的是一个非人（non-person），一个抽象。"犹太人就是别人认为是犹太人的人。"②在《启蒙辩证法》中，霍克海默和阿多诺强调"理性"包含着彻底的"工具理性"。"工具理性"是理性的虚假朋友。理性需要知道人类关于某件事的目的是什么；然而工具理性本质上感兴趣的是两件事："花多长时间？"和"花多少成本？"所以它关注的是事物的功能，寻求尽可能高的效率和尽可能经济的处理方法，不管事物可能是什么。在一个受现实抽象控制、由抽象社会时间衡量的世界里，仅存的差异——超越经济强制的生活瞬间——是无法忍受的挑衅。它助长了盲目的怨恨和愤怒，这正是反犹主义关

①　Ulrike Meinhof，引自 Georg Watson, 'Race and the Socialists', *Encounter* (November 1976), p. 23. 关于奥斯维辛和联邦德国左派，参见 Detlev Claussen, 'In the House of the Hangman', in ed. Anson Rabinbach and Jack Zipes, *Germans and Jews Since the Holocaust* (New York 1986).

②　Sartre, *Anti-Semite and Jew*, p. 69.

注和利用但自身并不生产的东西。"没有权力的幸福是站不住脚的，因为只有掌握权力的人才会有真正的幸福。"①

　　反犹主义区分了"社会"和"民族共同体"。"社会"被界定为"犹太人的"，而共同体则被塑造成与社会相对的另一个世界。共同体被看作自然的，但因为某种"邪恶"的抽象社会力量的存在，它的自然特征处于危险之中。反犹主义赋予犹太人的特点包括流动、无形、无根性，以及针对由诚实人和辛勤劳动者组成的想象的共同体的阴谋诡计。理性之所以被排斥，是因为它渴望探求事物的根基，而事物的根基只可能是社会关系中的人。理性是批判的武器，它挑战了人仅仅被当作纯粹经济资源的状况。对反犹主义来说，思想的独立性和无所畏惧、自由思考的能力是令人憎恶的。它厌恶如下的观念："人是人的最高本质。"②相反，它寻求通过激烈地肯定令人发狂的现实来获得解脱，而这个现实是由现实经济抽象统治的。它在颠倒的经济形式外壳下坚持自己的主体性，"疯狂代替了人类能够按照人的方式组织自己世界的梦想，我们的人造世界正在顽固地拒斥这个梦想"③。

　　对自由劳动经济的辩护者来说，提及"看不见的手"似乎找到了解释的避难所。④ 它用不可见的东西解释所有事情。"饥饿是上帝惩罚那些对资本主义没有信仰的人的手段。"⑤不过，对反犹主义而言，不可见的力量是可以得到解释的——想象的犹太人就是这种存在的人格化表现。犹太人被打上社会寄生虫的标记，它被认为压制、破坏和扭曲了同根同源的"民族共同体"。"犹太人"范畴被当作（资产阶级）文明不可

　　① Adorno and Horkheimer, *Dialectics*, p. 172. 关于作为抽象时代消失环节的资本主义财富，参见第六章。

　　② 《马克思恩格斯全集》第 3 卷，人民出版社，2002 年，第 207 页。

　　③ Theodor Adorno, 'What Does Coming to Terms with the Past Mean?' in ed. Geoffrey H. Hartman, *Bitburg in Moral and Political Perspective* (Bloomington 1986), p. 124.

　　④ 关于"自由劳动的经济"的意义，参见第四章。

　　⑤ John D. Rockefeller Sr., 引自 Manning Marable, *Race, Reform and Rebellion* (Jackson, MS 1991), p. 149。

抗拒的、抽象的无形力量，从市场的"看不见的手"到货币和法律面前的抽象平等关系。它是抽象思维、抽象平等和抽象财富的人格化。

207　　反犹主义强化了某种假定的前辈们的人民共同体的"倒退的平等"，这个共同体不仅起源于神化的土地所有权，也起源于想象的血缘关系。与货币和金融这种寄生性财富不同，他们声称自己是具体事物的创造性生产者。作为抽象平等化身的犹太神话，遭遇了土地的原始占有和积极生产的神话。人民同志（Volksgenosse）①认为自己是自然之子，是自然的存在。他把自然共同体从资本主义文明的无根的、抽象的价值中解放出来这一过程看作自己的天然使命，要求所有事物回归"自然"。简而言之，人民同志把自己描绘成有着共同的血缘和祖先传统根基，为集体所认同的愤怒进行辩护。这种愤怒直接指向文明对自然的胜利，这种胜利似乎是在嘲弄着人民同志所付出的汗水、辛劳和体力劳动，而他者则作为银行家和投机者，过着光鲜亮丽的生活。人民同志渴望为自己生活，所以他们以死相搏，并将拔出的金牙储存起来。

对于人民同志而言，犹太人"不只是单个人的阴谋诡计的替罪羊，而且是更广意义上的替罪羊，因为所有阶级在经济上所遭受的不公正待遇都归罪于他们身上"。② 大屠杀不仅仅被纳粹理解为一种解放行动，而且还是道德义务：反犹主义呼唤"受难"民族共同体去反抗"无根的"社会力量，进行"正义的"复仇。"共同体"既被视为受害者，也被视为"强大的"。力量来源于民族的神话-自然概念。这种共同体的归化在"行动"的归化中找到了谋杀的合法性：自然被看作命中注定的。

反犹主义将理性和货币污名化为一种邪恶，不仅仅将它们同它们的化身犹太人神化为不知从何而来的力量，还编造了一个故事，讲述的是那些"有家的""传统的""有根的"和拥有土地的人如何成为某种抽象、无形的经济力量的受害者。"世界的形成发生在每个人的背后，即

---

① 该德语词汇本指代"国民"，纳粹时期逐渐演变为指代具有同一德国血统的社会成员，即纳粹德国民族共同体的成员。——译者注

② Adorno and Horkheimer, *Dialectics*, p.174.

使它是人们劳动的结果"，这一洞见已经与自己背道而驰：反犹主义者认为世界的显现是在他们理解的民间背后发生的①。然而，反犹主义否认这是人们自己的成果。取而代之的是，这个世界充满了邪恶的全球性力量，密谋破坏建立在祖先、传统、血缘和工业基础上的民族和谐关系。"犹太人"范畴就是这股邪恶力量的人格化。在"善"与"恶"的斗争中，双方的和解看似没有可能，也不可取。为了解放"善"，"恶"必须被铲除，在试图从全球金融和货币失序的状态中，以及从帝国的命令中获取民族解放的过程当中，愤怒的怨恨解开了所有非理性力量的枷锁——这是"一场以思想的完全功能化而结束的运动"②。

　　康德认为，理性应当引导人类走向成熟，这个观点阐明了理性应当超越自身去思考，以便在人性中找到解放的意义和重要性。这是理性的革命性要求。理性需要批判性思维和判断、智慧和巧思、反思和颠倒。理性是无价的，也是无法定价的，因而对它持怀疑的态度也是正确的。在一个由经济数量的运动控制和对活劳动——作为在质上不可辨识的经济资源，也就是一种标准化的、灵活的生产要素，不论"生产"什么都可以雇佣的经济资源——进行微观经济学组织的世界里，它询问社会的目标是什么。在抽象时间的外壳下，差异只存在于量上的差异，正是由于这种成功的标准，理性似乎成了这个"敌视主体"的世界的非理性③。所有的社会劳动时间只要是在获利的时间内进行，那么它就可以以货币的形式表现出来；如果不是的话，那么它就没有价值，投入其中的劳动就是无效的。获利的时间就是经济成功的时间，按照回报率进行衡量。只有被量化了，付出的才算数。所有事物按照用途进行评估，剩下的都被销毁。高效的组织、冷静的执行力——像刽子手在行刑室里那种残忍的冷静——反映在它对个性的漠视上：在统计结果时，尸体都是一样的，他们真的是彼此平等的；数字和数字之间没有任何区

①　Marcuse，*Negations*，p. 151.
②　Marcuse，*Negations*，p. 23.
③　Adorno，*Negative Dialectics*，p. 167.

别,除了数量上的差异——这是衡量成功的标准。花了多长时间? 花了多少成本?"反犹主义者不健全的方面并不在于投射行为本身,而在于他丧失了对这种行为的反思能力。"①在经济数量的运动所控制的世界里,量的扩张是衡量成功的标准。就质的方面而言,除了比其他的数量大,一个数量和任何其他数量都是一样的。在这个情况下,阿多诺指出:"奥斯维辛确证了纯粹同一性哲学就是死亡。"②

因此,奥斯维辛也不仅因为为灭绝而灭绝的行为,而且也通过"抽象化"确证了"抽象"原则的"顽固性"。将抽象概念归为"犹太人"否定的不仅是人性,因为"犹太人"被驱逐出了想象中的民族共同体。抽象也是被抽象的:所有可使用的都被使用了,像是牙齿、头发、皮肤等;最终,劳动力和抽象的东西也都被抽象了,成了不可见的东西。被看作"犹太人"力量化身的市场的看不见的手,变成了看不见的空气。

反犹主义、金融与工业

纳粹的反犹主义不同于旧的基督教世界中的反犹主义,但这并不意味着它没有利用基督教反犹主义,后者指控"犹太人"杀害了耶稣,干着买卖货币的勾当。现代反犹主义借用和转化了这些历史经验:犹太人依旧受到指控,因为从事非生产性活动而受到迫害。犹太人在这里的典型形象就是知识分子和银行家。"银行家和知识分子,金钱和精神,这些流通领域的代表人物,既扮演了统治者摧残的虚假典型,又扮演了统治者用来维护自身的形象。"③"抽象、理性主义者、知识分子这些词……带有了贬义的含义;因为反犹分子要求一个具体而非理性的

---

① Adorno and Horkheimer, *Dialectics*, p. 189.
② Adorno, 'What Does Coming to Terms with the Past Mean?', p. 363.
③ Adorno and Horkheimer, *Dialectics*, p. 172.

民族价值，所以它们不可能是其他东西。"①抽象价值自身被自然化和认定为"犹太人"。因此，"具体"和"抽象"的事物都被自然化：一个是通过对土地的占有（基于自然、血缘和传统等具体原因），另一个则通过对"毒药"的占有（像是智力和金钱的无根的力量等抽象原因）。朴素勤俭的人们所持有的民族团结的神话，是与犹太资本主义赚钱的神话相互对立的。

　　反犹主义要素包括了以下两个方面：一方面是对金融资本主义的谴责，谴责它可以轻松地获得财富的世界市场的现实。投机者在他们主导的这个领域内不计后果地追逐货币；而货币则以类似近亲繁殖的方式追逐着货币：货币以自己作为投资对象来获得更多货币，至于整个国家工业和就业要付出多大的代价，它是不管的。在价格和利润无边无际的世界里，国家经济受制于货币和金融的无情力量的压迫。另一方面，反犹主义要素包括承认生产性资本是一种物质力量和国家财富的基础，它以一个民族的人民的创造性和勤劳传统为特征。作为一种类似于寄生虫的、依赖辛勤工作之人的生产性劳动而活、以整个国家的毁灭为代价的"犹太人"食利资本主义，它被人们所拒斥。现代反犹主义的要素区分了一种自然形式的资本主义和抽象形式的资本主义：在前者那里，劳动生产物质财富；在后者那里，货币表面上以国家工业和财富的创造性力量为赌注，以近乎赌博的方式实例化了自己的扩张。

　　没有什么是合乎理性的。"陈旧的肮脏的东西"转变为怨恨，并因此被认定为完成国家使命的准备行动。② 为了回应残忍的"犹太人"，它将毫不留情，并寻求解脱。传统、土地、血缘与理性、智力、反思对立起来；在民族主义者看来，国民经济和勤劳的产业工人、具有创造性的

---

　　① Sartre, *Anti-Semite and Jew*, p. 109.
　　② "只有在革命中才能抛掉自己身上的一切陈旧的肮脏东西，才能建立社会的新基础"，《马克思恩格斯全集》第一版第 3 卷，人民出版社，1960 年，第 78 页。相关批判性的解释，参见 Michael Lebowitz, 'Beyond the Muck of Ages', in Werner Bonefeld and Kosmas Psychopedis, *Human Dignity. Social Autonomy and the Critique of Capitalism* (Aldershot 2005)。

人民是与国际金融与帝国主义的抽象力量抗衡的力量。所以，人民同志在盲目性上是平等的。"反犹主义行为方式是在因为被剥夺了主体性而变得盲目的人重新成为主体的情况下形成的。"①虽然理性在社会关系批判之中，并通过它存在，但人民只相信被有效释放出来的恐怖，这种恐惧将会被认定为可憎的资本主义形式的主体的一切——衣服、鞋子、牙齿、头发、皮肤，还有生命——都被夺走。从被谋杀的人那里收集金牙，从被杀害的人那里收集头发，对那些只能再活一天的奴隶进行监督，这些需要的都只是高效的组织。所以，时间最重要，没有一丝时间可以浪费。

反犹主义表达了对资本主义无意义的、野蛮的排斥，这使得反资本主义对资本主义而言是有益的。它认为犹太人应对经济上的重大变化负责，并攻击明确的有罪之人。反犹主义对（犹太）资本主义的愤怒完全没影响到既有的劳动经济。事实上，它需要高效率和充分就业，以便将世界从那些藏在货币、金融和思维等抽象现象背后的罪犯手中解放出来。纳粹的反犹主义需要一个压抑自然的有组织的反抗。它以冷静的头脑和顽强的努力进行伤害和杀人。它谴责资本主义是"犹太资本主义"，这尽管看似是在反对作为一种金融体系、货币投机和财富的寄生性积累的资本主义，但实际上允许甚至要求一种作为国家利益的资本主义企业的不断发展。将资本主义批评为"犹太资本主义"，实际上只是将资本主义看作一种非生产性的赚钱体系——一种依附和破坏人类自然共同体的民族和谐前提的食利经济。所以，对资本主义的反抗表明，它是一种以国民经济和国家财富的名义进行扩大生产的努力。

马克思对商品拜物教的批判，有力地体现在对劳动和货币的概念二重性的批判。劳动创造价值，价值以货币形式表现；劳动要么具有交换价值的生产性，要么不具有交换价值的生产性；如果没有，后果将是

---

① Adorno and Horkheimer, *Dialectics*, p. 171.

灾难性的。劳动与货币表面上的二重性是商品形式的客观错觉。① 一方面,有对生产满足人类需要的物质财富的具体劳动、创造性企业和工业的拜物教式的认可;另一方面,存在着一个物化的经济事物的抽象领域,这些经济事物根据某种超越人类控制的经济逻辑,仿佛按照自己的意志在运行。在工业的具体劳动和抽象经济力量的运动之间,全球金融力量在发号施令。对具体劳动的颂扬,与对金融资本的流动性、普遍性和无形性和对投机者寄生性财富的排斥是同时进行的。马克思在《资本论》中所描述的那种资本像吸血鬼一样吸收劳动剩余价值的场景现在改变了:资本主义生产被认为本质上是国家中具体劳动的创造性事业,正是(也仅仅是)货币自身的力量导致了具体劳动为了赚钱而引起腐败和衰退。货币威胁着这种劳动的持续能力,所以货币被认为是一切罪恶的根源和堕落的原因。也就是说,货币和劳动概念的二重性将企业和工业拜为具体民族共同体的体现,它们都面临着被无根的货币力量破坏的威胁。总之,现代反犹主义是马克思分析信用时所描述的"资本主义生产方式在资本主义生产方式本身范围内的扬弃"的野蛮意识形态。② 民族社会主义(National Socialism,即纳粹主义)的解决方案,是将民族国家打造为"'经济和谐'的最后避难所",通过恐怖主义的手段恢复社会想象的自然秩序。③

于是,对反犹主义者而言,世界似乎分成了令人讨厌的资本主义(特别是金融和货币资本)和具体的自然。具体自然被认为是无中介的、直接的,用于使用的东西,它根植于工业和生产活动。而另一方面,货币不仅是罪恶的根源,而且是无根的,不仅独立于工业资本,而且超越它并与它对立:所有企业都在货币自我扩张的破坏性指令下变得扭曲。通过这种方式,货币和金融资本与资本主义等同起来,而工业和生

211

---

　　① 　参见 Moishe Postone, 'Anti-Semitism and National Socialism', in ed. Anson Rabinbach and Jack Zipes, *Germans and Jews since the Holocaust* (New York 1986)。
　　② 　《马克思恩格斯全集》第 46 卷,人民出版社,2003 年,第 497 页。
　　③ 　《马克思恩格斯全集》第 30 卷,人民出版社,1995 年,第 8 页。

产性劳动则被视为构成了民族共同体的具体的、具有创造性的企业。所以，工业和企业是被（犹太）货币变成资本主义的：货币渗透到工业的方方面面，在金融资本抽象价值的名义下扭曲和瓦解了共同体。货币力量被认为削弱了企业家个人、国家工业的创造性、根植于血缘和土地的想象传统以及家长式的指导生产使用价值的共同体。因此，反犹主义不仅有可能拥抱资本主义，甚至会宣称劳动创造自由。"他们为了更加合理地支配人们，宣称劳动并不是下贱的事情。他们声称自己也是具有创造力的工人，但事实上他们仍然一如既往，成为实权在握的霸主。"①通过区分出生产和货币（它们在根本上是相互从属的），货币与工业和企业的区分相当于对资本的拜物教批判，通过攻击资本的人格化投射，不计手段地追求无休止扩张。

212　　认可大众是具体自然、血缘、土地和工业的人格化，与谴责犹太人是经济抽象的人格化力量是同时进行的。这样，一边是血缘和土地的意识形态，另一边是机器和不加限制的工业扩张，这就构成一个健康国家准备清除自身国民经济的敌人（也就是抽象的、普遍的、无根的、移动的、隐形的、国际化的"犹太资本主义吸血鬼"）的场面。灭绝本身就是具体自然的工作，因而也是工业化的。灭绝表明"人们所遵循和顺从的只是顽固不化的生活"。② 至于人民同志，他们都做了同样的事，因而变得真正平等了起来：他们有效地完成了工作，只是确证了他们已经知道的东西，他们已经丧失了自己的个性，成为辛勤执行灭绝工作的主体。

　　这样，所有事情都变成纯粹自然。抽象的东西不仅被人格化了，也被"抽象化"了。在奥斯维辛门口，人民同志明确表示货币没有将任何人从具体自然中解放出来。劳动是一种解放，它使你自由——劳动的自由（Arbeit macht frei）。也就是说，奥斯维辛正是一间

---

① Adorno and Horkheimer, *Dialectics*, p. 173.

② Adorno and Horkheimer, *Dialectics*, p. 171.

消灭抽象的人格化的工厂。它的组织方式是一个恶魔般的工业进程,目标在于使具体从抽象那里"解放"出来。第一步是去人格化,也就是剥去人性的"面具",剥去在质性方面的特殊性,揭示犹太人"真实的面目"——阴暗、秘密和有限的抽象。

然后遵循这个过程,"消灭这种抽象,把它变成排出的烟气,同时顺便带走残余的具有'使用价值'的具体物质——外衣、黄金、头发和肥皂"。①

结论:批判视野中的社会与神学视野中的社会

亚当·斯密确信,资本主义创造了国家财富,他写道:

资本所有者可以说是世界公民,他不一定要附着于一个特定的国家。一国如果为了要课以重税,而多方调查其财产,他就要舍此他适了。并且他会把资本转移至任何其他国家,只要那里比较能随意经营事业,或者比较能安逸地享有财富。②

213

大卫·李嘉图对此表示赞同,并补充道,"如果资本无法获得使用机器所能获得的最大收益,那么它将被转移到国外",导致"对劳工的需

---

①　Postone, 'Anti-Semitism', pp. 313 – 14.
②　Adam Smith, *An Inquiry into the Nature and Causes of the Wealth of Nations* (Indianapolis 1981), pp. 848 – 9.

求严重缩减"。① 因而他也表述了生产"过剩人口"对于资本主义社会关系的必要性。根据黑格尔，财富的积累使得那些依靠出卖自身劳动力才能维持再生产的人，在日益恶化的环境中变得不安全。他的结论是，尽管财富在积累，但资产阶级社会发现最困难的事情是保持人民的安定，他认为国家形式是抑制社会对抗、遏制人们反抗的手段。②

对卡尔·马克思来说，对资本主义的批判就相当于对经济的特征面具的批判。所以，他要求对现实事物，即作为社会-经济客观关系的建构形式的资本进行批判。与现有的形式平等概念相反，他认为，共产主义建立在个人需要平等的基础之上。因此，约翰·霍洛威在完全否定的意义上理解阶级斗争概念——反抗现有的依靠着不得不工作的阶级建立起来的社会。③

阿多诺和霍克海默认为，反犹主义阐明了一种对资本主义无意义的、野蛮的反对，这使得反资本主义对资本主义有用。"只有被统治者把他们渴望得到的东西变成对罪恶的一种憎恶形式的时候，统治者才会觉得相安无事。"④反犹主义将对现状的不满，转化为对其内部被投射为外部敌人的盲目怨恨。也就是说：

> 不管犹太人怎样作出让步，作出一副业已败落的姿态，极权主义统治者仍旧把他们作为全盘攻击的对象：他们没有权力却有幸福，无须劳动却有收入，没有国家却有小家，没有神话却有宗教。统治者憎恨犹太人的这些特点，正是统治者私下里渴望得到的那些特点。⑤

---

① David Ricardo, *Principles of the Political Economy of Taxation* (Cambridge 1995), p. 39.

② 参见 Georg W. F. Hegel, *Philosophy of Right*, trans. T. M. Knox (Oxford 1967), pp. 122-9。

③ John Holloway, *Change the World without Taking Power* (London 2002).

④ Adorno and Horkheimer, *Dialectics*, p. 199.

⑤ Adorno and Horkheimer, *Dialectics*, pp. 185, 199.

换句话说，批判资本主义的神秘外观对于抽象财富体系的永恒性而言是"功能性的"，它鼓励一种愤怒的反资本主义，这种反资本主义识别、谴责和攻击被谣传做了坏事的人，它也因此把自己贬低为财富体系的纯粹饲料，这个财富体系依赖着自身唾手可得的人类物质材料。[1]反犹主义认为犹太人应当为看不见的手的欺诈行为负责，作为资本主义的人格化投射，犹太人被谴责为真正的痛苦之源。犹太人是邪恶的化身，而邪恶需要被消灭，这样世界才能摆脱邪恶，从而打消超越自由劳动去生活的想法。[2]

214

反犹主义是关于犹太人的谣言。这个谣言提及了经济力量的致命的、有时甚至是毁灭性的运动。它认为犹太人应该被责怪。反犹主义是反资本主义的令人厌恶的神学。它人格化了资本主义的令人憎恶的形象，提供了一个发泄不满的出口，指明了一个敌人。反犹主义是包罗万象的——因为它什么也理解不了。

---

[1] 对社会冲突的功能性的论述，请参见 Lewis A. Coser，*The Functions of Conflict* (London 1956)。

[2] 关于自由劳动，参见第四章、第五章。

第十章 结语:颠倒与否定理性要素

来自明日的说明

理解自由平等社会的困难之处与它的理念本身有关。不同于追求抽象财富、追求过程中的价值、货币和资本;不同于夺取国家,谋求和维护政治权力、经济价值与效用;也不同于作为社会财富的自然需要的劳动理念、作为劳动经济的经济概念,它遵循的是一条完全不同的人类发展原理——它追求以人为目的的社会和普遍的人类解放。

共产主义社会个人财富与资本主义社会个人财富完全是两回事,因为在自由平等的社会当中,社会财富就是自由时间。用于"娱乐和休息"的时间(马克思)、自由支配时间(阿多诺)包含了共产主义社会财富的尺度和形式。[①] 对于共产主义而言,时间**不是**金钱,平等**不是**法律面前的抽象平等,劳动者**不是**时间的残骸,与自然的新陈代谢过程也**不是**积累抽象财富的获利手段。相反,共产主义个人社会的标志性特征是

---

① 《马克思恩格斯全集》第一版第 26 卷第 3 册,人民出版社,1972 年,第 281 页。Theodor Adorno, *Gesellschaftstheorie und Kulturkritik* (Frankfurt 1975), p. 43.

个人之间需要的平等，以及满足这种需要的平等。它承认人性是目的，而不是手段。价值的时代和以人为目的的时代是两个完全不同的世界，在后者那里共产主义个人的共同体以民主的方式组织起人们的生存资料。①

以人为目的的社会与迄今为止的一切历史相对立，它的到来将意味着这段历史进步的停止，以便重建社会。②

220

对当下的批判

阿尔都塞正确地指出了大写的人（Man）并不存在。大写的人不做任何事情，它不会将自身异化为颠倒经济形式的人格化。与阿尔都塞的观点不一样，阿多诺认为人总是客观化的人，"正是它的客观性构成了主观行为方式"③。在这个颠倒的资本世界中，人是非概念性的，即社会个人受到他们自身社会产物的支配，这种社会产物以不受控制的经济数量的运动形式，作为超越行动主体的盲目力量表现出来。然而，他们自身的世界不仅战胜了他们，而且通过他们取得胜利。

经济本质是一种社会本质。它的现实性内在于自身的社会关系之中。社会以经济客观性的颠倒形式表现自己。客观性是"人们行动中所有关系、制度和力量的总称"。④ 社会关系的特定形式因此构成了

---

① 关于共产主义个人社会的共产主义，参见 Herbert Marcuse, *Soviet Marxism* (London 1958)，p. 127。

② 这个看法是瓦尔特·本雅明《历史哲学纲要》中的核心观点。把共产主义看作"抛掉自己身上的一切陈旧的肮脏东西""重建社会"的观点来自马克思，参见《马克思恩格斯选集》第 1 卷，人民出版社，2012 年，第 171 页。

③ Theodor Adorno, 'Einleitung zum Vortrag "Gesellschaft"', *Soziologische Schriften I*, in *Gesammelte Schriften*, vol. 8 (Frankfurt 1997)，p. 570.

④ Theodor Adorno, 'Soziologie und empirische Forschung', in Theodor Adorno, Hans Albert, Ralf Darendorf, Jürgen Habermas, Harald Pilot and Karl Popper, *Der Positivismusstreit in der deutschen Soziologie* (Munich 1993)，p. 84.

"客观概念性"①。在传统的假设中，社会是某种一般经济规律的表现形式，这个规律在归根结底的意义上决定了社会的发展。与此不同，批判意义上的政治经济学批判是对经济客观性——作为起决定作用的社会关系的有限形式——整个体系做出的人的批判。它不是从假设的自然经济规律中引申出真实的社会关系，而是从真实的社会关系中发展出社会经济结构。②"我们能做的无非就是自然所做的"，这种观点将资本主义社会自然化了，适应了它所假定的自然。③ 与此不同的是，人的批判的意图是反对同一性魔咒，从其内部打破经济。所以，它认为经济关系体现了"占支配地位的生产关系"的客观必然性。④ 社会个人的生活依赖于他所无法控制的经济力量的独立运动；然而，这种运动并非经济本质的行动。这是社会个人自己的行动。⑤

真实的社会关系以现实经济抽象运动的颠倒形式表现自己。人们在社会中得到自己投入其中的东西。也就是说，人们将自身对象化到经济事物之中，赋予它以意识和意志，而经济事物作为"价值的代理人"，将自身主体化在人身上。在资本先生和土地太太的颠倒世界之中，"个体主体"纯粹是经济力量的"性格面具"。他们生活在"普遍的强制"下，即"在资本主义中，这个价值规律是在人的头脑里实现的"。⑥ 超感觉的世界——现实经济抽象的世界——以"物与物的关系的虚幻形式"覆盖了人类社会实践的感性世界。⑦ 在这里，"个体被贬低为个

---

① Theodor Adorno, 'Drei Studien zu Hegel', in *Gesammelte Schriften*, vol. 5 (Frankfurt 1971), p. 209.

② 这是在第二章、第三章中概要地讲述的观点。

③ David Harvey, 'History versus Theory: A Commentary of Marx's Method in *Capital*', *Historical Materialism*, vol. 20, no. 2 (2012), p. 13.

④ Theodor Adorno, *Negative Dialectics* (London 1990), p. 354.

⑤ 关于"打破"(cracking)和"行动"(doing)，参见 John Holloway, *Change the World without Taking Power* (London 2002)和 *Crack Capitalism* (London 2010)。

⑥ Theodor Adorno, *Negative Dialectics*, pp. 311, 305, 311, 199.

⑦ 《马克思恩格斯全集》第 44 卷，人民出版社，2001 年，第 90 页。

体的功能",不管他们如何努力超脱这个自己被遗弃的世界。①

肯定与否定

作为一种社会批判理论,政治经济学批判不包含肯定的特征。它不是将社会归之于一个自然本质——根据这种自然本质,经济形式可以被追溯至某种自然起源,而是反对"社会的自然法则……就是意识形态"的论点。② 就和假的钻石一样,现存社会也散发着虚假的承诺:如果计划得当,经济发展的未来进步将把一无所有的剩余价值生产者,从其残酷的社会经济现实中解放出来。只有当批判理论抵制这种虚假,拒绝接受完全与现存社会关系相联系的进步哲学时,它才是批判的。因而它拒绝"容忍事物的现状"。③ 批判理论对社会的理解是彻底否定的:"否定之否定并非回归肯定",即使发生了反转,它也仅仅是证明了"否定还不够否定"。简言之,"被否定的东西直到消失时还是否定的"。④ 它不认同未来是进步的这种观念。⑤ 相反,它的"客观目标是从内部打破关系"。⑥ 几乎找不到适合建立以人为目的的社会的土壤,其现实性是完全否定的,就是说,革命/批判中所"否定"的东西不包含目

---

① Adorno，*Negative Dialectics*，p. 311.

② Adorno，*Negative Dialectics*，p. 355.

③ Adorno，*Negative Dialectics*，p. xix.

④ Adorno，*Negative Dialectics*，pp. 159 - 60.

⑤ 对进步哲学的批判,参见 Benjamin，'Theses'，Theodor Adorno，*Lectures on History and Freedom*（Cambridge 2008a）以及 Theodor Adorno，'Fortschritt'，in *Stichworte. Kritische Modelle 2*（Frankfurt 1969）。人们总是取得进步:从一群统治者到另一群统治者(本雅明)。阿多诺既同意又不同意本雅明的历史观,即胜利者的通史。对阿多诺来说,历史只是后见之明的一种通史。许多试图打破其连续性的尝试都失败了,而失败的东西则从历史记录中消失了,出现的只是从一群统治者到另一群统治者的前后相继的形式。要创造历史,就必须阻断它的进程。

⑥ Adorno，*Lectures on History*，p. 407.

的论或进步主义的"肯定方案"。①

以人为目的的社会并不是隐藏在资本主义社会关系中的秘密。相反，被隐藏的秘密是合法化的暴力，正是它将大多数人口与生产资料相分离，切断了剩余价值生产者与生存资料的直接联系。合法化的暴力以经济强制的形式出现，这种经济强制促使法律上平等的主体，在不受直接胁迫的情况下进行劳动力的买和卖。劳动力的买方与卖方利益是不一样的。双方的文明行为则是一个政治问题。也就是说，国家被指控通过集中体现资产阶级社会的政治特征，从而完成了将资本与劳动关系去政治化的目的。国家不是独立的存在，它是资产阶级关系货币自由的政治形式，它的目标没有商量的余地。政治国家是社会去政治化的国家。它是以劳动力购买者和剩余价值生产者——作为法律和货币上的平等主体——之间的契约关系，制定资产阶级形式的自由。所以马克思认为，资产阶级的权利平等观念，显示了私有财产权实际上的权利不平等。② 因此他指出，所有靠出卖劳动力生活的人，发现他们"和国家这种形式（在这种形式下组成社会的各个个人迄今都表现为某种整体）处于直接的对立中，他们应当推翻国家，使自己作为个性的个人确立下来"③。自由平等的社会"认识到自身'**固有的力量**'是**社会力量**，并把这种力量组织起来因而不再把社会力量以政治力量的形式同自身分离"④。

批判理论要求对抗野蛮的实践，认为地狱中的一切都是地狱般的。同马克思一样⑤，它反对把革命理解为争取劳动自由的革命，认为这是

---

① 我把这一点归之于理查德·古恩（Richard Gunn）。

② 关于这一点，参见马克思《哥达纲领批判》。

③ 《马克思恩格斯全集》第一版第 3 卷，人民出版社，1960 年，第 87 页。想要了解马克思如何理解作为资产阶级社会国家形式对立面的直接社会民主的共产主义个人，参见 Miguel Abensour, *Democracy Against the State* (London 2011)。

④ 《马克思恩格斯全集》第 3 卷，人民出版社，2002 年，第 189 页。

⑤ 根据本雅明在《历史哲学论纲》中的说法，马克思攻击德国社会民主党的《哥达纲领》，原因在于他"闻到了耗子的味道"。

一种倒退,并且否认资产阶级社会内部包含了人类解放的必然性,反对以工人阶级利益为名进行"顺从式反抗"——不是终结奴隶制,只是为奴隶争取新的待遇——的历史进步观点。阶级完全是一个否定的概念。对阶级社会的批判发现,它的解决方案不在于剩余价值生产者有更高收入、充分就业,出路只存在于无阶级社会当中。

"革命是工人的革命"的观点表达了一种神学思想。例如,根据卢卡奇的观点,工人能够反抗物化,只要他是有意识地去反抗,"他的人性和灵魂就不会变成商品"。① 所以物化并不影响工人们的灵魂,就好像灵魂不属于这个世界而是起源于某种神圣之物。卢卡奇从某种完全看不见的东西中召唤革命的主体,即他讲的为党所代表的无产阶级主体的总体,然而历史并不是按照看不见的原则展开的。批判理论不是表述社会力量和灵魂的神学理论。相反,它关注的是这些力量本身,寻求它们的消亡。也就是说,在最好的情况下,历史唯物主义与历史进步相对立,所以实际上是"逆向粉刷历史"(本雅明)以使得人类解放的否定理性不会"变成它原本要脱离的政治的一部分"(阿多诺)。②

历史不会展开,它没有任何立场。实际上,"历史什么事情也没有做,它'并不拥有任何无穷尽的丰富性',它并'没有在任何战斗中作战'! 创造这一切、拥有这一切并为这一切而斗争的,不是'历史',而正是人,现实的、活生生的人。'历史'并不是把人当作达到自己目的的工具来利用的某种特殊的人格。历史不过是追求着自己目的的人的活动而已"。③ 这些目的不是由神学来规定,不是自然地建立,也不是有意识的活动。资本主义的目的是为自己积累抽象财富。以人为目的的公社不是现有资产阶级社会的目标,其现实性完全是否定的。历史表现为一系列的事件,从一场战役到另一场战役,从这种分工到另一种分工,在现在达到顶点。这种表象是真实的,但它本身没有意义。说历史

223

---

① Georg Lukács, *History and Class Consciousness* (London 1971), p. 172.
② Benjamin, 'Theses', p. 248; Adorno, *Negative Dialectics*, p. 143.
③ 《马克思恩格斯全集》第一版第2卷,人民出版社,1957年,第118页。

是一系列事件到底意味着什么？它是什么的事件，事件重要的是什么？只有当人们对历史进行抽象时，历史才表现为一种进步的超越性力量，导致历史被描述为一系列的事件，而"历史性"为这些事件提供了名称。历史性包含了没有历史的历史观念。① 也就是说，为了理解历史，人们需要"打破"作为一系列事件的历史表象。②

　　所以，人们应当在历史之外思考，在争取自由的斗争——奴隶起义、农民反抗、工人阶级斗争、暴动、起义和反抗——外来思考，来认可被压迫者的传统，闻到危险和死亡的气息，感知到斗争的勇气与巧妙，拥有牺牲的精神，懂得无论时间多久、走得多快，一切时代中陈旧的肮脏东西几乎没有停止过。③ 历史不导向任何地方；它没有终极，没有目标，没有目的，也没有立场。在最糟糕的情况下，历史会在乌云密布、烟雾弥漫的天空下继续走向胜利。而在最好的情况下，它的进步将被终止。尽管人们总是尝试创造这样的历史，但它目前还是没有被创造出来。在我们的时代，这种尝试被称为共产主义，它在否定意义上试图清除我们世界中"一切陈旧的肮脏东西"。对马克思而言，反抗压迫的斗争是最后的被压迫阶级的斗争，它一次又一次地发生。被压迫阶级的斗争不是为了压迫的进步——这确实是历史上"优等民族"干的事情。④ 无产阶级是我们这个时代被压迫阶级的名称，马克思称之为最后的阶级。然而，它可能不是最后的阶级，如果不是的话，那历史的连

---

　　① 本雅明在《历史哲学论纲》中认为，历史向无历史的科学的转变，它的特征就在于"历史性的妓院"。

　　② 我参照霍洛威使用这个术语，参见 Holloway, *Crack Capitalism*。

　　③ 在历史之外思考而不是思考历史的看法，源自阿多诺的否定辩证法，它认为思维要想理解社会，必须在社会之外思考。对于阿多诺而言，思考社会或者历史，相当于一种基于假设性判断的论证，这种论证将社会视为一种"相似"，从而导致了对其自然特征的教条主张。

　　④ 关于这一点，参见 Theodor Adorno and Max Horkheimer, *Dialectic of Enlightenment* (London 1979)。

续性就不会被打破。① 也就是说,在现存的社会生产关系之外不存在什么秘密现实。内在的辩证关系的解决就在关系本身。"总体是虚假的。"②必须放弃总体。

说"不"的困难

224

只有已经被物化的意识才会宣称,必要的知识、政治能力和技术专家不仅能解决资本主义危机,而且也是"为了工人们好"。③ 它对现实的把握完全是抽象的,它关于应当做什么的主张也是毫无根据的。作为一种行动的实践理论,它无休止地谴责资本主义制造了悲惨的处境。悲惨的处境(Mißstände)与悲惨的条件(Zustände)不是一回事。被剥夺的剩余价值生产者是资本主义的前提条件。与此不同,悲惨的处境完全描述了一种可以避免的社会经济状况,无论它们是政府管理的无能或者是滞后的阶级政策所导致的后果。这种情况下,它可以通过良善的政治干预——即为穷人和受压迫者的利益而进行资本主义经济调节——得到修正。以下这个批判性观点从我们视野中消失了,即财富的资本主义形式是以被剥夺的剩余价值生产者为阶级前提,取而代之的是,认为工人的悲惨处境可以借助国家手段得到克服。它意味着,经济的宿命式运动——其中"人类的需要,人类的满足,从来都是一个次要问题"——可以通过良善的政府干预得到解决和转变。这种观点"很

---

① 关于这一点,参见 Werner Bonefeld,'Critical Theory, History, and the Question of Revolution', in ed. Shannon Briscant, *Communism in the 21st Century*, vol. 3 (Oxford 2014);'Notes on Fetishism, History and Uncertainty:Beyond the Critique of Austerity', forthcoming *Isegoria. Revista de Filosofia Moral y Politica*, no. 50 (2014).

② Theodor Adorno, *Minima Moralia* (London 1974), p. 50.

③ Adorno, *Lectures on History*, p. 25.

大程度上不过是一种意识形态"。① 从本质上讲，它对真实存在的、破坏整个阶级个人生活的苦难的抗议，实际上只是一种政党政治宣传的广告；它将拒绝认可存在者转变为一种"竞选思想"（ticket thinking）。② 竞选思想是"单向度的"，它感受到了世界的痛苦，并提出了自己的政治方案作为拯救手段，谋求权力。竞选思想宣扬"虚假"。③ 它承诺了一个脱离废墟、往天生成的超越苦难的世界。④ 竞选思想的发展依赖着它所谴责的东西。它义愤填膺地谴责悲惨的处境与各种弊端，同时觊觎着权力。它从外部嗅出这个悲惨的世界，充其量是将对资本主义的抗议，变成自己的政治广告。而在最坏的情况下，它则会使自己的立场激进化，变成针对可辨识的"作恶者"的道德圣战，这将带来难以想象的后果。

本雅明的历史观点认为，只有当穷苦人民通过自己的勇气和智慧解放自己时，他们才真正获得解放。赫伯特·马尔库塞最简明扼要地指出了这个观点的困难之处，认为奴隶"必须自由地争取解放，才有能力变得自由"。⑤ 马尔库塞点出了关键之处：要使资本主义进步停滞，建设新社会，需要非资本主义同一性。它的困难之处很容易理解：这种同一性并不属于当下，即资本主义的当下。对人类生存和社会再生产的资本主义组织方式说"不"到底意味着什么？向资本主义说"不"很简单。但要说清楚"不"是什么，非常困难。对资本主义社会说"不"，不是在它的外部，而是在其内部发挥作用。如同马克思召唤阶级斗争作为历史动力，"不"驱动着否定世界前进，这是它的动力之源。进一步讲，

① Adorno, *History and Freedom*, p. 51.

② Adorno and Horkheimer, *Dialectic* 及 Theodor Adorno, *Ästhetische Theorie* (Frankfurt 1970), p. 377。

③ Adorno, *Lectures on History*, p. 28.

④ Benjamin, 'Theses', p. 249.

⑤ Herbert Marcuse, *Der eindimensionale Mensch* (Darmstadt 1967), p. 61. 也可以参见 Werner Bonefeld, 'State, Revolution and Self-determination', in ed. Werner Bonefeld and Sergio Tischler, *What is to be Done*? (Ashgate 2002), p. 133。

说"不"是什么是对"不"的妥协，因为它在肯定性的"是"中对某个东西变得肯定，而这个东西在它所反对的这个社会之外没有任何有效内容。"不"内在于它所抛弃的社会关系之中。它没有独立的现实性，不包含任何目的论的方向。在现存社会关系之外不存在任何现实性。

否定的实在论

　　我们现在需要斗争的实在概念，这是争取以人为目的的社会的斗争。阶级斗争必须作为人类解放的实验被重新发现。这种斗争不遵循某种抽象的观念，而是一场争取"原始的、物质的东西"的斗争，"没有这些，任何精细的、精神的事物都无法存在"。[①]　那么，"自在的"工人阶级为何进行斗争呢？"自在的"工人阶级是为更好的工资和工作条件斗争，保卫自己的薪资水平和工作条件。它与资本追求剩余价值的狼性相斗争，与破坏性地占有额外未支付的劳动时间相斗争，因而与被消减为仅仅是时间的残骸相斗争。它反抗生命完全由劳动时间所组成，反抗把人的生命消减为仅仅是一种经济资源。它争取尊重、教育和对人生价值的承认，最重要的是，它为争取食物、住所、衣服、温暖、爱、情感、知识、娱乐时间和尊严进行斗争。它作为"自在"阶级的斗争实际上也是争取"自为"的斗争：为了生命、个体性、生活时间，最重要的是，人类基本需要的满足。这些斗争都是以自身创造的物质财富增长超越了资本主义形式的限制为条件。资本主义积累可能产生的每一种所谓的涓滴效应，都是以资本主义财富积累中优先的、持续的往上流动趋势为前提。然后，社会"突然发现自己回到了一时的野蛮状态；仿佛是一次饥荒、一场普遍的毁灭性战争，使社会失去了全部生活资料"。[②]

---

①　Benjamin，'Theses'，p. 246.
②　《马克思恩格斯选集》第1卷，人民出版社，2012年，第406页。

226　　社会个人作为看似自我运动的经济力量的人格化的存在，并不意味着社会意识被还原为经济意识。它包括了作为经验概念的经济概念，作为经验意识的经济意识。在最差的情况下，经济意识是一种不幸意识，是为了争取获得生活资料进行斗争的不幸的意识。正是这种斗争使得被压迫阶级成为历史知识的宝库。阶级斗争"为过去提供了独特的经验"。[①] 无论这种经验"作为对压迫的反抗而在反抗的变化形式中变得具体"，还是它在压迫的形式中变得具体，它都是一个历史经验问题。"有多少自由的愿望就有多少愿意追求自由的人。"[②]

　　以人为目的的社会只能用否定来定义。在和否定世界的斗争中，除了痛苦本身，没有什么是确定的。然而，不确定也是一个经验概念。历史地看，它采用过议会、公社、理事会、苏维埃、公民大会等形式，现在则是广场——从巴塞罗那、马德里到伊斯坦布尔，从突尼斯到开罗，从雅典到里约，从布宜诺斯艾利斯到纽约——这种街头民主尽管表面上看起来相反，但完全没有陷入绝境。它是自由平等社会的实验室，其依据就在它自身的不确定性之中。[③]

---

　　① Benjamin,'Theses', p. 254.

　　② Adorno, *Lectures on History*, p. 265.

　　③ 关于这一点，参见 Katarina Nasioka, 'Communities in Crisis', Massimo de Angelis, 'Social Revolution and the Commons'和 Massimiliano Tomba, 'Clash of Temporalities', all forthcoming in *South Atlantic Quarterly*, vol. 113, no. 2(2014)。

参考书目

Abensour, Miguel. *Democracy Against the State* (Cambridge: Polity, 2011).

Adorno, Theodor. 'Spengler Today', *Zeitschrift für Sozialforschung*, no. 9, 305 – 24 (1941).

—. *Einleitung zur Musiksoziologie* (Frankfurt: Suhrkamp, 1962).

—. *Stichworte. Kritische Modelle 2* (Frankfurt: Suhrkamp, 1969).

—. *Ästhetische Theorie* (Frankfurt: Suhrkamp, 1970).

—. 'Drei Studien zu Hegel', in *Gesammelte Schriften*, vol. 5, edited by Rolf Tiedemann (Frankfurt: Suhrkamp, 1971).

—. *Minima Moralia* (London: Verso 1974).

—. *Gesellschaftstheorie und Kulturkritik* (Frankfurt: Suhrkamp, 1975).

—. 'Reconciliation under Duress', in *Aesthetics and Politics*, Theodor Adorno, Walter Benjamin, Ernst Bloch and Georg Lukács, 151 – 76 (London: Verso, 1980).

—. 'What Does Coming to Terms with the Past Mean?' in *Bitburg in Moral and Political Perspective*, edited by Geoffrey Hartman, 114 – 29 (Bloomington: Indiana University Press, 1986).

—. 'Society', in *Critical Theory and Society*, edited by Stephen Eric

Bronner and Douglas Mackay Kellner, 267 – 75 （London：
Routledge, 1989）.

—. *Negative Dialectics* （London：Verso, 1990）.

—. 'Soziologische Schriften I', in *Gesammelte Schriften*, vol. 8, edited
by Rolf Tiedemann and Hermann Schweppenhäuser （Frankfurt：
Suhrkamp, 1997a）.

—. 'Seminar Mitschrift of 1962', in Appendix to *Dialektik der
Wertform*, Hans-Georg Backhaus, 501 – 12 （Freiburg：Ça ira,
1997b）.

—. *Critical Models：Interventions and Catchwords* （New York：
Columbia University Press, 1998）.

—. *Lectures on History and Freedom* （Cambridge：Polity, 2008a）.

—. *Lectures on Negative Dialectics* （Cambridge：Polity, 2008b）.

Adorno, Theodor and Horkheimer, Max. *Dialectic of Enlightenment*
（London：Verso, 1979）.

—. *Towards a New Manifesto* （London：Verso, 2011）.

Adorno, Theodor, Albert, Hans, Darendorf, Ralf, Habermas,
Jürgen, Pilot, Harald and Popper, Karl. *Der Positivismusstreit in
der deutschen Soziologie* （Munich：DTV Deutscher Taschenbuch
Verlag, 1993）.

Agnoli, Johannes. *Die Transformation der Demokratie* （Freiburg：Ça
ira, 1990）.

—. *Der Staat des Kapitals* （Freiburg：Ça ira, 1995）.

—. *Subversive Theorie—Die Sache selbst und ihre Geschichte*
（Freiburg：Ça ira, 1996）.

—. *Faschismus ohne Revision* （Freiburg：Ça ira, 1997）.

—. *Politik und Geschichte* （Freiburg：Ça ira, 2001）.

—. 'Destruction as the Determination of the Scholar in Miserable

Times', in *Revolutionary Writing*, edited by Werner Bonefeld,
25 - 37 (New York: Autonomedia, 2003).

Althusser, Louis. *Lenin and Philosophy* (New York: Montly Review
Press, 1971).

——. *Essays in Self-Criticism* (New York: Schocken Books, 1976).

——. *For Marx* (London: Verso, 1996).

Althusser, Louis and Balibar, Étienne. *Reading Capital* (London:
Verso, 1970). Altvater, Elmar. *Sachzwang Weltmarkt*
(Hamburg: VSA, 1987).

——. *Die Rückkehr des Staates? Nach der Finanzkrise* (Hamburg:
VSA, 2010).

Arthur, Chris. 'Value, Labour, and Negativity', *Capital & Class*
(25), no. 1, 15 - 39 (2001).

——. *The New Dialectic and Marx's Capital* (Leiden: Brill, 2004a).

——. 'Subject and Counter-Subject', *Historical Materialism* (12), no.
3, 93 - 102 (2004b).

——. 'Arbeit, Zeit, und Negativität', in *Kapital & Kritik. Nach der
neuen Marx-Lektüre*, edited by Werner Bonefeld and Michael
Heinrich, 281 - 305 (Hamburg: VSA, 2011).

Backhaus, Hans-Georg. 'Between Philosophy and Science: Marxian
Social Economy as Critical Theory', in *Open Marxism*, vol. I ,
edited by Werner Bonefeld, Richard Gunn and Kosmas
Psychopedis, 93 - 132 (London: Pluto Press, 1992).

——. *Die Dialektik der Wertform* (Freiburg: Ça ira, 1997).

——. 'Über den Doppelsinn der Begriffe "politische Ökonomie" und
"Kritik" bei Marx und in der Frankfurter Schule', in *Wolfgang
Harich zum Gedächtnis*, vol. II , edited by Stefan Dornuf and
Reinhard Pitsch, 10 - 213 (München: Müller und Nerding,

2000).

—. 'Der widersprüchliche und monströse Kern der nationalökonomischen Begriffsbilding', in *Emanzipation und Versöhnung. Zu Adornos Kritik der 'Warentausch'- Gesellschaft und Perpektiven der Transformation*, edited by Iring Fetscher and Alfred Schmidt, 111 – 41 (Frankfurt: Neue Kritik Verlag, 2002).

—. 'Some Aspects of Marx's Concept of Critique in the Context of His Economic-Philosophical Theory', in *Human Dignity. Social Autonomy and the Critique of Capitalism*, edited by Werner Bonefeld and Kosmas Psychopedis, 13 – 29 (Aldershot: Ashgate, 2005).

—. *Marx, Adorno und die Kritik der Volkswirtschaftslehre* (Freiburg: Ça ira, forthcoming).

Bellofiore, Riccardo and Fineschi, Roberto (eds). *Re-reading. New Perspectives after the Critical Edition* (London: Palgrave, 2009).

Benjamin, Walter. *Das Passagen* Werk (Frankfurt: Suhrkamp, 1983).

—. 'Theses on the Philosophy of History', in *Illuminations*, edited with an Introduction by Hannah Arendt, 245 – 55 (London: Pimlico, 1999).

—. 'Critique of Violence', in *Reflections*, edited by Peter Demetz, 277 – 300 (New York: Random House, 2007).

Bensaid, Daniel. *Marx For Our Time* (London: Verso, 2002).

Bidet, Jacques. *Exploring Marx's Capital: Philosophical, Economic and Political Dimensions* (Chicago: Haymarket Books, 2009).

Bologna, Sergio. 'Money and Crisis', *Common Sense*, no. 14, 63 – 89 (1993). Available at: http://commonsensejournal. org. uk/issue-14/.

Bonefeld, Werner. 'Abstract Labour. Against its Nature and on its Time', *Capital & Class* (34), no. 2, 257 – 76 (2010).

—. 'Debating Abstract Labour', *Capital & Class* (35), no. 3, 475 – 9 (2011).

Bonefeld, Werner (ed.). *Revolutionary Writing* (New York. Autonomedia, 2003).

Bonefeld, Werner and Heinrich, Michael (eds). *Kapital & Kritik. Nach der neuen Marx-Lektüre* (Hamburg. VSA, 2011).

Bonefeld, Werner and Holloway, John (eds). *Global Capital, National State and the Politics of Money* (London. Palgrave, 1995).

Bonefeld, Werner and Psychopedis, Kosmas (eds). *The Politics of Change. Globalization. Ideology and Critique* (London. Palgrave, 2000).

—. *Human Dignity. Social Autonomy and the Critique of Capitalism* (Aldershot. Ashgate, 2005).

Bonefeld, Werner and Tischler, Sergio (eds). *What Needs to be Done? Leninism, Anti-Leninist Marxism and the Question of Revolution* (Aldershot. Ashgate, 2002).

Bonefeld, Werner, Gunn, Richard, Holloway, John and Psychopedis, Kosmas (eds). *Open Marxism*, 3 vols (London. Pluto Press, 1992 – 5).

Braunstein, Dirk. *Adornos Kritik der politischen Ökonomie* (Bielefeld, Transcript Verlag, 2011).

Callinicos, Alex. 'The Anti-Capitalist Movement after Genoa and New York', in *Implicating Empire*, edited by Stanley Aronowitz and Heather Gautney, 133 – 50 (New York. Basic Books, 2003).

—. 'Against the New Dialectic', *Historical Materialism* (13), no. 2,

41 - 59 (2005).

—. 'Is Leninism finished?' *Socialist Review*, January 2013, at: http://www. socialistreview. org. uk/article. php? articlenumber =12210, accessed 28 March 2013.

Carchedi, Guglielmo. 'The Fallacies of "New Dialectics" and Value-Form Theory', *Historical Materialism* (17), no. 1, 145 - 69 (2009).

—. 'A Comment on Bonefeld's 'Abstract Labour: Against its Nature and on its Time', *Capital & Class* (35), no. 2, 207 - 309 (2010).

Charnock, Greig. 'Challenging New State Spatialities: The Open Marxism of Henri Lefebvre', *Antipode* (42), no. 5, 1279 - 303 (2011).

—. 'Lost in Space? Lefebvre, Harvey and the Spatiality of Negation', forthcoming *South Atlantic Quarterly*(113), no. 2 (2014).

Clarke, Simon. 'Marxism, Sociology and Poulantzas' Theory of the State', *Capital& Class* (1), no. 2, 1 - 31 (1977).

—. 'Capital, Fractions of Capital and the State', *Capital & Class* (2), no. 2, 32 - 77 (1978).

—. 'Althusserian Marxism', in *One Dimensional Marxism. Althusser and the Politics of Culture*, edited by Simon Clarke, Terry Lovell, Kevin McDonnell, Kevin Robins and Victor Seidler, 7 - 102 (London: Allison & Busby, 1980).

—. *Keynesianism, Monetarism and the Crisis of the State* (Cheltenham: Edward Elgar, 1988).

—. *Marx, Marginalism and Modern Sociology* (London: Palgrave, 1991).

—. *Marx's Theory of Crisis* (London: Palgrave, 1994).

—. 'Class Struggle and the Global Overaccumulation of Capital', in *Phases of Capitalist Development. Booms, Crisis and Globalizations*, edited by Robert Albritton, Makato Itoh, Richard Westra and Alan Zeuge, 76 – 92 (London: Palgrave, 2001).

Clarke, Simon (ed.). *The State Debate* (London: Palgrave, 1991).

Claussen, Detlev. 'The Dialectic of Social Science and Worldview. On Antisemitism in Sociology', forthcoming in *Antisemitism and the Invention of Sociology*, edited by Marcel Stoetzler (Lincoln, NB: Nebraska University Press, 2014).

Cohen, Gerald Allan. *Karl Marx's Theory of History: A Defense* (Oxford: Clarendon Press, 1978).

Cox, Robert. 'Global Perestroika', in *The Social Register* 1992, edited by Leo Panitch and Ralph Miliband, 26 – 43 (London: Merlin Press, 1992).

Cristi, Renato. *Carl Schmitt and Authoritarian Liberalism* (Cardiff: University of Wales Press, 1998).

Dalla Costa, Mariarosa. 'Capitalism and Reproduction', in *Open Marxism*, vol. Ⅲ, edited by Werner Bonefeld, Richard Gunn, John Holloway and Kosmas Psychopedis, 7 – 16 (London: Pluto Press, 1995).

—. 'Development and Reproduction', in *Revolutionary Writing*, edited by Werner Bonefeld, 135 – 59 (New York: Autonomedia, 2003).

De Angelis, Massimo. 'Marx and Primitive Accumulation', in *Subverting the Present. Imagining the Future*, edited by Werner Bonefeld, 27 – 50 (New York: Autonomedia, 2008).

Debord, Guy. *Society of the Spectacle* (New York: Zone Books, 1994).

Eagleton, Terry. *Why Marx was Right* (New Haven: Yale University Press, 2011).

Engels, Friederich. *Anti-Dühring*, MEW 20 (Berlin: Dietz, 1983).

Federici, Silvia. *Caliban and the Witch* (New York: Autonomedia, 2004).

Ferguson, Adam. *Essays on the History of Civil Society* (Edinburgh: Edinburgh University Press, 1966).

Fine, Robert. *Democracy and the Rule of Law* (Caldwell, NJ: The Blackburn Press, 2002).

Foucault, Michel. 'Governmentality', in *The Foucault Effect: Studies in Governmentality*, edited by Graham Burchell, Colin Gordon and Peter Miller, 87 – 104 (Chicago: The University of Chicago Press, 1991).

—. *Biopolitics* (London: Palgrave, 2008).

Fracchia, Joseph. 'The Philosophical Lenin and Eastern "Western Marxism" of Georg Lukács', *Historial Materialism* (21), no. 1, 69 – 93 (2013).

Friedman, Milton. *Capitalism and Freedom* (Chicago: University of Chicago Press, 1962).

Friedrich, Carl. *Constitutional Government and Democracy; Theory and Practice in Europe and America* (London: Blaisdell, 1968).

Gadamer, Hans-Georg. *Hegel's Dialectics* (New Haven: Yale University Press, 1982).

Giddens, Anthony. *The Consequences of Modernity* (Cambridge: Polity, 1990).

Gunn, Richard. 'Notes on Class', *Common Sense*, no. 2, 15 – 25 (1987). Available at: http://commonsensejournal.org.uk/issue-two/.

—. 'Against Historical Materialism', in *Open Marxism*, vol. II, edited by

Werner Bonefeld, Richard Gunn and Kosmas Psychopedis, 1 – 45 (London: Pluto Press, 1992).

Habermas, Jürgen. *Philosophisch-politische Profile* (Frankfurt: Suhrkamp, 1987).

Hardt, Michael and Negri, Antonio. *Empire* (Cambridge, MA: Harvard University Press, 2000).

Harvey, David. 'History versus Theory: A Commentary of Marx's Method in *Capital*', *Historical Materialism* (20), no. 2, 3 – 38 (2012).

Haug, Wolfgang Fritz. *Vorlesungen zur Einführung ins 'Kapital'* (Hamburg: Argument Verlag, 2005).

Hayek, Friedrich. *The Road to Serfdom* (London: Routledge, 1944).

Hegel, Georg W. F. *Jenenser Realphilosophie* (Leipzip: Meiner, 1932).

—. *Philosophy of Right*, translated by T. M. Knox (Oxford: Oxford University Press, 1967).

—. *Die Philosophie des Rechts: die Mitschriften Wannenmann (Heidelberg 1817/18) und Homeyer (Berlin 1818/19)*, edited and introduced by Karl-Heinz Ilting (Stuttgart: Klett-Cotta, 1983).

Heinrich, Michael. 'Reconstruction or Deconstruction', in *Re-reading Marx. New Perspectives after the Critical Edition*, edited by Riccardo Bellofiore and Roberto Fineschi, 71 – 98 (London: Palgrave, 2009).

—. 'Enstehungs- und Auflösungsgeschichte des Marxschen "Kapital"', in *Kapital & Kritik*, edited by Werner Bonefeld and Michael Heinrich, 155 – 93 (Hamburg: VSA, 2011).

—. *An Introduction to the Three Volumes of Karl Marx's Capital*

(New York: Monthly Review Press, 2012).

Holloway, John. 'The State and Everyday Struggle', *The State Debate*, edited by Simon Clarke, 225 - 59 (London: Palgrave, 1991).

—. 'Global Capital and the National State', in *Global Capital, National Sate and the Politics of Money*, edited by Werner Bonefeld and John Holloway, 116 - 40 (London: Palgrave, 1995a).

—. 'The Abyss Opens: The Rise and Fall of Keynesianism', *Global Capital, National State and the Politics of Money*, edited by Werner Bonefeld and John Holloway, 7 - 34 (London: Palgrave, 1995b).

—. *Change the World without Taking Power* (London: Pluto Press, 2002).

—. *Crack Capitalism* (London: Pluto Press, 2010).

Holloway, John and Picciotto, Sol (eds). *State and Capital. A Marxist Debate* (London: Edward Arnold, 1978).

Horkheimer, Max. *Zur Kritik der instrumentellen Vernunft* (Frankfurt: Fischer Verlag, 1985).

—. *Kritische und Traditionelle Theorie* (Frankfurt: Fischer Verlag, 1992).

Jameson, Frederic. *Presenting Capital* (London: Verso, 2011).

Jay, Martin. *The Dialectical Imagination, A History of the Frankfurt School and the Institute of Social Research, 1923 - 1950* (London: Little Brown, 1973).

Jessop, Bob. *Nicos Poulantzas: Marxist Theory and Political Strategy* (London: Palgrave, 1985).

—. *State Power: A Strategic-Relational Approach* (Cambridge:

Polity, 2008).

Jevons, William Stanley. *The Theory of Political Economy* (London 1888). Available at: http://www. econlib. org/library/YPDBooks/ Jevons/jvnPE. html, accessed 4 February 2013.

Kay, Geoffrey. 'Why Labour Is the Starting Point of *Capital* ', in *Value. The Representation of Labour in Capitalism*, edited by Diane Elson, 46 – 66 (London: CSE Books, 1979).

—. 'Abstract Labour and Capital', *Historical Materialism* (5), no. 1, 255 – 80 (1999).

Kay, Geoffrey and Mott, James. 'Concept and Method in Postone's *Time Labour and Social Domination* ', *Historical Materialism* (12), no. 3, 169 – 88 (2004).

Kicillof, Axel and Startosta, Guido. ' Value Form and Class Struggle', *Capital & Class* (31), no. 2, 13 – 40 (2007a).

—. 'On Materiality and Social Form', *Historical Materialism* (15), no. 3, 9 – 43 (2007b).

—. 'On Value and Abstract Labour. A Reply to Werner Bonefeld', *Capital & Class*(35), no. 2, 295 – 305 (2010).

Krahl, Hans Jürgen. *Konstitution und Klassenkampf* (Frankfurt: Verlag Neue Kritik, 1971).

—. *Vom Ende der abstrakten Arbeit* (Frankfurt: Materialis Verlag, 1984).

List, Friedrich. *The National System of Political Economy* (New York: Longmans, 1904).

Lukács, Georg. *History and Class Consciousness* (London: Merlin, 1971).

—. *Marx's Basic Ontological Principles* (London: Merlin, 1978).

—. *Lenin: A Study in the Unity of His Thought* (London: Verso,

1997).

Luxemburg, Rosa. *The Accumulation of Capital* (London: Routledge, 1963).

—. *Reform or Revolution* (London: Bookmarks, 1989).

Mandel, Ernest. *The Formation of the Economic Thought of Karl Marx* (New York: Monthly Review Press, 1971).

Marcuse, Herbert. *Soviet Marxism* (London: Routledge & Kegan Paul, 1958).

—. *Der eindimensionale Mensch* (Darmstadt: Luchterhand, 1967).

—. *Negations* (London: Free Association Books, 1988).

—. *Reason and Revolution* (London: Routledge, 2000).

Marcuse, Herbert and Schmidt, Alfred. *Existenzialistische Marx-Interpretationen* (Frankfurt: EVA, 1973).

Marx, Karl. *Marx Engels Werke* (MEW) (Berlin: Dietz, 1956ff).

—. *The Eigtheenth Brumaire of Louis Napoleon* (New York: International Publishers, 1963).

—. *Capital*, vol. Ⅲ (London: Lawrence & Wishart, 1966).

—. 'Critique of the Gotha Programme', in *Marx Engels Selected Works*, vol. 3, 13 – 30 (Moscow: Progress Publishers, 1970).

—. *A Contribution to the Critique of Political Economy* (London: Lawrence & Wishart, 1971).

—. *Theories of Surplus Value*, vol. 3 (London: Lawrence & Wishart, 1972).

—. *Grundrisse* (London: Penguin, 1973).

—. *Marx Engels Collected Works* (London: Lawrence and Wishart, 1975ff.).

—. *Ökonomische Manuskripte 1857/58*, MEGA II. 1. 1 (Berlin: Dietz, 1976).

—. *Capital*, vol. Ⅱ (London: Penguin, 1978).

—. *Ergänzungen und Veränderungen*, MEGA, II. 6 (Berlin: Dietz, 1987).

—. *Capital*, vol. Ⅰ (London: Penguin, 1990).

Marx, Karl and Engels, Friederich. *The German Ideology*, *Collected Works*, vol. 5 (London: Lawrence &. Wishart, 1976).

—. *The Communist Manifesto* (London: Pluto Press, 1997).

Menger, Carl. *Problems of Economics and Sociology* (Urbana, IL: University of Illinois Press, 1963).

Murray, Patrick. 'Marx's "Truly Social" Labour Theory of Value', *Historical Materialism* (6), Summer, 27 – 65 (2000).

Nasioka, Katarina. 'Communities in Crisis', forthcoming *South Atlantic Quarterly* (113), no. 2 (2014).

Negt, Oskar and Alexander, Kluge. *Public Sphere and Experience* (Minneapolis, MN: University of Minnesota Press, 1993).

Ollman, Bertell. *Alienation* (Cambridge: Cambridge University Press, 1977).

Pashukanis, Evgeny. *Law and Marxism* (London: Pluto Press, 1987).

Perleman, Michael. *The Invention of Capitalism* (Durham, NC: Duke University Press, 2000).

Pinkus, Theodor (ed.). *Conversations with Lukács* (Cambridge, MA: MIT Press, 1975).

Postone, Moishe. 'Anti-Semitism and National Socialism', in *Germans and Jews since the Holocaust*, edited by Anson Rabinbach and Jack Zipes, 302 – 14 (New York: Holmes &. Meier, 1986).

—. *Time, Labour and Social Domination* (Cambridge: Cambridge University Press, 1996).

Poulantzas, Nicos. 'Theorie und Geschichte: Kurze Bemerkung über den Gegenstand des "Kapitals"', in *Kritik der politischen Ökonomie*, 100 *Jahre Kapital*, edited by Walter Euchner and Alfred Schmidt, 58 - 68 (Frankfurt: EVA, 1969).

—. *Political Power and Social Classes* (London: New Left Books, 1973).

—. *Classes in Contemporary Capitalism* (London: New Left Books, 1975).

—. *State, Power, Socialism* (London: New Left Books, 1978).

Proudhon, Pierre Joseph. *What is Property? An Inquiry into the Principle of Right and of Government* (Teddington: The Echo Library, 2008).

Reichelt, Helmut. 'Why did Marx Conceal His Dialectical Method?' in *Open Marxism: Emancipating Marx*, edited by Bonefeld Werner, Gunn Richard, Holloway John and Kosmas Psychopedis, 40 - 83 (London: Pluto Press, 1995).

—. 'Jürgen Habermas' Reconstruction of Historical Materialism', in *The Politics of Change*, edited by Werner Bonefeld and Kosmas Psychopedis, 105 - 45 (London: Palgrave, 2000).

—. *Zur logischen Struktur des Kapitalbegriffs bei Marx* (Freiburg: Ça ira, 2001).

—. 'Die Marxsche Kritik ökonomischer Kategorien. Überlegungen zum Problem der Geltung in der dialektischen Darstellungsmethode im *Kapital*', in *Emanzipation und Versöhnung. Zu Adornos Kritik der 'Warentausch'-Gesellschaft und Perpektiven der Transformation*, edited by Iring Fetscher and Alfred Schmidt, 142 - 89 (Frankfurt: Verlag Neue Kritik, 2002).

—. 'Social Reality as Appearance: Some Notes on Marx's Concept of

Reality', in *Human Dignity. Social Autonomy and the Critique of Capitalism*, edited by Werner Bonefeld and Kosmas Psychopedis, 31 - 68 (Aldershot: Ashgate, 2005).

—. *Neue Marx-Lektüre. Zur Kritik sozialwisschenschaftlicher Logik* (Hamburg: VSA, 2008).

—. 'Zur Konstitution ökonomischer Gesellschaftlichkeit', in *Kapital & Kritik*, edited by Werner Bonefeld and Michael Heinrich, 232 - 57 (Hamburg: VSA, 2011).

Ricardo, David. *Principles of the Political Economy of Taxation* (Cambridge: Cambridge University Press, 1995).

Robertson, William. *A General History of North and South America* (London: Mayhew, Isaac and Co. , 1834).

Robinson, Joan. *Economic Philosophy. An Essay on the Progress of Economic Thought* (New York: Adlin Publishing, 1962).

Röpke, Wilhelm. *The Moral Foundation of Civil Society* (New Brunswick, NJ: Transaction Publishers, 2002).

—. *The Social Crisis of Our Time* (New Brunswick, NJ: Transaction Publishers, 2009).

Rose, Gillian. *The Melancholy Science: An Introduction to the Thought of Theodor W. Adorno* (New York: Columbia University Press, 1979).

—. *Judaism & Modernity* (Oxford: Blackwell Publishers, 1993).

Rossiter, Clinton L. *Constitutional Dictatorship. Crisis Government in the Modern Democracies* (Princeton, NJ: Princeton University Press, 1948).

Rubin, Isaak. *Essays on Marx's Theory of Value* (Detroit: Black and Red, 1972).

Rüstow, Alexander. 'General Social Laws of the Economic Disintegration and Possibilities of Reconstruction', in Afterword to *International Economic Disintegration*, Wilhelm Röpke, 267 – 83 (London: William Hodge, 1942).

Sartre, Jean-Paul. *Anti-Semite and Jew* (New York: Schocken Books, 1976).

Say, Jean-Baptiste. *A Treatis on Political Economy* (New York: August M. Kelly Publishers, 1971).

Schmidt, Alfred. 'Zum Erkenntnisbegriff der Kritik der politischen Ökonomie', in *Kritik der Politischen Ökonomie heute. 100 Jahre 'Kapital'*, edited by Walter Euchner and Alfred Schmidt, 30 – 43 (Frankfurt: EVA, 1968).

—. 'Der strukturalistische Angriff auf die Geschichte', in *Beiträge zur marxistischen Erkenntnistheorie*, edited by Alfred Schmidt, 194 – 266 (Frankfurt: Suhrkamp, 1969).

—. *The Concept of Nature in Marx* (London: New Left Books, 1971).

—. 'Praxis', in *Gesellschaft: Beiträge zur Marxschen Theorie 2*, edited by Hans-Georg Backhaus, 264 – 306 (Frankfurt: Suhrkamp, 1974).

—. *History and Structure* (Cambridge, MA: MIT Press, 1983).

Schmitt, Carl. *The Crisis of Parliamentary Democracy* (Cambridge, MA: MIT Press, 1988).

—. *Politische Theologie* (Berlin: Duncker & Humblot, 1990).

—. 'Sound Economy-Strong State', in Appendix to *Carl Schmitt and Authoritarian Liberalism*, Renato Cristi, 212 – 32 (Cardiff: University of Wales Press, 1998).

Schrader, Fred Edmund. *Restauration und Revolution. Die Vorarbeiten zum 'Kapital' von Karl Marx in seinen Studienheften* 1850 – 1858

(Hildesheim: Gerstenberg, 1980).

Schumpeter, Joseph. *Das Wesen und der Hauptinhalt der theoretischen Nationalökonomie* (Leipzig: Duncker & Humblot, 1908).

—. *Theorie der wirtschaftlichen Entwicklung* (Berlin: Duncker and Humblot 1964).

—. *Geschichte der ökonomischen Analyse* (Göttingen: Vanderhoek & Rubrecht, 1965).

—. *Capitalism, Socialism & Democracy* (London: Routledge, 1992).

Smith, Adam. *The Theory of Moral Sentiments* (Indianapolis: Liberty Fund, 1976).

—. *Lectures on Jurisprudence* (Indianapolis: Liberty Fund, 1978).

—. *An Inquiry into the Nature and Causes of the Wealth of Nations* (Indianapolis: Liberty Fund, 1981).

Smith, Tony. *The Logic of Marx's Capital* (Albany: State University of New York Press, 1990).

Sohn-Rethel, Alfred. *Warenform und Denkform* (Frankfurt: Suhrkamp, 1978a).

—. *Economy and Class Structure of German Fascism* (London: CSE Books, 1978b).

Stoetzler, Marcel. 'Postone's Marx', *Historical Materialism* (12), no. 2, 261 – 81 (2004).

—. 'On the Possibility that the Revolution that will End Capitalism might Fail to Usher in Communism', *Journal of Classical Sociology* (12), no. 2, 191 – 204 (2012).

Tomba, Max. 'Historical Temporalities of Capital: An Anti-Historicist Perspective', *Historical Materialism* (17), no. 4, 44 – 65 (2009).

Vanberg, Victor. *The Constitution of Markets* (London: Routledge, 2001).

Von Braunmühl, Claudia. 'On the Analysis of the Bourgeois Nation State within the World Market Context', in *State and Capital. A Marxist Debate*, edited by John Holloway and Sol Picciotto, 160 - 77 (London: Edward Arnold, 1978).

Wallerstein, Immanuel. *After Liberalism* (New York: The New Press, 1995).

Watson, Georg. 'Race and the Socialists', *Encounter*, November, 15 - 23 (1976).

Wright, Erik Olin. *Classes* (London: Verso, 1985).

—. *Class Counts* (Cambridge: Cambridge University Press, 1997).

Wright, Steve. *Storming Heaven* (London: Pluto Press, 2002).

Zarembka, Paul. 'Primitive Accumulation in Marxism', in *Subverting the Present. Imagining the Future*, edited by Werner Bonefeld, 67 - 75 (New York: Autonomedia, 2008).

Žižek, Slavoj. *Welcome to the Desert of the Real* (London: Verso, 2002).

索　引

（索引中的页码为原书页码，检索时请查本书边码）

142

N

Nasioka，Katarina 卡塔琳娜·纳西奥卡 228

nation state 民族国家 148，150－152，159

    see also world market 也可参见"世界市场"

negation 否定

    and affirmation 与肯定 221－223

    difficulty of expressing 表达的困难 224－225

    realism of 的实在论 225－226

negative dialectics 否定的辩证法 4－5，11，120，228

Negri，Antonio 安东尼奥·奈格里 62，197

Negt，Oskar 奥斯卡·内戈特 119

neoliberalism 新自由主义 80，166，174－178，188

    American 美国 117

Neumann，Franz 弗朗茨·纽曼 185

non-cocentputality 非概念 56，69，220

non-identity 非同一性 54，69，73

O

objectivity 客观性 3，5，10，15，54，56，58，62－63，65，129，132，166，198，213，220

of abstract value，time，and value 抽象价值的、时间的、价值的 133

economic 经济 23，36－40，168

irrationality 非理性 61

social 社会 56

of social labour 社会劳动的 135

value 价值 132

P

Panitch，Leo 里奥·帕尼齐 160

Pashukanis，Evgeny 叶夫根尼·帕舒卡尼斯 186

perfect liberty，system of 完美的自由体系 169－171

personifications of capital 资本的人格化 2，3，5，6，12，27，35，56，60，61，63，84，91－93，101，108－109，113－114，127，135－136，156，177，184，195－197，211，220

perverted forms 颠倒形式 7，12，15，21，23，39，40，50，54，59，62，64，66，68－70，84，89，92，102，108－109，114－115，158，206，211，220

Petras，James 詹姆斯·佩德拉斯 202

Picciotto，Sol 索尔·皮乔托 185，186

political economy，critique of 政治经济学批判 6，34－39，47，54，97，105，108，117，122，182－185

    ad hominem 人 38，39

《当代学术棱镜译丛》
已出书目

媒介文化系列

第二媒介时代 [美]马克·波斯特

电视与社会 [英]尼古拉斯·阿伯克龙比

思想无羁 [美]保罗·莱文森

媒介建构：流行文化中的大众媒介 [美]劳伦斯·格罗斯伯格 等

揣测与媒介：媒介现象学 [德]鲍里斯·格罗伊斯

媒介学宣言 [法]雷吉斯·德布雷

媒介研究批评术语集 [美]W. J. T. 米歇尔 马克·B. N. 汉森

解码广告：广告的意识形态与含义 [英]朱迪斯·威廉森

全球文化系列

认同的空间——全球媒介、电子世界景观与文化边界 [英]戴维·莫利

全球化的文化 [美]弗雷德里克·杰姆逊 三好将夫

全球化与文化 [英]约翰·汤姆林森

后现代转向 [美]斯蒂芬·贝斯特 道格拉斯·科尔纳

文化地理学 [英]迈克·克朗

文化的观念 [英]特瑞·伊格尔顿

主体的退隐 [德]彼得·毕尔格

反"日语论" [日]莲实重彦

酷的征服——商业文化、反主流文化与嬉皮消费主义的兴起 [美]托马斯·弗兰克

超越文化转向 [美]理查德·比尔纳其 等

全球现代性：全球资本主义时代的现代性 [美]阿里夫·德里克

文化政策 [澳]托比·米勒 [美]乔治·尤迪思

通俗文化系列

解读大众文化 [美]约翰·菲斯克

文化理论与通俗文化导论(第二版) [英]约翰·斯道雷

通俗文化、媒介和日常生活中的叙事 [美]阿瑟·阿萨·伯格

文化民粹主义 [英]吉姆·麦克盖根

詹姆斯·邦德:时代精神的特工 [德]维尔纳·格雷夫

消费文化系列

消费社会 [法]让·鲍德里亚

消费文化——20世纪后期英国男性气质和社会空间 [英]弗兰克·莫特

消费文化 [英]西莉娅·卢瑞

大师精粹系列

麦克卢汉精粹 [加]埃里克·麦克卢汉 弗兰克·秦格龙

卡尔·曼海姆精粹 [德]卡尔·曼海姆

沃勒斯坦精粹 [美]伊曼纽尔·沃勒斯坦

哈贝马斯精粹 [德]尤尔根·哈贝马斯

赫斯精粹 [德]莫泽斯·赫斯

九鬼周造著作精粹 [日]九鬼周造

社会学系列

孤独的人群 [美]大卫·理斯曼

世界风险社会 [德]乌尔里希·贝克

权力精英 [美]查尔斯·赖特·米尔斯

科学的社会用途——写给科学场的临床社会学 [法]皮埃尔·布尔迪厄

文化社会学——浮现中的理论视野 [美]戴安娜·克兰

白领:美国的中产阶级 [美]C.莱特·米尔斯

论文明、权力与知识 [德]诺贝特·埃利亚斯

解析社会:分析社会学原理 [瑞典]彼得·赫斯特洛姆

局外人:越轨的社会学研究 [美]霍华德·S.贝克尔

社会的构建 [美]爱德华·希尔斯

多元现代性 周 宪 [德]比约恩·阿尔珀曼 [德]格尔哈德·普耶尔

新学科系列

后殖民理论——语境 实践 政治 [英]巴特·穆尔-吉尔伯特

趣味社会学 [芬]尤卡·格罗瑙

跨越边界——知识学科 学科互涉 [美]朱丽·汤普森·克莱恩

人文地理学导论:21世纪的议题 [英]彼得·丹尼尔斯 等

文化学研究导论:理论基础·方法思路·研究视角 [德]安斯加·纽宁
[德]维拉·纽宁主编

世纪学术论争系列

"索卡尔事件"与科学大战 [美]艾伦·索卡尔 [法]雅克·德里达 等

沙滩上的房子 [美]诺里塔·克瑞杰

被困的普罗米修斯 [美]诺曼·列维特

科学知识:一种社会学的分析 [英]巴里·巴恩斯 大卫·布鲁尔 约翰·亨利

实践的冲撞——时间、力量与科学 [美]安德鲁·皮克林

爱因斯坦、历史与其他激情——20世纪末对科学的反叛 [美]杰拉尔德·
霍尔顿

真理的代价:金钱如何影响科学规范 [美]戴维·雷斯尼克

科学的转型:有关"跨时代断裂论题"的争论 [德]艾尔弗拉德·诺德曼
[荷]汉斯·拉德 [德]格雷戈·希尔曼

广松哲学系列

物象化论的构图 [日]广松涉

事的世界观的前哨 [日]广松涉

文献学语境中的《德意志意识形态》 [日]广松涉

存在与意义(第一卷) [日]广松涉

存在与意义(第二卷) [日]广松涉

唯物史观的原像 [日]广松涉

哲学家广松涉的自白式回忆录 [日]广松涉

资本论的哲学 [日]广松涉

马克思主义的哲学 [日]广松涉

世界交互主体的存在结构 [日]广松涉

国外马克思主义与后马克思思潮系列

图绘意识形态 [斯洛文尼亚]斯拉沃热·齐泽克 等

自然的理由——生态学马克思主义研究 [美]詹姆斯·奥康纳

希望的空间 [美]大卫·哈维

甜蜜的暴力——悲剧的观念 [英]特里·伊格尔顿

晚期马克思主义 [美]弗雷德里克·杰姆逊

符号政治经济学批判 [法]让·鲍德里亚

世纪 [法]阿兰·巴迪欧

列宁、黑格尔和西方马克思主义:一种批判性研究 [美]凯文·安德森

列宁主义 [英]尼尔·哈丁

福柯、马克思主义与历史:生产方式与信息方式 [美]马克·波斯特

战后法国的存在主义马克思主义:从萨特到阿尔都塞 [美]马克·波斯特

反映 [德]汉斯·海因茨·霍尔茨

为什么是阿甘本? [英]亚历克斯·默里

未来思想导论:关于马克思和海德格尔 [法]科斯塔斯·阿克塞洛斯

无尽的焦虑之梦:梦的记录(1941—1967) 附《一桩两人共谋的凶杀案》
(1985) [法]路易·阿尔都塞

马克思:技术思想家——从人的异化到征服世界 [法]科斯塔斯·阿克塞洛斯

经典补遗系列

卢卡奇早期文选 [匈]格奥尔格·卢卡奇

胡塞尔《几何学的起源》引论 [法]雅克·德里达

黑格尔的幽灵——政治哲学论文集[Ⅰ] [法]路易·阿尔都塞

语言与生命 [法]沙尔·巴依

意识的奥秘 [美]约翰·塞尔

论现象学流派 [法]保罗·利科

脑力劳动与体力劳动:西方历史的认识论 [德]阿尔弗雷德·索恩-雷特尔

黑格尔 [德]马丁·海德格尔

黑格尔的精神现象学 [德]马丁·海德格尔

生产运动:从历史统计学方面论国家和社会的一种新科学的基础的建立 [德]弗里德里希·威廉·舒尔茨

先锋派系列

先锋派散论——现代主义、表现主义和后现代性问题 [英]理查德·墨菲

诗歌的先锋派:博尔赫斯、奥登和布列东团体 [美]贝雷泰·E.斯特朗

情境主义国际系列

日常生活实践 1.实践的艺术 [法]米歇尔·德·塞托

日常生活实践 2.居住与烹饪 [法]米歇尔·德·塞托　吕斯·贾尔　皮埃尔·梅约尔

日常生活的革命 [法]鲁尔·瓦纳格姆

居伊·德波——诗歌革命 [法]樊尚·考夫曼

景观社会 [法]居伊·德波

当代文学理论系列

怎样做理论 [德]沃尔夫冈·伊瑟尔

21 世纪批评述介 [英]朱利安·沃尔弗雷斯

后现代主义诗学:历史·理论·小说 [加]琳达·哈琴

大分野之后:现代主义、大众文化、后现代主义 [美]安德列亚斯·胡伊森

理论的幽灵:文学与常识 [法]安托万·孔帕尼翁

反抗的文化:拒绝表征 [美]贝尔·胡克斯

戏仿:古代、现代与后现代 [英]玛格丽特·A.罗斯

理论入门 [英]彼得·巴里

现代主义 [英]蒂姆·阿姆斯特朗

叙事的本质 [美]罗伯特·斯科尔斯　詹姆斯·费伦　罗伯特·凯洛格

文学制度 [美]杰弗里·J.威廉斯

新批评之后 [美]弗兰克·伦特里奇亚

文学批评史：从柏拉图到现在 [美]M. A. R.哈比布

德国浪漫主义文学理论 [美]恩斯特·贝勒尔

萌在他乡：米勒中国演讲集 [美]J. 希利斯·米勒

文学的类别：文类和模态理论导论 [英]阿拉斯泰尔·福勒

思想絮语：文学批评自选集(1958—2002) [英]弗兰克·克默德

叙事的虚构性：有关历史、文学和理论的论文(1957—2007) [美]海登·
怀特

21 世纪的文学批评：理论的复兴 [美]文森特·B. 里奇

核心概念系列

文化 [英]弗雷德·英格利斯

风险 [澳大利亚]狄波拉·勒普顿

学术研究指南系列

美学指南 [美]彼得·基维

文化研究指南 [美]托比·米勒

文化社会学指南 [美]马克·D. 雅各布斯　南希·韦斯·汉拉恩

艺术理论指南 [英]保罗·史密斯　卡罗琳·瓦尔德

《德意志意识形态》与文献学系列

梁赞诺夫版《德意志意识形态·费尔巴哈》 [苏]大卫·鲍里索维奇·梁赞诺夫

《德意志意识形态》与 MEGA 文献研究 [韩]郑文吉

巴加图利亚版《德意志意识形态·费尔巴哈》 [俄]巴加图利亚

MEGA：陶伯特版《德意志意识形态·费尔巴哈》 [德]英格·陶伯特

当代美学理论系列

今日艺术理论 [美]诺埃尔·卡罗尔

艺术与社会理论——美学中的社会学论争 [英]奥斯汀·哈灵顿

艺术哲学:当代分析美学导论 [美]诺埃尔·卡罗尔

美的六种命名 [美]克里斯平·萨特韦尔

文化的政治及其他 [英]罗杰·斯克鲁顿

当代意大利美学精粹 周 宪 [意]蒂齐亚娜·安迪娜

现代日本学术系列

带你踏上知识之旅 [日]中村雄二郎 山口昌男

反·哲学入门 [日]高桥哲哉

作为事件的阅读 [日]小森阳一

超越民族与历史 [日]小森阳一 高桥哲哉

现代思想史系列

现代主义的先驱:20世纪思潮里的群英谱 [美]威廉·R.埃弗德尔

现代哲学简史 [英]罗杰·斯克拉顿

美国人对哲学的逃避:实用主义的谱系 [美]康乃尔·韦斯特

时空文化:1880—1918 [美]斯蒂芬·科恩

视觉文化与艺术史系列

可见的签名 [美]弗雷德里克·詹姆逊

摄影与电影 [英]戴维·卡帕尼

艺术史向导 [意]朱利奥·卡洛·阿尔甘 毛里齐奥·法焦洛

电影的虚拟生命 [美]D.N.罗德维克

绘画中的世界观 [美]迈耶·夏皮罗

缪斯之艺:泛美学研究 [美]丹尼尔·奥尔布赖特

视觉艺术的现象学 [英]保罗·克劳瑟

总体屏幕:从电影到智能手机 [法]吉尔·利波维茨基

[法]让·塞鲁瓦

艺术史批评术语 [美]罗伯特·S.纳尔逊 [美]理查德·希夫

设计美学 [加拿大]简·福希

工艺理论:功能和美学表达 [美]霍华德·里萨蒂

艺术并非你想的那样 [美]唐纳德·普雷齐奥西 [美]克莱尔·法拉戈

艺术批评入门:历史、策略与声音 [美]克尔·休斯顿

艺术史:研究方法批判导论 [英]迈克尔·哈特 [德]夏洛特·克朗克

十月:第二个十年,1986—1996 [美]罗莎琳·克劳斯 [美]安妮特·米切尔森

[美]伊夫-阿兰·博瓦 等

当代逻辑理论与应用研究系列

重塑实在论:关于因果、目的和心智的精密理论 [美]罗伯特·C.孔斯

情境与态度 [美]乔恩·巴威斯 约翰·佩里

逻辑与社会:矛盾与可能世界 [美]乔恩·埃尔斯特

指称与意向性 [挪威]奥拉夫·阿斯海姆

说谎者悖论:真与循环 [美]乔恩·巴威斯 约翰·埃切曼迪

波兰尼意会哲学系列

认知与存在:迈克尔·波兰尼文集 [英]迈克尔·波兰尼

科学、信仰与社会 [英]迈克尔·波兰尼

现象学系列

伦理与无限:与菲利普·尼莫的对话 [法]伊曼努尔·列维纳斯

新马克思阅读系列

政治经济学批判:马克思《资本论》导论 [德]米夏埃尔·海因里希

批判理论与政治经济学批判:颠倒与否定理性 [英]维尔纳·博内菲尔德

西蒙东思想系列

论技术物的存在模式 [法]吉尔贝·西蒙东

列斐伏尔研究系列

马克思主义思想与城市 [法]亨利·列斐伏尔